そんな新事業なら、やめてしまえ！

既存の資産と能力を活かす6つの原則

RENOVATE BEFORE YOU INNOVATE
by Sergio Zyman

セルジオ・ジーマン
中野雅司◆監訳
山本暎子◆訳

ダイヤモンド社

Renovate Before You Innovate
by
Sergio Zyman with Armin A. Brott

Original English language edition published by Portfolio,
a member of Penguin Group (USA) Inc., New York

Japanese translation rights arranged with Portfolio,
a member of Penguin Group (USA) Inc., New York
through Tuttle-Mori Agency, Inc., Tokyo

そんな新事業なら、やめてしまえ！

【目次】

第3章

原則1　思考パターンをリノベートせよ

第4章

原則2 ビジネス・デスティネーションをリノベートせよ　111

第5章

原則3 競争的枠組みをリノベートせよ

第8章

原則6 顧客のブランド経験価値をリノベートせよ 239

第9章 すべてを連動させろ 277

はじめに

　どこへ行っても、いつも同じ話になる。クライアントのマーケティング担当役員と昼食をとると、その間中、今度導入を考えているというまったく新しい製品のことばかり聞かされるのだ。私が取締役になっている企業の四半期ミーティングでは、ＣＥＯ（最高経営責任者）がその会社が参入しようとしている新しい市場と、進行中の企業買収の話に二〇分も費やすのである。じつに、スタンダード・アンド・プアーズ（Ｓ＆Ｐ）の五〇〇銘柄に入っている企業の六〇パーセント以上が基本方針として、「イノベーション」というコンセプトを盛り込み、マーケティングおよびブランディング・コミュニケーションについて「イノベーション」という言葉を使っているか、または年次営業報告書の中で企業戦略として「イノベーション」を挙げている。

　イノベーション、イノベーション、と何をそう大騒ぎしているのだ？　まあ、たいていの企業経営者なら成功するための基本的な公式を知っているだろう――「売上げが増加すればキャッシュフローが拡大し、その結果、成長が加速する」。つまりこういうことだ。売上げ《トップライン》を伸ばす、あるいは利益《ボトムライン》を増すことで成長してきた実績のある企業が、ウォールストリートで同業他社より高い評価（PER：株価収益率）を得られるのだ。コカ・コーラ、ロレアル、プロクター&ギャンブル（P&G）、ソニーを考えればいい。

しかし、売上げと利益の両方の成長を狙った目論見の多くが失敗してきたため、CEOたちは企業の成長のためにはゲームのルールを変えるしかないと考え、古いシステムを骨抜きにし、まったく新たなシステムを一からつくろうとしている。言い換えれば、ビジネスをイノベートしようとしているのだ。たいていの辞書では、イノベーションとは「何か新しいもの」あるいは「新しいアイデア、方法、あるいは装置を導入する行為」としている。これらの定義は私にはいずれもなるほどと思えるが、こう言ってもいいのではないかと思う。イノベーションとは、「既存の資産とコア・コンピタンシー（中核となる事業能力）を既存の事業とは異なることを行うために活用すること」だと。

このようにしてイノベーションは定着し、イノベーションを支援し促進することを主要な機能とするコンサルタントや著述家、企業を生み出した。インターネット書店のアマゾン・ドットコムで「ビジネス・イノベーション」を検索したら、二〇〇〇冊も出てくるだろう。また、検索エンジンのグーグルで「イノベーション・コンサルタント」を検索すれば、四五万件以上ヒットするはずだ。

現下のイノベーションの二大教祖と言えば、トム・ピーターズとゲイリー・ハメルである。彼らは、人はみなミケランジェロなのだと言う。既知のことはすべて忘れ、未知のチャンスに手を出す必要があるのだと言う。距離は死んだ、破壊こそかっこいい。イノベーションがビジネスを支配するのだ！　魅力的でやる気にさせるような響きだと思わないか？　ただ一つの点を除いては。それは、世の大多数の企業ではイノベーションは機能しないということだ。イノベーションができることは急場しのぎ——薬物でハイになるようなことにすぎない。つまり、いっときは気分がよくなるが、その効果が切れると以前より事態は悪くなっているのだ。

イノベーションによってビジネスを成長させようとすること自体、まったくもって怠惰である。実際、怠惰どころか、危険でさえあるのだ。しかし、ピーターズもハメルも、まずやるべきこと、すなわち基本的な価値訴求——既存および潜在顧客に企業は何を提供できるのか提示すること——の明確化には背を向けながら、事業の成長を図ろうとしている企業の心をしっかりつかんでいる。

というわけで、いまや自分たちをトップの地位に押し上げてくれた既存の事業などきれいさっぱり忘れて、何ら知識も持ち合わせず、これまで経験したこともない業界に参入しようとする企業でいっぱいとなったのだ。こうした企業はこの戦略を推進する意気込みを示すのに、ＣＩＯという新しい役職をつくり出した。チーフ・インフォメーション・オフィサー（最高情報責任者）のことではない。ご賢察のとおり、チーフ・イノベーション・オフィサー（最高新規事業責任者）のことだ。こうしたＣＩＯというのは、自社がいかに「設備・機構を一新し」、「新たな航路を描き」、「新たな機会を開拓している」かをまくしたてる人種だ。「二ケタの売上げ増をめざしている」ことも忘れてはいない。ただし、そのような売上げ増は利益拡大というより、重要なことを犠牲にしてはじめて達成されるという事実には、気づいていないようだ。私を除いて。

私の考えでは、イノベーションとは別の言葉で言えば「お手上げ」ということだ。つまり、目の前の問題に対処するより、まったく異なる分野に参入するほうが容易であるくらい、事態は悪くなっているという意味だ。そして、この「イノベーション・カルチャー」は、もてはやされてきた数々のビジネストレンドの最新版の一つにすぎない。これまでに登場しては消えていったものを思い出してみよう――一分間マネジメント、総合的品質管理（TQM）、労使協調的経営、マトリックス・マネジメント、目標による経営（MBO）、X理論、Y理論、Z理論、組織再編、感性トレーニング、品質管理サークル（QC）。そのどれもとっくに消えていっている。

これらトレンド提唱者の肩を持てば、たいていの理論やサークル活動は、いいアイデアに基づいてはいるのだ。問題は、ともすればごく短い言葉の中に複雑なアイデアを凝縮しようとしていることだ。いわく、「あなたがすべきことは、私のセミナーに参加することだけです（でなければ、私をコンサルタントに雇いなさい）。そうすれば、あなたをあらゆる悩みから救ってあげましょう」。例を挙げよう。ほんの数年前、CRM（カスタマー・リレーションシップ・マネジメント：顧客情報に基づいて、個々のニーズに即した対応を行い、顧客満足度を高め、会社の収益性を向上させること）に企業が飛びつき、そのプログラムに何万、何十万ドルもポンと払ったものだ。頭のいい企業は、優れた顧客関係は一つの箱に簡単に収まるようなものではないとすぐに悟ったが、そうでない企業は魔法のプログラムをうまく機能させようと努力を続けたり、次のトレンドへ移っていった。

一九九〇年代は、ナレッジ・マネジメントとプロセス・リエンジニアリングの時代だった。そして、テクノロジー、ウェブ、情報経済だった。経営者は昔ながらのやり方で業績を伸ばすのをやめ、西部開拓時代の考え方に乗り換えたのだ。一番乗りをしろ、ウェブ訪問者には途方もない金を払え、アクセス件数アップのためには金に糸目をつけるな、というわけだ。ビジネススクールもすぐに追随して、起業とIT（情報技術）に関するMBA講座を設置し、基本つまり投資に対するリターンのことなどは忘れてしまった。むろん、その結果どうなったかは周知のとおりだ。インターネットで営業をするドットコム企業の多くは、舞い上がりはしたもののすぐに泥沼に墜落して果ててしまった。

こんな企業向けのいんちき薬を二、三〇年も飲み続けた世代の経営者や責任者はみな、何が有機的成長（既存事業の成長によって達成される成長）をもたらしてくれるのかすっかり忘れてしまった。もっと悪いことに、有機的成長に必要なスキルを学んだことすらない、新世代の経営者や責任者がいまや業界のトップにいるのだ。今日のビジネス界は、上の世代は受け継いだものから離れたがり、下の世代は自分たちのやり方で伸《の》してきたという状況にあるわけだ。そして、どちらも、まったく新しいことをすることよりほかに大きな波をつくる方法はないと考えている。つまり、イノベートする（新規事業を立ち上げる）しかないと。

しかし、上の世代も下の世代も、多くの人たちは、それがどういう意味なのかきちんと考えてこなかった。自らのエゴを満足させることを別にして、たいていの企業のイノベーション哲学の中に隠れている目論見は、イノベーションが生み出してくれるであろう「選択肢の多さ」に基づく、より高い評価（PER）をウォールストリートに引き続きつけてもらうことだ。残念ながら、あなた自身思いもしないだろうが、本書の各章で詳細に見ていくように、そうしたやり方がうまくいくことは、まずない。

では、何をすればうまくいき、何をすればうまくいかないのか、それをどこでジーマンは教えてくれるのだろうかとお思いのことだろう。ならば、あなたが求める答えはここにある。私は三〇年以上を、最も成功している複数のグローバルブランドでマネジメントとリノベーション（本業見直し改善）に費やしてきた。コカ・コーラでは、私のつくったチームは世界の年間売上げを九〇億ケースから一五〇億ケースにまで引き上げ（コカ・コーラ史上最も爆発的な急成長期だ）、会社の株価を四倍にした。一九九八年にコカ・コーラを離れてからは、私は世界各国のさまざまな業界のトップ企業のコンサルタントを務めている。

私は、理論や仮説に時間をつぎ込むタイプではない。本書で取り扱うのは、机上においてではなく、現実世界で機能することだけだ。いまからリノベーションに成功して多大な収益を得た企業と、リノベーションに失敗し、その結果、苦境に陥った企業を多数紹介しよう。

第1章では、企業が現在イノベーションに対して抱いている強迫観念について述べ、いかにそうした考えがこれまで企業を成功へ導いてきた道を見失わせているのかを示す。また、本書全体を通してたびたび立ち返ることになる一つのアイデアをここで紹介する。すなわち、「コア・コンピタンシー」（何をどのようにすべきか熟知していること）と「コア・エッセンス」（己れのブランドとしての本質）の決定的な違いと、なぜ、どんなビジネスでも成功するためにはコア・エッセンスをしっかり理解することが肝要なのか、ということである。イノベーションの落とし穴をいくつか論じて、この章を締めくくる。

第2章では、リノベーションが、なぜイノベーションよりはるかに優れた選択肢なのかを明確に論じる。基本的には、両者の違いはそれぞれの哲学の違いだ。イノベーション派は、自分たちのコア・コンピタンシーを活用して、「自分たちがつくれるものから出発して、売れるかどうか見てみよう」と言う。一方、リノベーション派は自分たちのコア・エッセンスを活用して、「自分たちが売れるものは何かまず見つけよう、それからそれが自分たちでつくれるものか検討しよう」と発想するのだ。前者はあなたをトラブルに引き込み、後者はあなたの事業の有機的成長を促すものである。

第3章では、私のリノベーション・プログラムの第一要素「考え方をリノベートせよ」を詳細に論じる。多くの企業は些細な成功をしたあと、慢心してしまう。己れを無敵のチャンピオンだと思い込み、競争相手たちを見下してしまうのだ。ここでは、企業を困難に陥らせる二つのポイントについても論じることにする。第一に、ほとんどの企業は支出を追跡しないし、ましてその結果など測ってもいないことだ。第二は、恒常的な価格の引き下げという、罠にはまってしまうことである。

簡単そうに聞こえるかもしれないが、もしどこから出発したらいいか、どこへ行ったらいいかわからなければ、あなたはどこへも行けない。第4章では、そうした問いをどう見きわめるか、そして自社と自社のブランドについて顧客にどのように考え、感じ、行動してほしいかを明確に表した、しっかりした目標設定「デスティネーション・ステートメント」にどうすればたどり着けるか、その方法を示す。どんな目標であれ、自社のコア・エッセンスに則った目標を設定する重要性についても述べたい。もしそうしなければ、リノベーションではなく、イノベーションをすることになり、悲惨な結果になってしまうからだ。

ビジネスを行ううえで、誰が競争相手なのかを知ることは基本である。しかし、たいていの人はそれを誤解している。たとえば、自動車メーカーのビッグ3（GM、フォード、旧クライスラー）は、何十年もお互いだけを相手に競争していると考えていた。ところがその間に、日本車にあちこちでマーケットシェアを侵食されていたのだ。第5章では、あなたが勝てる領域の定義と、あなたのブランドを顧客の優先的選択肢にする方法をお教えする。

第6章では、方程式の一方にある顧客について考えてみよう。これまであなたが慣れ親しんできたものとはかなり異なった種類のセグメンテーション（市場の細分化）についてお話しする。デモグラフィック（人口統計的）なデータやサイコグラフィック（消費者の価値観などを測ること）では、もう用をなさない。企業に必要なのは、なぜ顧客はその企業の商品を買うのか、顧客は何を考えて買おうとしているのか、なぜほかのブランドではなくそのブランドを選ぶのか、そして特に、何が顧客にその商品をもっと買わせるのか、を正確に知ることである。

第7章では、企業と顧客の対話のコントロールと維持のしかたについて述べる。もしあなたがやらなければ、他社によって、あなたはこの市場には不適格とポジショニングされるだろう。望ましい場所に自分（および他者）を確実に位置づけるために、コア・エッセンスを活用できるポジショニング・ステートメントのつくり方を教えよう。

あなたが売っている製品やサービスの質が顧客を満足させるかさせないかは、大きな違いを生み出すことになる。顧客の経験の質を決める。第8章では、顧客にとって意義ある経験をつくり出すレシピをお教えする。また、顧客の経験について最もなおざりにされている側面の一つ、購入後のことを強調したい。この時点で顧客が継続して利用するか、また買うかの決定をするのだから。

企業にとって、リノベーションとは一回実施すれば終わりといったものではない。これはプロセスであり、企業がその風土に染み込ませ、すべての活動の一部としなければならないものである。

第9章では、本書で行っている指摘を実証する、企業の成功例と失敗例を詳細に見ていこう。成功した企業は巨利を上げて、すべきことの（本書を教科書とした）教科書的事例になっている。一方失敗例は、私のリノベーション・ルールをことごとく破り、その報いを受けている企業である。

本書を読了する頃には、あなたは自分の会社の上から下までを見直し・改善し《リノベーション》、事業を望むままに拡大・成長させるに足る知識、見識、手段、そして方向性を手に入れているはずだ。

第1章

イノベーションの5つの落とし穴

So What's Wrong with Innovation?

ここで、一つはっきりさせておきたい。私はイノベーションとリスクをとることを大いに支持しているし、企業によっては、どちらも戦略上きわめて重要な要素になるとも考えている。しかし、ほとんどの企業にとって、それらは有機的成長を促進する正しい方法ではないというだけなのだ。実際、それを私は身にしみて理解している。ニューコーク（二〇世紀の最も〔悪〕名高きイノベーション製品）の仕掛け人だったのだから。

ニューコークの顚末は、怠惰な事業成長戦略の古典的な例として持ち出さなければなるまい。根本的な問題は、コカ・コーラというブランドの価値提案が間違っていたことだった。当時、ペプシは何年もかけてコカ・コーラのポジショニングを変えようとしていた。極めつけは、ペプシ・チャレンジというキャンペーンで、（実にうまく）暗にコークは味が悪いとほのめかしていた。振り返ってみると、当時のマーケターたちは、消費者の心をつかめば、財布はついてくると思い込んでいた。そこでコークは消費者の心をつかむために広告予算を増大させた。だが、価値提案については何も変えなかった。言葉もわからない国にやってきた旅行者よろしく、最後には相手もわかってくれるはずと考えて、何度も何度も繰り返し、声を張り上げて主張するのだ。

我々がしたこともそれとまったく同じで、消費者に向かって何度も声高に「コークを飲んでスマイル」と繰り返すだけだったのだ。コークはあなたの暮らしの一部だとか、コークは広告アイコンだとか、やみくもに繰り返すのではなく、本当にすべきだったことは、消費者にコークを飲む理由を与えることだった。一方、ペプシは消費者に、コークは鈍重、時代遅れのいかさないコーラだとして、それを証明するために目隠しテストのペプシ・チャレンジを行った。残念ながら、ペプシは正しかった。コークは鈍重だったのだ。我々は、ブランドが与える価値提案の問題に対応するより、お手軽な方法を選んだ。まったく新しいものの導入（イノベーション）が必要と考え、新しいフォーミュラに変更してコークの味をペプシの味に似せたのだ。

このニューコークが大失敗とわかるまでに長い時間はかからなかった。わずか七七日後、元のコーク（クラシックコーク）を再登場させた。そのため、怠惰な事業成長戦略による痛手は小さかった。消費者との絆を取り戻し、関係をより深め、売上げを増やすことができたからだ。しかし、多くの企業はこれほどの幸運——正直、金のかかった（おそらくは不名誉な）プロジェクトの始末をつけられてよかった——には恵まれない。ぜひ、忘れないでほしい。世界中の企業の墓場には、イノベーションを行ったため廃業に追い込まれた企業でいっぱいだということを。

では、イノベーションがそんなにひどいアイデアなら、代わりに何をしたらいいのだろうか？ひと言で言えば、リノベーション（本業の見直し・改善）だ。これは、既存の資産と事業能力を利用して何か別のことをするのではなく、それらを利用してより優れたことをすることだ。顧客が本当に望む製品やサービスを提供するために、顧客（あなたのコア・エッセンス）との関係を利用して、顧客とのかかわり方を変えることだ。別の言い方をすれば、リノベーションの出発点とは、自分には何が売れるのかをまず考え、次にその実践ができるかどうか判断することだ。しかし、企業がすべきことと実際にやっていることとの間には大きな違いがあるものだ。

価値の方程式

まず、それぞれのビジネスが価値をどのように創出しているか理解しなければならない。これは、わがジーマン・グループの幹部デイブ・シングルトンが、イノベーションとリノベーションの違いを理解するためにつねづね言っていることだ。特に自分のブランドの価値は、自分が持つ能力の三つのキーポイント（すでにある「コア・コンピタンシー」、「コア・エッセンス」、「資産やインフラストラクチャー」）と整合性をとる能力の関数として捉えられる。もしこの三要素すべてがバランスよく機能しなければ、あなたのビジネスは成功しない。「資産とインフラストラクチャー」というのは文字どおりなので詳述しないが、ほかの要素については説明をしよう。

「コア・コンピタンシー」とは、単に自社の製品やサービスのリストにとどまらない。それは以下の四つのファクターに基づくものだ。

- **知識**——あなたが知っていること、習得してきたこと
- **経験**——これまでにやってきたこと
- **資源**——持っているもの

●人――行っていることと、そのやり方

つまり、あなたのコア・コンピタンシーとは、ほかの誰よりもあなたが得意とすること、どうやればいいか知っている分野のこと（あるいは、やり方を心得ていると信じていること）だ。そして、これはどんな企業でも（さらに言えば個人でも）少なくとも一つは持っているはずだ。

たとえば、あなたの税理士であれば、それは税法と国税庁の規制に関する知識になるだろう。インテルなら、コンピュータ・プログラム用のチップの設計だ。陸軍のコア・コンピタンシーは即戦闘態勢をとれる兵士、装備、組織を展開することだ。空軍ではだいぶ話が異なって、宇宙を含む制空権、地球規模の攻撃力、精密機器、高速移動性、情報優位性、迅速な戦闘支援になる。マイクロソフトは模倣が早い。サウスウェスト航空は、短距離路線での驚異的な運航と機材のやりくりの速さ。マクドナルドは、店舗ロケーション、原材料の調達、人の雇い方が誰よりも抜群にうまい。

一方、「コア・エッセンス」のほうは、いくぶん抽象的だ。企業あるいはブランドとして、あなたはいったい何者か、ということだ。これは顧客とそれ以外の人が等しく持っている、あなたのブランドとの関係だ。彼らの心に投影しているあなたの姿であり、あなたのブランドが顧客に約束しているものだ。たとえば、コカ・コーラのコア・エッセンスは、本物であること、継続性、安定性だ。ペプシは選択と変化であり、英国航空は英国流の心地よさであり、アップルはコミュニティだ。

あなたのコア・エッセンスは、そのビジネスが向かう先を決定してしまう。自分のコア・エッセ

ンスを超えてビジネスを拡大しようとすれば、顧客はあなたに協力してはくれないだろう。アマゾン・ドットコムの店舗が、もし街中にあったら足を運ぶだろうか？　たぶん行かないだろう。アマゾンのコア・エッセンスは、家から出ないで買い物ができることだからだ。では、ディズニーの携帯電話というのはどうか？　それは考えられる。ディズニーのコア・エッセンスの中には、ファミリー・エンターテインメントがあるからだ。しかし、携帯電話でメールを送るのは楽しいかもしれないが、ファミリー・エンターテインメントと呼ばれるのにふさわしい楽しさとは言えないのではないか。テーマパークの中で家族向けにトランシーバーを貸し出すならわかるが、テーマパークの外ではどうだろうか？　また、ニューコークの失敗は自明のことだ。ニューコークはコークのコア・エッセンスである、本物、継続性、安定性に反していたからだ。

一方、家具のイケアは、手ごろな価格で妥当な品質という彼らのコア・エッセンスとみごとに整合性をとってきた。つねに新製品のアイデアは生まれてくるが、イケアのコア・エッセンスに合わないデザインや製造方法なら、その製品が店頭に並ぶことはない。

上記のような価値の三要素（コア・コンピタンシー、コア・エッセンス、資産やインフラストラクチャー）全部をうまく活用することに成功すれば、あなたはビジネスの発展にも成功できるだろう。スターバックスを考えてみよう。スターバックスのコア・コンピタンシーは店づくり、人にコーヒーを飲む気にさせること、世界で最もおいしいコーヒーを調達できることだ。コア・エッセンスは、コーヒーハウスでのすばらしいひとときだ。そしてアウトバック・ステーキハウス。この会社のコア・コンピタンシーはグリル料理、コア・エッセンスはオーストラリアであり、彼らの新しいシーフードレストラン・チェーンのフィッシュボーン（アウトバックをモデルにしたもの）は大成功している。この会社は店舗の立地、レストランの設計、人材活用にきわめて長けており、これはフィッシュボーン立ち上げにも活用された。アウトバックのビジネスモデルと同じだが、メニューと店の看板が違うのだ。

次に、革新的《イノベーティブ》とつねに呼ばれているが、じつはリノベーションを実践している企業、アップルについて見てみよう。たしかにiPodは斬新なデザインだ。しかし、真にイノベーティブな製品ではない。アップルはつねに「ユーザーは何をしてきたのか、そして何を欲しがっているのか？」と自らに問いかけることからデザインのプロセスを始めるのであって、「ねえ、こんなかっこいいものがつくれるんだ、見てよ」とは正反対のアプローチだ。この新製品は、クリエイティブなハイテクによる楽しさがアップルのコア・エッセンスという論理的延長線上にあるのだ。この新製品と、消費者が楽曲を合法的にダウンロードできるオンライン・コミュニティをつくるために、アップルは自らに欠けていたコア・コンピタンシー（音楽ファイルを保存する方法など）を買収し、自分たちの資産を整備した。アップルは単に既存のアイデア（大勢の人が音楽ファイルをダウンロードしていること）を広げて、消費者が音楽ファイルを保存したり取り出したりする簡単な方法を見つけたのだ。リノベーションという思考のおかげで、アップルはまったく新しい何十億ドル規模のiPodブランドを手にしたのである。

＊＊＊

では、このような価値の方程式は、イノベーションおよびリノベーションとどう関係があるのだろうか？　それが大いにあるのだ。

イノベーションを戦略として追求する企業は、おおむね自分たちのコア・コンピタンシーと資産を活用することが新しい成長の機会であると捉えている。イノベーション推進派にとっての課題は、この機会をどううまく利用できても（別の言葉で言えば、いかに新しい製品あるいはサービスがすばらしくても）、消費者にそれを買うように説得しなければならないことだ。彼らの提案は、「自分たちがつくれるものから出発して、売れるかどうか見てみよう」というものだ。

反対にリノベーションを頼みとしている企業は、自社のコア・エッセンスから出発して、自社製品の顧客が買いたがっているものと新しい成長の機会を直結させている。リノベーション派は、彼らが考えている製品あるいはサービスが消費者に受け入れられるであろうことはわかっている。リノベーション派にとっての課題は、これからやろうとしていることが消費者に対して約束することを必ずできるように、適切なコア・コンピタンシーと資産を確実に持つようにすることだ。リノベーション哲学とは、「自分たちが売れるものは何かまず見つけよう、それからそれが自分たちでつくれるものか検討しよう」だ。

ここからわかることは、リノベーションとイノベーションの大きな違いは、期待される結果ではなく、そこへ到達するためのアプローチにあるということである。コカ・コーラでも、ともに仕事をしてきた多くのクライアントについても、私が経験から学んだことは、ほとんどの企業はイノベーションにあまりにも多くの時間をかけて、リノベーションにはおよそ十分な時間をかけようとはしないことだ。リノベーションは、その企業のコア・エッセンスと、顧客との確立された関係を土台にしているため、たいていの場合大きな成功を収めることができる。顧客が買いたがっているものをつくることより、企業がつくれるからつくったものを買うように顧客を説得することのほうがはるかに難しい。残念なことに、あまりにも多くの企業はこの基本的な事実をつかめずイノベーションに注力している。というわけで、以上が破滅のレシピとなるわけである。

イノベーションの5つの落とし穴

イノベーションを考えている企業はたいてい、以下の五つの過ちのうち、少なくとも一つ（多くの場合は二つ以上）を犯している。

1　自社のコア・エッセンスではなく、コア・コンピタンシーを利用することに注力する。
2　コストを度外視してクリエイティビティに固執し、すべての新しいアイデアを等しくポテンシャルがあるものとして扱う（私はこれをビッグバン・アプローチと呼ぶ）。
3　イノベーションを新製品のためだけに限定し、顧客や、消費者、ビジネスにとっての新しい価値を生み出すためのイノベーションを忘れている。
4　水平的な成長であって、垂直的な成長ではない。
5　有機的成長によってではなく、他社を買収することによってイノベーションを試みる。

では、こうした失敗を一つひとつ検証していこう。

1　コア・エッセンスではなく、コア・コンピタンシーを重視

価値を生み出す三つの要素を活用するためには、その三要素とは何なのかをしっかり把握することが肝要だ。馬鹿みたいな話だが、いかに多くの企業が自社のコア・エッセンスとコア・コンピタンシーの違いを理解せず、顧客が自分たちから買いたがっているものについてどう対応していいのかわからないことにさぞ驚かれるだろう。こうした事例を、私はいくつも、間近で見、そして個人的にも知っている。

コークは、かつてメキシコとハワイでエビの養殖事業に進出したことがあった。いったいなぜ？　それは誰も知らない。しかし、誰もがこれは完全な失敗だったと認めている。

結果としてダメになることがたいていそうであるように、その時はいいアイデアに思えたのだ。

これは地元に雇用を創出し、友好関係を築く方法だと。コークには世界的な調達・流通・販売能力があることを我々は知っていた。かつ、十分に活用されていないロジスティックス資産、そして世界規模で事業を運営する総合的な能力もあった。それについてはまったく正しかった。少なくとも砂糖水を売ることにかけては……。しかし、大間違いだったのは、エビの養殖についてはまるで知識を持ち合わせていなかったことだ。

たしかにコークは各国でビジネスを展開する術は知っているが、この会社の本当の強みはＤＳＤ（ダイレクト・ストア・デリバリー：店舗直納システム）、小売業者がコーク製品を消費者へ販売するのを支援することにある。この新事業はいくつもの理由で完全な失敗だった。まず、エビの養殖に従事するなら正しい種類のエビを手に入れなければならない。そうでなければ、エビは繁殖せず、まったくエビなしで終わってしまうのだ。しかし、それよりはるかに重要なのは、消費者がコークのエビを買う理由について考えもしなかったことだ。エビの養殖は、この企業のコア・エッセンスから、まるきりかけ離れていた。誰もコークとエビの養殖を結びつけることはできなかったのだ。ソフトドリンクならいい。だが、エビはダメだ。

最終的な分析でわかったことは、実に多くの企業がはまった罠に、コークもはまってしまったことだ。我々は自分たちのコア・コンピタンシーとコア・エッセンスとを混同してしまい、前者を過大評価し、後者を完全に無視してしまったのだ。

基本的に同じことが少し前にマクドナルドにも起こった。どういうわけか、彼らはホテル事業に乗り出し、ゴールデンアーチ・ホテルを数軒建設した。マックとホテルとの間に何かつながりが見えるだろうか？　私には見えないし、ほかの誰にもわからなかった。

適切なコア・コンピタンシーを獲得することはきわめて簡単だ。あることのやり方を知らなかったら、それを知っている人物を雇えばいい。しかし、新しいコア・エッセンスを手に入れるのはほとんど不可能だ。ゴールデンアーチ・ホテルには、マクドナルドの顧客サービスや不動産取得能力を活用できたかもしれないし、もしそうでなくても、きっとトップレベルのホテル経営会社を採用する資源はあったはずだ。しかし、マクドナルドのコア・エッセンスはどこにも見当たらない。マクドナルドのコア・エッセンスとは、行けば必ず手ごろな値段でそれなりの質の食事がとれることを誰もが知っていることだ。その食事はすばらしいというほどでもないが、ひどいというほどでもない。何が食べられるかはわかっているし、さっと入ってすぐに出てこられる。

ホテルビジネスに適用できるマクドナルドのコア・エッセンスをいくつか見出すのは簡単だ。たとえば、ホテルに泊まる大勢の人はいつも手ごろな価格で泊まりたがっている。だから、ホリデイ・イン、モテル6やその他ホテルチェーンは商売が成り立っている。しかし、問題は、「さっと入ってすぐに出てこられる」という部分だ。これは人がホテルに求めるものとはまるで相容れない点だからだ。

2　何が何でもクリエイティビティ

イノベーションカルチャーは、多くのビジネスの枠組みを発展させてきたが、そのほとんどは、人に「クリエイティブになれ」、「自分の限界にとらわれるな」と促すことに焦点を置いている。新製品は違いがあればあるほどいい、というわけだ。チーフ・イノベーション・オフィサーはつねに自分たちのイノベーションは売上げを拡大し、利益を改善すると主張するが、組織の上のほうからは「遊んでいるキャパシティと活用されていない資産を使って、何でもいいから何かしろ」との秘密指令が下されている。ところが、何が何でもクリエイティビティという圧力には、多大なマイナスの副作用があるのだ。

まず、新しいアイデアが出てくるまでには膨大な時間と金が調査と開発にかかっている。どんなアイデアにも新しい価値を創出できる可能性が等しくあるとは誰も思わない。残念ながら、多くの企業はいいアイデアと悪いアイデアの違いがわかる能力と知識を持ち合わせておらず、消費者からどの商品なら買うと思うか教えてもらおうともしないようだ。もし消費者に尋ねるとしても、間違った人たちに聞くか、間違った聞き方をするか、マーケティング調査のフォーカスグループを、そういう調査に参加することが楽しいと思う人たちや、その企業のちょうちん持ちができてうれしい人たちばかりで構成してしまうのだ。結果として、実に馬鹿げたアイデアが山ほど残ってしまう。以下にそうした事例を示そう。

● **ポルシェ**——彼らは過去数年にひじょうに創造的な（だが、じつに馬鹿げている）新製品を打ち出してきた。最初は、時速約一〇〇キロから一一〇キロで車体から飛び出すリア・スポイラーだった。すばらしい。これならレーダーを持たない警官でさえ、あなたがスピード違反していることがわかる。次に出してきたのは、オートマティック・トランスミッション（自動変速機）だ。そもそも、ポルシェを持つ楽しみのほとんどは、ポルシェを運転することであって、ギアシフトはそのポルシェ体験の欠くべからざる部分だろうに。オートマティック車が欲しい人なら、フォードのエスコートだっていいはずだ。

● **キンバリー・クラークとプロクター&ギャンブル（P&G）のウェットタイプのトイレットペーパー**——まるで小学校のジョークだが、そうではない。何の拍子か、消費財の巨大メーカー二社がほぼ同じ頃に同じ製品を考え出した。消費者はまったく興味を示さず、売上げも上がらなかった。P&Gは賢明にも数週間でこのアイデアを反古にしたが、キンバリー・クラークのほうはその後しばらく頑として踏みとどまっていた。

無理なクリエイティビティは、製品にも見られるが、顧客を困惑させたり顧客にとって何の得にもならなかったりするサービスにも存在する。実例を見よう。

● **低脂肪で健康志向のタコス「タコベル・ライト」**——よさそうなアイデアじゃないか。ただし、この新しいタコスはレタス、チーズ、サワークリーム、サルサソース、タコシェルでできている。以前からあるタコスとそっくり同じではないか。それで顧客は、このライトのどこがそんなにいいのかわからず混乱してしまった。そして結局、いままでタコベルが提供してきたものは不健康な食べ物でしたと認めたのがライトなのだ、と顧客は解釈した。

●**フリスキーの猫型ホイルパック入りキャットフード**――かわいいアイデアだと私は思うが、ポイントは何だったのだろう？　フリスキーは、パッケージのデザインに巨額の資金を投じたにちがいない。一オンス当たり約六三セントもするキャットフード。それは普通の容器に入ったまったく同じ商品の七倍を消費者に負担させているのだ。猫型パッケージのほうを好む猫もいるかもしれないが、一家の財布を握っているであろう人間のほうには、お金を使うのに「あっ、新製品だ！」という以外の理由が必要なのだ。

ほかのマイナス要素もある。日々とてつもない数の新製品が市場に導入されているが、倉庫も店の棚もスペースは限られている。より多くの小売業がジャスト・イン・タイム式の在庫管理の方向へ向かっている。これは責任を川上側に押し戻し、売れない商品を置くスペースを自分では持たない方法だ。この点を猫型パッケージを出したときにフリスキーが考慮しなかったのは明らかだ。缶とは違い、この新製品は積み重ねることができない。ということは、そうたくさん店の棚には置けないということでもある。また、搬送用トートにもうまくフィットせず、輸送費が高くつき、より大きな倉庫スペースも必要になる。基本的なことは、小売業が売れない商品には運から見放されるということだ。

クリエイティブな新製品で市場にじゅうたん爆撃をかけるのに夢中で、消費者には興味のない製品を買わせようとしている企業がたくさんある。たとえば、ＲＪＲナビスコは、すばらしいコンセプトのように見えた、煙の出ないタバコの研究開発とマーケティングに五億ドル以上かけた。タバコがガンを引き起こすことを否定しているタバコ業界は、問題を煙が出ることにすり替えようしていた。「ほかの人たちは、一、二、三本吸った後の私の臭いが嫌いなのだ」といった具合に。唯一の問題は、喫煙者自身は煙をまったく嫌がっていないことであり、たまたま同じ場に居合わせた非喫煙者が嫌がっているだけということだ。喫煙者は煙を気にせず、非喫煙者はタバコを買わないため、目論見全体が大失敗に終わった。

＊＊＊

あなたには間違った理解をしてほしくない。私は、イノベーション同様、クリエイティビティに何ら異を唱えるものではない。むしろその反対だ。ビジネスにはクリエイティビティが絶対必要だ。成功する可能性が高い有機的成長の機会を発展させるべく、正しく方向づけをすればいいのだ。成功とは、実際にあなたが売れる何かを創造することなのだ！　新規事業、新ブランド、新しい顧客なんぞに悩むのはやめてしまえ。代わりに、あなたがすでに持っているものを有効活用する方法に頭を使え。売上げを拡大するブレークスルーを達成するために、あなたが知っていることをみな捨て去ることはない。

3 新製品頼み

有機的成長の機会を見出すことについて考えると、驚くほど高い割合の企業が一芸のみに秀でた企業で、ほかのことは一切排除して新製品の開発に集中している。さらに悪いことに、質より量に明らかに偏重している。ある企業など、年次報告書で「次の一二か月で、売上げの四〇パーセントを新製品で達成する」などといった文言で、馬鹿げたゴールを設定しているのだ。最近、目にしたデータによると、新製品で成功する確率は五八アイテム中わずか一点だ。しかし、それでも企業の研究開発部門が、思いつくかぎりの新製品を粗製濫造するようなショットガン式のアプローチをやめることにはならない。スタグニト・ニュープロダクツ・マガジン誌二〇〇三年二月号によると、飲料の五五パーセント、調理済み食品の三五パーセント、ソースミックス類の三二パーセント、スナック・ベーカリー製品の三二パーセント、乳製品の二九パーセントが、過去一二か月間に市場導入されたものだ。こうした新製品に偏向したアプローチは、以下に見るようにさまざまな面で、益より害のほうが大きくなってしまう。

a.

「コア・エッセンス」との不整合――これまで述べてきたように、リノベーションとは、自分たちのコア・エッセンスとコア・コンピタンシーと既存の資産やインフラを有効活用することだ。イノベーションも事業能力と資産を有効活用することであると言えるが、往々にして的をはずしている。企業はコア・エッセンスを軽視し、こうありたいと思う姿から乖離したアイデアを追いかけるのに時間をかけすぎるのだ。

スターバックスは、店内にワイヤレスのネットワークを設置して、顧客が店に立ち寄る理由を新たにつくり出し、ビスコッティを食べ、カプチーノ、次にはモカ、とコーヒーを飲むスターバックス経験を拡張していったのである。しかし、マクドナルドが同じことをしたら、結果はまさに反対だった。マクドナルドのコア・エッセンスの一つは「さっと入ってすぐ出てこられる」ことだが、ネットサーフィンをする人たちはせかされるのを嫌う。それに、マクドナルド大好きの顧客であっても、チキンマクナゲットやフライドポテトをほおばりながら、きわめて居心地の悪いプラスチックのテーブルで、午後をネットサーフィンをして過ごすとは考えにくい。

エヴィアンの例を見よう。エヴィアンがボトルウォーターの先駆けだった頃は、彼らのコア・エッセンスは、味や透明性、純粋さには関係がなかった。実際、彼らのコア・エッセンスは、水そのものとは関係なく、「蛇口からだったら数セントのものに、私は一ドルも払う大物なのだ」と言えるような、そのステータスにあった。名前の響きと同様のこの小生意気さを消費者は気に入っていたのだ。エヴィアンにとって不幸だったのは、自分たち以上に消費者のほうがエヴィアンのエッセンスをしっかり捉えていたことだった。まったく理にかなったことだが、新たな販路を開拓する中で、エヴィアンはバーやダンスクラブに行き当たった。そこで、コスト節約のため、彼らは大瓶で製品を出荷した。つまり、ミスター・クールがバーカウンターにやってきてエヴィアンをオーダーするとバーテンダーがグラスに水を注ぎ、かなりの金額をチャージする。しかし、グラスに入った水は無印であり、ミスター・クールは、ミズ・クールにも誰にも、彼の洗練されたテイストを印象づけることができず、エヴィアンのナイトクラブでの売上げは干上がったのだ。そのことでエヴィアンは少しお利口になった。大きなボトルは放棄して、ラベルのついた小瓶で売ることにしたのだ。

b.

スモールアイデア──段階的という発想はイノベーション的発想とは相容れない。多くの企業は「何か新製品を出せばお客はついてくる」の哲学を信じてやまない。別の言葉で言えば、新製品を導入せよ、さすれば顧客は列を成してやってこよう、というわけだ。結果として、消費者のニーズに動かされるのでなく、新たなニーズを創造しようとして、多くの企業が製品ラインを拡大し続ける。しかし「ニュー」あるいは「改善されました」とパッケージに貼り付けても、消費者はそう簡単にその製品をショッピングカートに入れてはくれない。むしろオリジナルバージョンに何かまずいところがあるのではないかと不審がらせるのが関の山だ。

私の言うことを実際に確かめたかったら、近くのスーパーマーケットへ出かけてみるといい。フリトレーは、バーベキュー味のポテトチップを少なくとも九種類は出している。本当にそれだけのニーズがあるのだろうか？　クレストのハミガキも、五〇種類も棚に並べる必要が実際にあるのだろうか？（クレストを所有する）P&Gは、新製品のフォーミュラに何百万ドルもつぎ込み、さらに数百万ドルを新しいチューブとパッケージのデザイン、製造ラインの変更、流通、広告、マーケティングに費やした（「ポンプ」という製品を覚えておいでだろうか。あれはいったいどこへ行ってしまったのか）。たしかに、フリトレイはそれぞれのポテトチップをたくさん売っているし、P&Gも各種のハミガキをよく売っているが、ポテトチップやハミガキの市場全体における彼らのシェアは変わっていないのだ。たとえ売上げが若干増えたとしても、その製品を立ち上げたときに新たにかかったオペレーションおよび広告経費をおよそ正当化できるものではないだろう。競合他社製品を店の棚から締め出すためにそれだけの新製品を揃えているのかもしれないが、たとえそれが本当だとしても、うまくいかない。もしクレストが新製品を二つ出してくれば、コルゲートもすぐ追随してくる。これはゼロサム・ゲームなのだ。結果は、自社の複数ブランド間の共食いになるのだ。「デュアルアクション・ホワイトニング」の顧客は、以前は「マルチケア・ホワイトニング」か「エクストラ・ホワイトニング」か「過酸化水素入り重曹ホワイトニング」を使っていた人かもしれない。

c.

支出は増えても、売上げは増えず――新製品は普通、研究開発や製造、流通、マーケティングに新規の支出を要する。これはすべて本当に必要なのだろうか？　なんと、アメリカ企業の製品開発コストの半分近くは、結果として撤退するか、まったく利益をもたらさない製品に費やされている。新製品が簡単に真似されやすい分野ではなおのことだ。コークは、大金を投入してダイエット・コーク・ウィズ・レモンを出した。その後をすぐペプシがペプシ・ツイストをもって追随した。どちらの会社も莫大な資金とリソースを無駄にした。もしあなたの新製品がマーケットシェアを拡大するなり、プレミアム価格をつけそうもないなら、その製品を出す価値はない。あるいは、私のかつての上司ドン・キーオが言っていたように、「回転の遅い新製品は、回転の速い環境には入れない」のだ。

往々にして、ラインエクステンションはそのブランドの細分化と事業コストの増大を招く。しかし、だからといってデルタは新しい航空会社ソング設立を思いとどまりはしなかった。九・一一の同時多発テロによる打撃とジェットブルーやサウスウェストといった低コスト航空会社との競争の激化に対し、デルタは低運賃航空会社を自ら設立することで対抗しようとした。しかし、組合を怒らせたくなかったため、デルタのパイロットをソングで使うことにしたのだ。つまり、ソングは、デルタを苦境に追いこんだ同じ高コストを背負い込むことになるはずだ。（二〇〇二年、デルタの人件費は売上げの約四〇パーセント。対するジェットブルーは二五パーセントである）。では、ソングに乗ろうと思う客は誰だろうか？　たぶん、すでにデルタを利用している人だ。しかし、ソングが成長すればデルタのマージンは前よりも低くなってしまうのだ。

売上げ増による成長を装いながら共食いになっている自社新製品にほとんどタダで進呈するのと同じぐらいの販促金を出すことで、利益を減らしている企業もある。状況をさらに悪くしているのは、無料で製品を手に入れた消費者がその製品を好きになって、キャンペーンが終わったら正価で買ってくれるもの、と企業自身が納得してしまっていることだ。消費者は、いつもそのようには行動しないし、マーケターが思っているよりはるかに賢い。中にはその新製品を購入してくれる消費者もいるだろうが、何度も購入されることによって利益は出るのであって、一度だけの購入ではダメなのだ。

d.

安易な相乗り——一九九〇年代初め、消費者は突如として健康的な食に注目するようになった。エヴィアンやペリエは、消費者の身近にある水道水に代わる、より健康的で、かつより安全な水として自らの市場をポジショニングした。製造業各社は、水のこの成功ぶりを見てそれに相乗りしようとした。しかし、健康を追求するのではなく、彼らは、水の色に目をつけたのだった。アモコ、ミラービール、ペプシはほぼ同時期に流行の「クリア」に全面参入して、クリアなモーターオイル、クリアビール、クリスタルペプシを出した。みなおもしろいアイデアだったかもしれないが、元の製品と新しいものとの違いは色だけ（実際には色がないのだが）だとわかった途端、消費者は笑い飛ばし、財布の紐を締めてしまった。その馬鹿々々しさにあきれたのだ。数少ない成功例は制汗剤バンで、同社のクリア・デオドラントは「服にシミがつかない」という付加価値を消費者に伝えることに成功したからである。

e. **既存のブランド・エクイティにダメージを与える可能性**――アパレル小売チェーンのＧＡＰは大胆なイノベーションのステップを踏み出し、まったく新しいブランド「オールドネイビー」を立ち上げた。それは思い切ったやり方だったが、消費者は、オールドネイビーを、基本的にＧＡＰとほとんど同じだがより安いブランドと捉え、顧客のＧＡＰ離れを引き起こした。消費者や顧客が混乱するようなメッセージを受け取れば、同じことはいつでも起こりうる。

f. **企業分裂症**――真に革新的《イノベーティブ》であるとは、不確かな見返りの実現を期待して社運を賭けることを意味する場合もある。そうした虚勢を張っていても、たいていの経営者にはその準備ができていない。イノベーションとは、通常ごくわずかの短期的利益を期待して行う長期的投資のことだ。リスクの少ない事業にさえ、多くの企業経営者は口先だけでなく実際に金を出して実行する準備ができていない。ユナイテッド航空の「ディスカウント」路線であるテッドがその好例だ。テッドも現在のユナイテッドの従業員を使ったため、破産した本家のブランドから完全に切り離されることはなかった。そして航空チケット一枚のコストはユナイテッドもテッドも同じであるため、ディスカウントもないのだ。ユナイテッドのＡ－３２０機がテッドのロゴをつけて飛んでいられるのもそう長くはないと思ったほうがいい。

もちろん、一つの革新的な新プロジェクトに一〇〇パーセント肩入れしようと意気込んでも、それが成功する保証はない。巨大なロフトを借り、一流の人材を釣り上げるためにべらぼうな給料やボーナスを払い、研究開発に大金をつぎ込み、すべてを失ったドットコム企業のことを考えてみればいい。むろん、それには自腹ではなく、多少使いやすいベンチャーキャピタルから資金を得ていたという事情もあろう。

g. **顧客の欲求不満**――新製品が顧客に約束をする前に、実際に提供できるのかどうかを明確にしておく必要がある。ヒューレット・パッカードは、アリぐらいの大きさの携帯電話や切れない電球がある未来を思い描いてほしい、というテレビ広告を打った。なんとすばらしい。しかし、そのどれも一〇年やそこらでは実現しそうにない。そしてヒューレット・パッカードの顧客は待ちくたびれて、よそへ行ってしまうだろう。

4　水平的成長 対 有機的成長

イノベーションでビジネスを成長させようとすることは、リソースを水平的に広げること（新規事業、新しいマーケット、新しい顧客、新しいブランド、新しい方向への展開）を意味する。いままで述べてきたように、これらは恐ろしく金がかかり、同時にリスキーでもある。新規の顧客獲得にかかる費用は従来の顧客を維持するのに比べ約六倍もかかる。一方、有機的成長とは、既存の顧客との関係を保ち、顧客とブランドとのつながりを深めることである。これについては次章で詳しく述べる。

かと言って、水平的成長が不可能だと言っているのではない。ベルリンの壁が崩壊して、アメリカの製品とサービスを切望する二〇億の消費者が新たに生まれた。そこでアメリカ企業は、私がブランドの鞘取り（市場を異にすることで利益を生む）と呼んでいることを始めた。ある地域で成熟しているブランドを、そのブランドが浸透していないまったく違う新たな地域へ進出させることだ。そのような場合（そのこと自体きわめてまれなことだが）、従来の顧客を維持することは心配しなくていい。なぜなら（少なくともしばらくは）そんな顧客はいないからだ。そして、自社製品同士が共食いになることも心配しなくていい。持っている製品はすべて新しいからだ。

しかし、時間がたって、マーケットが成熟しはじめ、消費者のマインドと財布をめぐるシェア争いが落ち着くと、すでに確立したマーケットで直面していたのとまったく同じ問題に直面することになる。そして、迫られる選択もまた同じだ。新しい顧客を追いかけ、新しいマーケットと新しいビジネスに参入して水平的成長を図るか、あるいは既存の顧客、既存のマーケット、既存のビジネスに焦点を合わせて有機的成長を図るか。私が後者の肩を持つことはもうおわかりだろう。

5　買収によるイノベーション

アメリカでは、二〇〇〇年度だけでおよそ九五〇〇件の企業の合併・買収があった。額にして総額二兆ドルほどだ。ほかの企業あるいはブランドを買収することは、イノベーションという名の、成功すれば儲けものといったロングパスをアメフトの試合終了間際に放つようなものだ。それはトラブルから抜け出そうとする、むなしい最後のあがきだ。その悲壮なロングパスでは、思っているのとは正反対の方向へ事態が進んでしまうことも多い。

まず、買収されることで、その企業なりブランドなりは、破壊されないまでも少なくとも価値が損なわれてしまう。経営コンサルティング会社マッキンゼーによると、買収される前は、二四パーセントの企業が業界平均以上の業績を上げており、五三パーセントの企業は業界平均値の七五パーセント以上の業績を残している。ところが買収後は、こうしたパーセンテージはそれぞれ一〇と一六へ落ちてしまう。買収した側の「大樹」のもくろみも雲行きが怪しくなるわけである。ここで、典型的な買収がどのように行われるか順に説明してみよう。

a. 買収候補は、そのブランドの現在あるいは将来考えられる強みではなく、業界の基礎データや期待される成長とリターンで選別される（あるブランドがある時点でいくらの価値があると確たる値段をつけることはきわめて困難だ。建物ならともかく、ただの名前に値段をつけられるのか?）。往々にして、デスティネーション・プランニングがなされていないのだ。むしろ、実体のない数字、幽霊経済学、いわゆるフィット（自分たちの既存のビジネスにぴたりはまる）、相乗効果などで判断されている。このいい例が、一九八〇年代初め、ハーツとウェスティンを買収したユナイテッド航空だ。つまり航空会社の顧客ならレンタカーとホテルも利用すると考えられてのことだった。新会社全体の収入が各社からの収入を結合したものより大きくなるようにと、夢いっぱいのユナイテッドは社名をアレジスと改名した。不幸なことに、消費者は航空会社とレンタカーとホテルとの間に関係があると思わなかった。もし関係があったとしても、航空会社の重役が経営する新しい合併会社には、クルマを貸し、ホテルの部屋を埋めるノウハウがなかった。結局、すべては完全な失敗に終わった。

b. 時折、将来のキャッシュフローの基準を低く設定したために、完璧な候補が一社か二社残ることがある。しかし、プレッシャーばかりが募り、結局は契約に至らない。キャッシュフローの分析には、ブランドとその企業の業績に対する、非現実的な相乗効果の期待によって誤った色がつけられるのだ。そして、たいていの場合、具体化しないか大規模な追加投資が必要になる。膨大な時間とエネルギーが買収価格を正当化するのに費やされ、最も重要な「消費者はこれからも買ってくれるのか?」という問題に時間が振り向けられることはおよそない。消費財のある大手複合企業が、傘下企業の製品がいろいろ入ったパッケージを私に送ってきたことがある。有名な(しかし商売はうまくいっていない)ナショナルブランドの多くを売却したかったのだ。いかにそれらのブランドを再活性化し、新しいマーケットに参入し、新しいブランドを展開するかといった壮大な提案書と、そしてもちろん、それらに基づいたバラ色のキャッシュフロー計画もつけてきた。少なくとも二回提案書に目を通したが、その中に「消費者」あるいは「顧客」という文字はまったく出てこなかったと思う。

もし、あなたが家を買おうとするなら、中に入り、あちらこちら周囲を見回って、風雨にも耐えられる、しっかりした建物であることを確かめるだろう。そして、もしあなたが自分の探しているものがわからなかったら、おそらく業者を雇って自分の代わりに探させるだろう。企業が新しいビジネスを買うときにも同じことをするとお思いなるかもしれない。会計士と頭の切れるマーケティング・チームを送り込み、目的の企業が買収金額を正当化できる十分なキャッシュフローを生み出せるかどうか見きわめさせると。しかし、現実にはそうはせず、ユナイテッドと同じ相乗効果（あるいは「フィット」）の罠に陥ってしまう。たとえば、@ホームは、高速インターネットサービスとエキサイトのウェブコンテンツは自然な結合だと考えた。しかしそうではなかった。ソニーは高品質のビデオレコーダーがつくれればユニバーサルの映画づくりにも自然とフィットすると考えたのかもしれない。そして、AOLとタイム・ワーナーは互いの事業がともにうまく噛み合っていくと確信を抱いた。しかし、いまやタイム・ワーナーの株価は七五パーセントも落ち込み、「マーケティング目的」で社名からAOLをはずした。

最後に、こうした買収には通常莫大なプレミアム（平均は約四〇パーセント）がついている。もし不可能でなければ、投資に見合う満足のいくリターンを得ることはとても困難な額だ。もしどうしても企業かブランドを買収したければ、買収企業はいくら支払ってもかまわないと考えているのだ。売る側は、将来のキャッシュフローに楽観的すぎる見通しを示して、問題の拡大に貢献する。一九九四年、オートミールのクエーカーは飲料メーカーのスナップルを一七億ドルで買収した。スナップルをクエーカーが持つ優れたスーパーマーケット流通網にそのまま乗せられると考えて（あるいは夢想して）いたのだ。彼らが考えていなかったのは、スナップルの既存の流通チャネルだった。スナップルの売上げの半分はガソリンスタンド、酒屋、コンビニエンスストアやその他クエーカーがまったくノウハウを持たないチャネルから発生していたのだ。結局クエーカーはスナップルを三億ドルで売却した。一四億ドルの損失だった。

c. 買収後、当初聞いていた楽観的相乗効果などまったく実現しないことが明らかになる。ブーズ・アレン・ハミルトンによると、買収の戦略的モチベーション（バリューチェーンの川上あるいは川下への接近、あるいはキャパシティ増や新しいビジネスモデルの構築）のうち、買収側のビジョンや目的を達成したのは三二パーセントにすぎない。

d. 買収側企業のリターンは減り、株価が下がる。買収案件の約三分の二が、株価、売上げ、収入などで測った場合、当初の目的に達していない。双方の企業のブランドはこんな目にもあう。困惑した消費者が背を向け、失望した従業員が逃げ出し、それがひいてはサービスに影響し、さらに多くの顧客離れを引き起こす。コストは跳ね上がり、経営は混乱し、株主は非難すべき相手を探しはじめる。これで、合併・買収の目的を達成できなかった企業のCEOの四二パーセントが二年以内にその職を辞しているという、ブーズ・アレンの数字にも納得がいく。

むろん、成功した買収の話もたくさんある。しかし、その成功の裏には、手堅いリサーチ、優れた計画、夢いっぱいの楽観とは対極にある現実的な考え方といったものがある。クエーカーのスナップル買収は大失敗だったにもかかわらず、ゲータレード買収では大成功を収めている。それはクエーカーがまったく異なるアプローチをとったおかげだ。クエーカーはスナップルのブランドイメージを、一癖あって、楽しい、瓶入りジュースの代替品といったものから変えようとした。クエーカーは、ファンからの手紙を読んでいたスポークスパースンのウェンディを解雇し、伝統的な広告に切り替えた。そうすると消費者は瞬く間にスナップルを買うのをやめてしまった。おそらくこの失敗から教訓を得て、クエーカーはゲータレードのコア・エッセンスである「科学的に証明されたエネルギー補強力」を残し、その他大勢の飲料にはしようとしなかったのだろう。結果として、多くの消費者はゲータレードのオーナーが変わったことにさえ気づかなかったのではないか。

さらに、二〇〇一年にペプシがクエーカーを買収して以来、消費者はペプシ所有の製品を朝食に食べるようになった。この企業はまた、フリトレーの巨大なコンビニエンスストア向け販路を活用して、クエーカーのグラノーラスナックの販売先を拡大した。アメリカ社会における健康的な食への関心が高まるにつれ、消費者はグラノーラかチップスか選択するようになった。そのどちらに転んでもペプシには有利だ。この戦略は功を奏し、クエーカーはペプシ傘下に入ってから毎年成長を続け、二〇〇三年は四億七〇〇〇万ドルの営業利益を出してペプシに貢献している。

私はマクドナルドの失策にはずいぶん厳しいことを言っているが、彼らは正しいこともたくさん行っている。その一つに、妥当な価格で妥当な品質の食品というマクドナルドのコア・エッセンスにフィットした、ボストンマーケットの買収がある。マクドナルドはいまや不動産プランニング、営業、雇用といったコア・コンピタンシーを、簡便なファミリーディナー部門を取り込むために活用することに成功している。ボストンマーケットもマクドナルドが買収したときには破産の瀬戸際にあったが、いまでは業績を回復しつつある。また、ボストンマーケットのブランドネームをハインツにライセンス供与することで、ビジネスのデスティネーションを、前もって自分の食べる物を購入したい、食品店の客にまで広げることに成功した。

この章で見てきたように、イノベーションとは既存のインフラストラクチャーとコア・コンピタンシーをまったく新しいビジネス創生のために活用しようとすることである。そして、そのアプローチは多くの企業にとってきわめて成功しがたいものになっている。膨大なコストと長い時間がかかり、自身のブランドを傷つけることさえあるのだ。

もちろん、イノベーションが絶対不可欠であるシチュエーションもたくさんあるが、多くの企業にとって、リスクのマイナス面のほうが、投資リターンへの期待というプラス面よりはるかに大きいのだ。では、その解決法は？

イノベーションなど忘れて、リノベーションをすればいいのだ！

次に、リノベーションとは何か、どこがイノベーションとは違うのかを考えよう。そして、あなたがすでにお持ちのコア・コンピタンシーと資産を使って、何か別のことをするのはやめて、より優れたことを始めるのに必要なツールを選択しよう。

第2章

Renovate Instead

いますぐ、すべきはリノベーションだ！

長いことコンサルタントをしてきて、新しいアイデアに対して人がどう反応するかはわかっている。クライアントは私にお金を払い、私はリサーチを山ほど行い、アクションプランを導き出し、それをクライアントにプレゼンテーションする。九〇パーセントは「それは、できませんね」が最初の反応だと言っていい。なぜかと尋ねると、答えはたいてい同じだ。別の方法で「それは、すでにやっているから」だと言う。私がなおも問いつめると三分の一はこう言ってくる。「たしかに、でも……」、「ちょっと待ってくれ、おわかりでないようだが……」、あるいは「説明させてくれないか……」。何たる時間のムダ。

「イノベーション」など何ほどのこともない、とこれまで口を酸っぱくして言ってきたにもかかわらず、みんながするのだから自分もしたほ

図表1 ◉水平的成長 vs 有機的成長

イノベーション／水平的成長	リノベーション／有機的成長
新規事業 誰が行うのか 不明確な環境／強みはどこにあるのか 何をもって成功とするのか	**既存事業** 誰が責任者かすでに把握できている 専門知識を持っている分野で事業を展開 成功を測る指標がすでに存在している
新ブランド 新しい価値の創造に多額の費用がかかる	**既存ブランド** 既存の価値を有効活用する
新しい顧客 新しい顧客(グループ)との関係を構築	**既存の顧客** すでに関係が構築できている顧客に販売する
新しいコンピタンシー 新たな知識、システム、人員、プロセスの開発が必要	**既存のコンピタンシー** すでに持っている知識、システム、人員、プロセスを有効活用する

うがいいのだろう、とあなたも考えていることは、私も承知している。残念ながら、私には、あなたの手を取り、そんな考え方はすぐにも捨てないと、破滅に至るイノベーションをすることになりますよ、と諄々と説得することはできない。それでも私にできることは、私の意図する「リノベーション」の意味とその重要性について、いま少しお話しすることだ。それを聞いたら、あなたも決心せざるをえなくなるだろう。

リノベーションとは何か

まず、リノベーションとは、タイムマシンに乗ってどうこうしようとするものでは、まるでない。砂に頭を埋めて競争のことは忘れようというものでもない。馬と馬車、戸別訪問販売の時代に帰ろうというのでもない。そんなのは見当はずれだ。そして、すでにある何かにマイナーチェンジを施そうというものでもない（それは微々たる改善であって、コンドームに精液だめをつける、チョコチップクッキーにナッツを入れるといった、よくある、新たに改良されたものだ。家で言うなら、キッチンの戸棚を上塗りし、リビングルームの壁を塗り替えるのと同じことだ）。

リノベーションとは、既存のものに変化を施し、同時に持ち味はそのままに新たな活力を与え、新たな生命までも与えることである。それ以上の場合もある。リノベーションとは、自分の価値提案を見直すこと、すなわち自分がここまで来られたのは何のおかげか、顧客は自分をどこまで行かせてくれるのか、を理解することである。市場のトレンドを捉え直し、消費者や顧客に自社ブランドをもっと買う理由を与えることだ。手持ちの資源とスキルを分析し、より大きなインパクトインパクトを起こすために有効利用することだ。リノベーションとは、いわばキッチンを改造するようなを起こすためのものだ。カウンター、食器洗い機、冷蔵庫、流し付きカウンターといった基本的な部分には手をつけないがグレードアップはする。そうすれば既存の資産でより優れたことが可能になる（これは、第1章で見たように既存の資産で別のことをしようとするイノベーションとは対照的だ。イノベーションとは、空き地を買い、家を設計し、土台から建てるようなものだ）。

状況はつねに変化している。天候、経済、高齢化、技術の進歩、ガソリン価格、政治、などなど。あなたのビジネスがこのどれかに対して免疫があるとお思いなら、それは間違いだ。直接にはビジネスに影響しないとしても、結局は影響を受けるのだ。そして変化についていけないと、あなたのビジネスは状況に合わなくなってしまう。

前章で、水平的成長（イノベーション）と有機的成長（リノベーション）の違いについて触れた。この差異はひじょうに重要なので、もう少し詳細に述べていきたい。**図表1**から私の言わんとするところがよく理解できるだろう。

なぜ、リノベーションすべきなのか

リノベーションとは何か、これはもうわかった。次の大きな問題に取りかかろう。なぜ、リノベーションをしなければならないのか、ということだ。イノベーションのほうがはるかに見栄えがする。それでも、あなたはリノベーションをしなければならない。少なくとも、自社の価値を高め、マーケットシェアを増大させ、人気ランキングの常連になり、あるいは何らかの長期的成功を収めたいのならば。とどのつまり、これらはみなお金を生み出すためなのだ。

前掲の表で指摘したように、イノベーションをしようとするなら、基本的にすべてをやり直さなければならない。新しいマーケット、新しいリソース、新しい人員、新しい顧客、新しい広告、どれもみな安価ではない。それに、既存のリソース、人員、機械や顧客はどうするのだ？　これら資産は、すでに使えなくなっているわけでも、まったく遊んでいるわけでもないのに、まもなくそうなってしまうだろう。どういうことか説明しよう。

● **顧客の自然減**――アメリカの平均的企業は五年間で顧客の半分を失っているという業界専門家の説がある。年にして一三パーセントだ。売上げに至っては、一三パーセント増はおろか、赤字を出さないことさえ難しい。この問題を解決する方法は二つある。マーケットから退場して新しい顧客を見つけるか、既存の顧客がどこかへ逃げてしまわないようにするか、のどちらかだ。

● **二〇：八〇の法則**――ほとんどの業界において、売上げの八割は、ファストフードや消費財の業界で言う「ヘビーユーザー」によるもので、二割から三割の顧客から発生している。

● **利益**――このヘビーユーザーが、実質的に企業利益の一〇〇パーセントを担っている。この点、航空ビジネスは効率が悪く、ほとんどすべての利益は顧客の五、六パーセントによるものである。航空会社がみな経営破綻しそうなのも無理はない。

● **顧客維持**――業種によって異なるが、一人の既存顧客を維持するのに比べ、新規の顧客一人を獲得するためには、五倍から二〇倍のコストがかかる。わが社がコンサルティングをしているクライアントを調べてみると、顧客維持率を五パーセント改善しただけで利益を五〇パーセント、またはそれ以上改善できることがわかった。さらに、既存のロイヤルカスタマー（得意客）は、維持するのに金がかからない。新規顧客のように手間をかけなくていいからだ。また、ロイヤルカスタマーは、無料の広告塔であり、無償で新規の顧客を連れてきてくれることもある。最後に（そして、これは顧客に言ってはいけないが）、あなたの製品やサービスの価格を高くすることができる。ロイヤルカスタマーは、特別のプロモーションやセールを待たずに買ってくれるのだから。

自分のコア・エッセンスを活用せよ

第1章で、あなたのブランドおよび会社の価値、そして有機的に成長する能力とは、より多くの人がより高頻度で買ってくれて、より多くの利益をあなたにもたらすよう、あなたの製品やサービスを開発・販売するために、以下の三要素をいかに有効に活用するかの関数である、という考えを披露した。

- コア・コンピタンシー（事業能力・強み）
- コア・エッセンス（本質・持ち味）
- 資産とインフラストラクチャー

この三つの中で断然重要なものは、特にリノベーションに関しては、コア・エッセンスである。自分のコア・エッセンスをしっかり把握せずして、顧客があなたに何を望んでいるかは理解できない。そしてそれが理解できなければ、事業も長続きしない。

JCペニーは、この数年自らのコア・エッセンスを見失って低迷している。保険、ドラッグストアやインターネットショッピングへと事業領域を拡大する中、気まぐれなデザイナーたちがJCペニーブランドを浅薄なものにし、そして度重なる組織改変がJCペニーのメッセージをはっきりしないものにした。消費者には、JCペニーブランドが意味するもの、あるいは、シアーズやターゲット、Kマート、ウォルマートではなく、JCペニーで買うべき理由が理解できなくなったのである。JCペニーは、ここにきて通信販売の保険や金融商品といった、本業に関連しない「イノベーション」事業の整理を始めた。これは助けにはなるが、そこまでの道のりは長い。私の見るところ、次のステップは、彼らがやること言うこと（「すべて店内にあります」というスローガンを含めて）をすべて確実に実行することである。つまり、この企業本来の持ち味である、お買い得感のある衣類、家具、アクセサリーを強化することだ。

これと同様に、企業のコア・エッセンスに十分注意を払わなかったため、私のイノベーション「ニューコーク」は失敗した。実際、我々が打った広告は従来のコークとはそぐわないもので、ニューコークは皆さんが買いたいとは思わない製品ですよ、と消費者に説得するのに大成功してしまったのだ。その結果、顧客は困惑し、首をかしげた。新しいフォーミュラに変更して、ニューコークはどうやって本物、継続性、安定性を主張しようというのだろうかと。いい質問だ。その答えは簡単だった。できなかったということだ。売上げは大幅に落ち込み、我々は元のフォーミュラに戻るほかなかったのだ。

コア・エッセンスを見きわめよ

「コア・エッセンス」という言葉は、きわめて自明のことのように聞こえるが、あなたが思っている以上に大きな意味を持っている。多くの人はコア・エッセンスをコマーシャルの文句かロゴ、広告のスローガンと混同している。多少それらと重なるところはあるが、本当のコア・エッセンスとは、簡潔に言えば、あなたのブランドが持つ、最もパワフルで説得力のある属性のことだ。たとえば、ウィンドウズのコア・エッセンスは、「ユーザー・フレンドリー」であり、ペプシは「革命、選択、変化」、ガムのダブルミントなら「個性的」、ハミガキのクレストなら「ムシ歯と戦う」だ。

コア・エッセンスは、おそらくあなたにとって最も重要な資産である。それは、電話の応対や運転手の制服から、三〇秒のテレビコマーシャルや会社の緊急事態におけるCEOの対処のしかたに至るまで、あなたの企業の一挙手一投足によって表現され、裏づけられるものだ。いわば、コア・エッセンスとはその企業が発展するための基になる種だ。種がなければ企業も育たない。この種がなければ、考えが次々と変わるばかりで前進せず、長期戦に耐えられるような組織は築けないのだ。

コア・エッセンスについて最も肝に銘じるべきことは、「これがコア・エッセンスだ」とあなたが言っても、何ら正当性を持たないということだ。消費者と顧客が、これがそうだと認めるものがコア・エッセンスなのだ。おそらく消費者や顧客は、あなたのコア・エッセンスを説明するために使っている言葉を特に意識もしていないだろう。私のコア・エッセンスはこれです、と一日中消費者に説得することもできようが、そんなことは何の意味もない。重要なのは、あなたの会社とブランドに接して消費者が心に抱く、フィーリングや感情やイメージなのだ。

たとえば、フォーシーズンズ・ホテルズのエッセンスは「私はあなたのことを気づかっています」であり、それはまさにホテル客が抱く印象だ。ここのホテルのスタッフは、あなたが出した特別注文をすべて記録していて、次回あなたが受ける基本サービスにあらかじめそれを組み込むのだ。数年前、毛布を余計に頼んだことがある。それ以来どこのフォーシーズンズに泊まっても、予備の毛布がベッド脇にきちんとたたんで置いてある。

しばらく前のことだが、「私はあなたのことを気づかっています」と顧客に伝えたいと願っているニューヨークの別のホテルに泊まったことがある。チェックインして数分後に電話が鳴り、「ようこそおいでになりました。ゲスト・サービスでございます。お客様を当ホテルにお迎えできてたいへんうれしく思います。何かご用がございましたら、どうぞお知らせください」という。たいへん結構、と私は思った。しかし、数時間後にはそんな気持ちはすっかり失せてしまった。私は、近くにジムはないか尋ねにロビーへ向かった。私が行ったとき、コンシェルジェは電話中で、ヤンキースの試合のスコアについて話をしていた。私がそこに立っていると、彼はこちらへ「少々お待ちを」という言葉を口をして、私用電話を続けた。何が「私はあなたのことを気づかっています」だ。

これでおわかりのように、自分でコア・エッセンスだと思っているものと、実際に消費者の心にあるコア・エッセンスとは、時として大きく食い違う。コア・エッセンスは、あなたの直感とは異なるようだ。となれば、あなた自身のコア・エッセンスは実際には何であるのかを正確に知るために調査しなければならない。そしてそれを行う唯一の方法は、街に出て、自分たちの顧客にもそうでない人たちにも同じように、あなたの会社あるいはブランドに対して感じていることについて、次の三つの点を尋ねることだ。

- **エモーション面のベネフィット**――顧客がお金を払うのはこれだ。エモーション面のベネフィットとは、肉を焼くジュージューいう音であって、ステーキそのもののことではない。ブランドが顧客に何を感じさせるかだ。適正なエモーション面のベネフィットを与えられれば、顧客は、企業が自分のためにブランドの中身を理解し、尊重していると感じるのだ。
- **機能面のベネフィット**――これは、顧客の心に反映する、そのブランドが他社のどこよりも優れている要素のことだ。機能面のベネフィットを提供できなければ、エモーション面のベネフィットを与えられても長続きはしない。
- **属性**――これは、たとえ顧客の便益にならなくても、機能面かエモーション面のベネフィット、あるいは両方に影響を及ぼすものである。

あなたもよく知っているブランド、NBA（ナショナル・バスケットボール協会）を例に、あなたが行き当たるであろう答えについて、詳細に述べてみよう。

NBAには二つの「属性」がある。一つは、個々の選手に関するものであり、もう一つは特定のチームあるいはリーグ自体にかかわるものだ。選手にかかわる属性については、二つのファクターが強くファンの関心と結びついている。ゲームにかける選手の情熱と、彼らが世界でも最高のレベルにある選手だという事実だ。ファンは通常、選手を次の三つのグループに分けて考えている。

- よき選手であり、立派な市民
- スーパースターと過去のヒーロー
- 悪ガキ

過去には、この選手の三つの属性がうまく混在していた。しかし、一九九〇年代の終わりから二〇〇〇年代初め、悪ガキのイメージが支配的になった。フリーエージェント、労働争議に加え、選手の法的問題や高騰する年俸を強調するメディアも手伝って、NBAがその魅力、そして視聴者数を減少させたのは不思議ではない。

とはいえ、最近では、NBAはファンとの関係強化に努めることで、自身のリノベーションを図りはじめた。たとえば、NBAと個々のチーム双方が地域コミュニティに大きく貢献しようとしている。チャリティ試合、寄付金集め、無料バスケットボール教室などが全米で展開されている。各チームは慈善事業に何百万ドルも寄付し、選手は年間何千時間もボランティア活動をする。また、NBAは、恵まれない子どもたちや学校、地域組織に本を三五万冊以上、雑誌を一〇〇万冊以上寄付してきた。

海外のファンとはさらに強い関係を築きつつある。NBAの「国境なきバスケットボール」というプログラムは、「スポーツを通じて、子どもたちに友好と善意そして教育を広める」という趣旨である。このプログラムを通じて、NBAは草の根のバスケットボール活動を援助し、道具を寄付し、世界中でHIV(エイズ)啓蒙活動を支援している。いまでは、バスケットボールファンは二一二か国でNBAの試合を視聴することができ、そのほとんどはその国や地域の言語で見ることができる。現在、少なくとも三〇の国や地域出身の選手六五人以上がNBAでプレーしている。

問題に真正面から取り組むことを恐れず、ファンの声に耳を傾け、最も重大な属性とベネフィットを明らかにすることによって、傷ついたイメージを輝かせることにNBAは大きく前進した。NBAのリノベーション戦略はうまくいっているように見える。二〇〇三―〇四年のABC、TNT、ESPNの各放送局におけるNBAの試合の視聴率は上がり、NBAの見通しでは、ライセンス商品の売上げは三〇億ドル以上に達し、NFL(ナショナルフットボールリーグ)を上回っているのである。

通常、自分のコア・エッセンスを変えることはひじょうに難しい。たいていの場合、変えることができるとしても企業は変えたいとは思わないだろう。しかし、消費者が重要と捉えるものを変えたため、こちらのコア・エッセンスをちょっといじったり拡張したりする必要があるかもしれない場合はかなりある。フォード・エクスプローラーとファイアストン・タイヤの大失態を覚えておいでだろうか。エクスプローラーが表現していたあらゆるもの、そしてそれゆえに同車をアメリカのベストセラーSUVならしめた「冒険、自由、そしてパワー」がすべて、突然安全ほどには重要な属性ではなくなったのだ。このときフォードは、最も怠惰なマーケティング戦術に後戻りすることで回復を図った。価格の引き下げ、ゼロ金利とリベートだ。しかし、そのどれもが、彼らが本当にすべきだったこと、すなわちブランドの差別化に基づく消費者との関係回復には何の役にも立たなかった。

図表2 ◉コカ・コーラの競争的枠組み

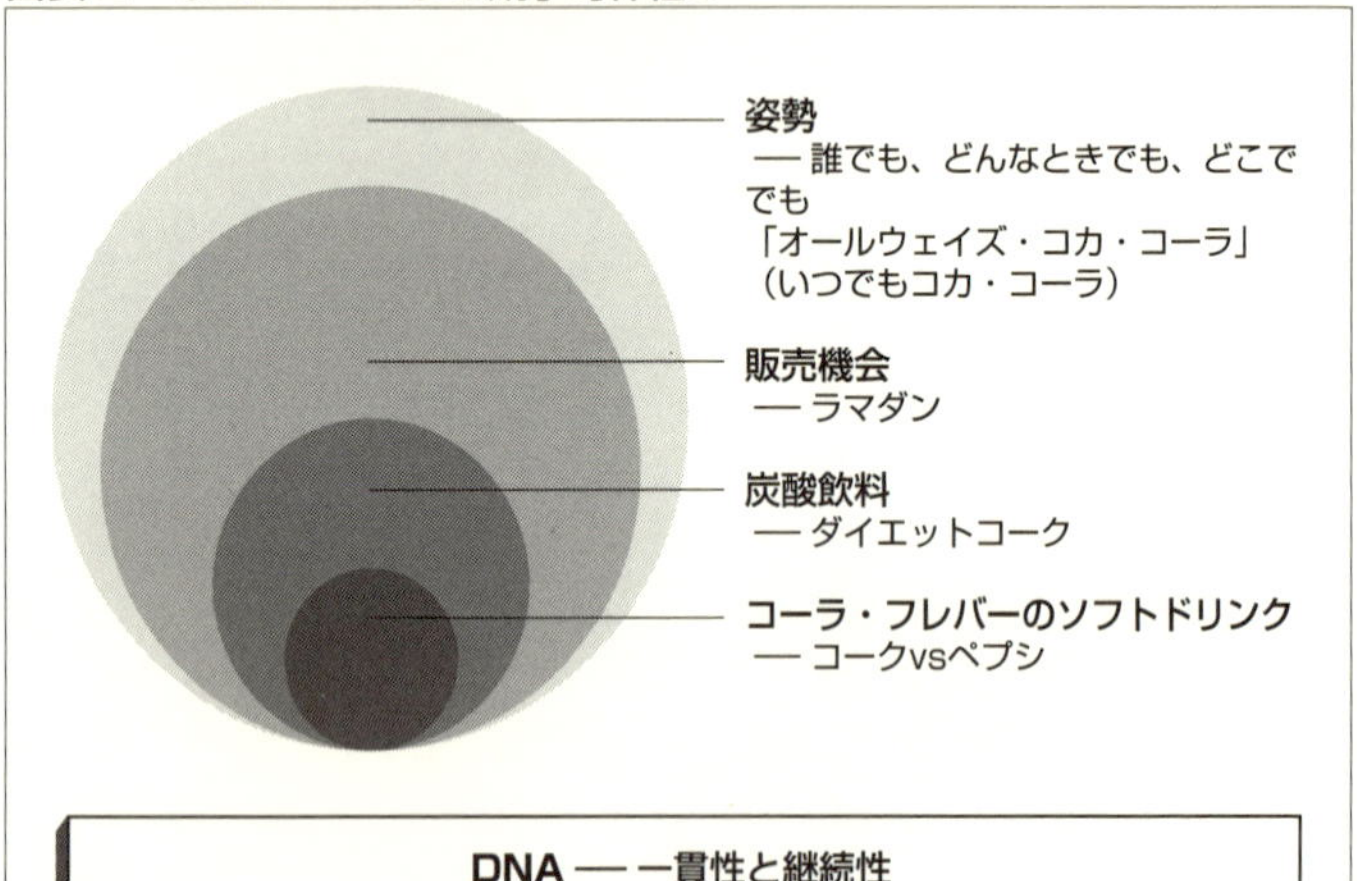

ポラロイドも同様の問題を抱えていた。同社は一九三七年に最初の製品を発売し、クリネックスがティッシュの代名詞になったように、長年インスタント写真の代名詞となった。この二〇年、写真産業は劇的に変化したが、ポラロイドはそれに気づかず、インスタント写真のリーダーという自ら定義した道を進んできたように見える。驚くのは、彼らはまだこの過ちから学んでいないことだ。二〇〇三年春、ポラロイドの新しいCEOは「当社のインスタント・デジタルプリント技術のひじょうに大きな可能性を実現する」とその意気込みを発表した。これは、しばらく前にポラロイドを破産法廷へ追い込んだのと同じ重点方針だ。街で最新の高機能のデジタルカメラや写真用プリンターを買う消費者の中に、ポラロイドを買って帰る人がどれほどいるのだろうか。私には疑問だ。

図表3 ◉ナイキの競争的枠組み

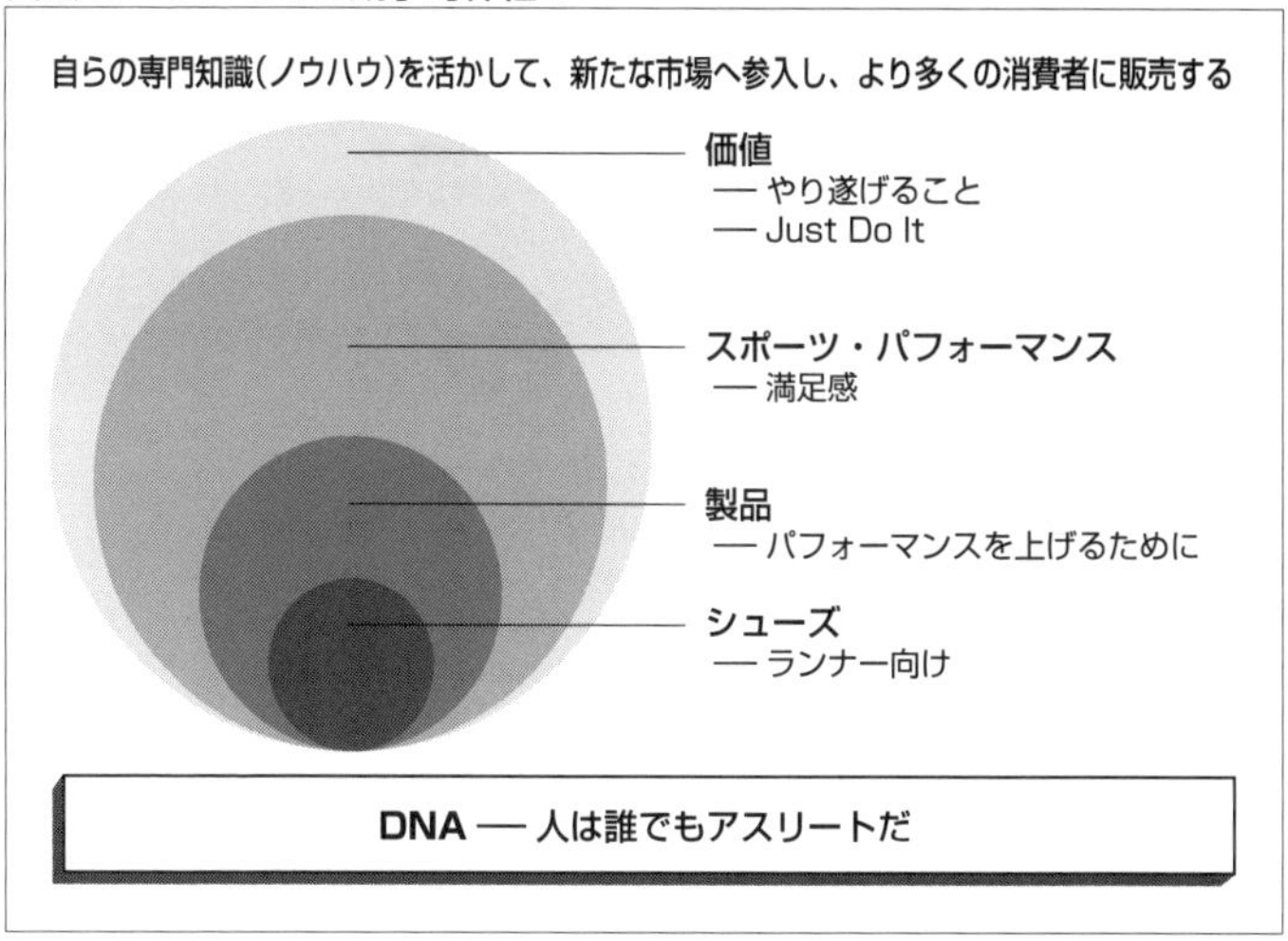

民主党の場合は、コア・エッセンスには多少柔軟性を持たせてもいいという、少しましな例だろう。何十年も民主党のコア・エッセンスは、「教育、人種間の関係、社会保障・社会サービス、性と生殖に関する権利や公民権などの権利」だった。しかし、ここ数年、これらは国を挙げての対話から失われたものだ。いまは経済、医療、そして国家の安全だ。もちろん、国民は、教育や社会保障、個人の選択に関心はあるが、それは昔ほどではないし、少なくとも経済などより関心度は低いのだ。

二〇〇〇年の選挙結果は、ブランドというものが柔軟性を持たないとどうなるかを示す好例である。ビル・クリントンは民主党のコア・エッセンスに経済を加えた(「いいかい、問題は経済なんだ」と言ったのを覚えているだろうか)が、アル・ゴアはクリントンから距離を置いた

図表4 ◉プレイテックスの競争的枠組み

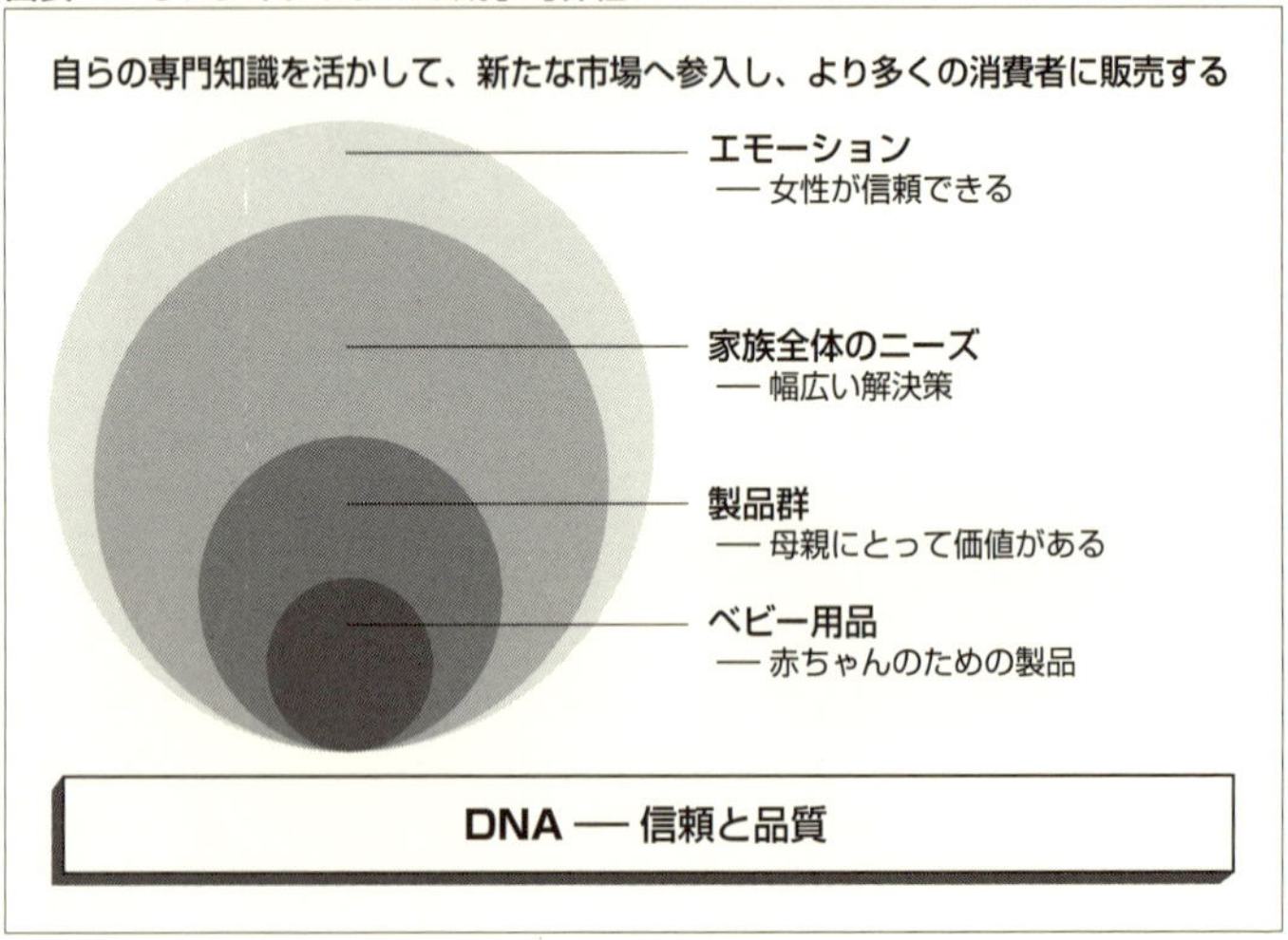

ほうがいいと感じ、伝統的な民主党の要綱に戻った。同じ頃、ジョージ・ブッシュと共和党は教育と社会保障の問題に取り組んでいた。人がさして関心を示すものがないまま、民主党は敗北した。結局は、自分の商品を消費者に合ったものにし続けるために、コア・エッセンスを微調整できるぐらいは柔軟でないと身の破滅だということだ。

ここで私が提唱するようなリサーチを行えば、消費者があなたの会社を見るようにあなたも自分の会社を見ることができるようになる。自分のコア・エッセンスが決定したら、その知見を使って、事業のあらゆる面をリノベートし、生産し、評価し、有機的成長の機会を開発することが可能になる。次の章で、まさにそれを行うために役立つ六つの原則をお教えする。

あなたの会社は、商売《ビジネス》かフランチャイズか

ご心配なく。私はあなたがマクドナルドの店を経営しているか、自分で商売をやっているかを聞きたいわけではない。「フランチャイズ」という語で私が意味するのは、あなたの会社が現状より真に成長するポジションにあるか、ということなのだ。

「商売《ビジネス》」は成長することができるが、それは特定の分野に限ってのことだ。「フランチャイズ」の

ほうは反対に、企業がノウハウを持っている分野を超えて拡大することができる。会社がフランチャイズであれば、次のようなことが可能だ。

- 競争的枠組みを再定義する
- 市場を広げる
- 競争の土台を再定義する
- 独自のノウハウを有効活用する

すばらしいではないか。明らかに、フランチャイズであるということは、競争相手が持っていない、ひじょうに強力な優位性をあなたにもたらす。しかし、フランチャイズになることは、そうしようと決めて、スイッチを押すだけの問題ではない。真のフランチャイズであるためには、会社は少なくとも以下のうち一つは持っていなければならない。

- **アプローチのしかた**（**アティテュード**）――たとえば、どんなときでも、どこでも、コークはみんなのもの――「オールウェイズ・コカ・コーラ」と打ち出すことによって、コークはソフトドリンク以外の多くの分野へ進出することができた。同社は、コーラ味の飲料を売る、比較的小さなマーケットからスタートした。ペプシと競合している分野だ。その後ダイエットコークとスプライトを導入して、炭酸飲料の全領域へ進出した。コカ・コーラをさらに多くの機会に、イスラム教のラマダンの時期でさえ飲めるものにすることで市場を拡大した（多くの企業は、日中飲食が禁止される、このひと月にも及ぶイスラムの祝日ラマダンの間には、どんな食品・飲料も広告をしない。食品や飲料の広告をすることはいいアイデアとは思われなかったのだ。買えない人に買わせようとするなんてナンセンスだ、というわけだ。しかしコークは、日中の断食が終わったら人にコークを真っ先に考えてもらおうと日没時に広告を流したのだ）。

- **価値**——ウォルマートは、食品小売業に参入するに際し、低価格に対するこだわりと価値観を強力に推進してきた。
- **経験**——ディズニーは、もともとのアニメ映画の枠を超えて、ディズニーに接する経験を活用している。白雪姫、不思議の国のアリス、そしてもちろんミッキーマウスが、テーマパーク・リゾートへと発展し、そこからクルーズ船、テーマレストラン、ディズニー・ストアにまで広がっている。
- **ノウハウ**——ナイキは、競技用シューズの専門知識を使って、新しいマーケットに参入し、新しい顧客を獲得した。ナイキは、ランナー用の靴をつくるという比較的小さな部門からスタートした。しばらくして、水のボトル、ランニング用ショーツやその他スポーツ用具といった、スポーツのパフォーマンスを押し上げるための製品をつくって拡大した。その後、もう少し大きな部門、機能性製品全般に手を広げた。ついに、達成感に価値を見出すどんな分野にでも（少なくとも運動競技のどんな分野にでも）参入することによってさらに市場を拡大したのである。「ジャスト・ドゥ・イット（やるしかない）」とばかりに。

商売《ビジネス》からフランチャイズへ

何も私はフランチャイズだけがリノベーションを可能にすると示唆しているのではないのだ、断じて。とはいえ、私がいま言おうとしているのは、本書でこれから述べていくステップを踏んで、継続的にリノベートすることで商売《ビジネス》はフランチャイズになるということだ。リノベートすることによってのみ、あなたの顧客、あなたの会社、あなたのマーケット、あなたの競合相手に関する情報の種類を学ぶことができ、あなたの商売《ビジネス》を育て発展させる、ということだ。

まず、あなたが商売《ビジネス》をフランチャイズに転換しようとしているのなら、街へ出て顧客にも、そうでない人たちにも等しく、あなたのブランドを拡大させてくれる気があるかどうか尋ねてみることだ。この方法でどうしてうまくいくのか、二つの企業の例をご紹介しよう。

オートゾーンは、ＤＩＹ市場の部品やアクセサリーなどの自動車用品を提供する大手チェーンだ。同社には一〇〇〇店以上のフランチャイズ店があるが、真のフランチャイズだろうか？　自らの競争的枠組みを有効利用できているだろうか？

理論的にはイエスだ。部品やアクセサリーに加え、給油サービスや修理も行って、ＤＩＹマーケットに留まらず、ＤＩＦＭ（「私のためにやって」）マーケットにまで自社領域を広げることもできただろう。さらに、「私に教えて」部門と称して、教育やトレーニングだって行うこともできるだろう。ついには、旅行用品や家族で過ごす自動車旅行のプランニングまで備えた自動車経験の分野にまで踏み込むこともできるかもしれない。

しかし、こうした理論的可能性を現実のものにするかどうか決めるのはオートゾーンではない。これは、オートゾーンから最近買っている人、競合他社から買っている人、オートゾーンのことを聞いたこともない人が決めることだ。そこでわが社は、オートゾーンが以下のような

図表5 ◉オートゾーンの競争的枠組み

・自らのノウハウのコア・エッセンスは何か？
・そのノウハウを有効利用するために競争的枠組みをどう定義し直すことができるか？

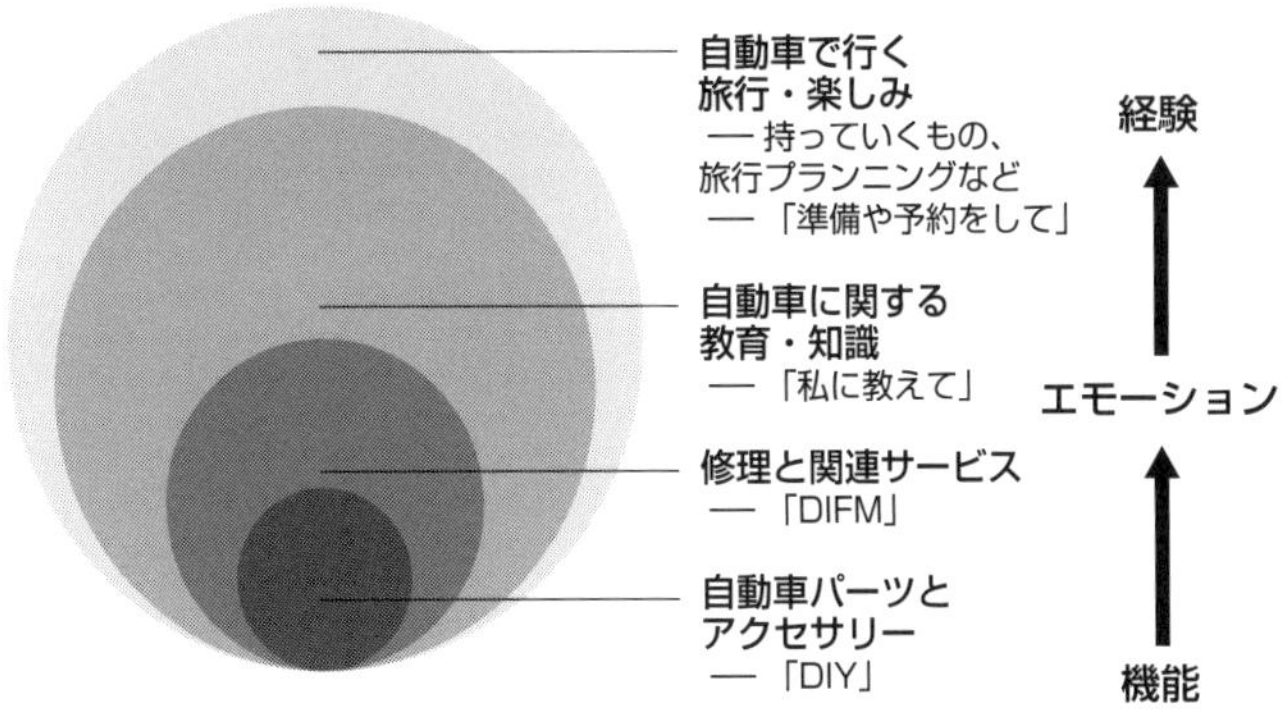

それぞれ異なる業態と比べてどのような位置にあるのか明らかにするため、市場調査を実施した。

- 新興のカーディーラー
- シアーズやウォルマートのような大型自動車用品センター
- マイダスやジフィ・ルーブのような自動車修理専門チェーン
- 独立系の自動車修理店・ガソリンスタンド

そこでわかったことは、

1 オートゾーンは、DIY市場ではかなり大きなマーケットシェアを獲得している。顧客に自分の車の部品やアクセサリーを購入するとしたらまずどこに行くか、上記の中から一つ挙げてもらったところ、以下のような回答を得た。

オートゾーン　七五パーセント
独立系の自動車修理店・ガソリンスタンド　六パーセント
大型小売店　一〇パーセント
新興のカーディーラー　八パーセント

自動車修理専門チェーン　一パーセント

2　しかし、ＤＩＦＭ領域では支配的というには程遠い状況にある。顧客に修理やオイル交換などのために自分の車を持っていくとしたらどこへ行くか、一つ挙げてもらったところ、以下のような回答を得た。

オートゾーン　八パーセント
独立系の自動車修理店・ガソリンスタンド　四五パーセント
大型小売店　六パーセント
新興のカーディーラー　三二パーセント
自動車修理専門チェーン　九パーセント

3　現在、「私に教えて」領域で突出している企業はない。乗用車について教えてくれるところはどこか消費者に尋ねたところ、以下のような回答を得た。

オートゾーン　三四パーセント
独立系の自動車修理店・ガソリンスタンド　三五パーセント

大型小売店　一五パーセント
新興のカーディーラー　三六パーセント
自動車修理専門チェーン　一三パーセント

4　「私のために準備や予約をして」領域も状況は似たり寄ったりだ。自動車旅行や家族連れの外出をより楽しいものにするための適切なアドバイスやカーアクセサリーを提供できるのは誰か消費者に尋ねたところ、以下のような回答を得た。

オートゾーン　三六パーセント
独立系の自動車修理店・ガソリンスタンド　二四パーセント
大型小売店　三六パーセント
新興のカーディーラー　四四パーセント
自動車修理専門チェーン　一五パーセント

次の二つの重要な要素に基づいて、オートゾーンには、消費者にかかわる既存のノウハウを活用できる大きなチャンスがある。

● ＤＩＹマーケットにいるのは、消費者のおよそ四〇パーセントのみである。ということは、残りの六〇パーセントは自分の代わりにやってくれる人か、やり方を教えてくれる人を必要としている。

● アメリカでは、自動車旅行が増える傾向が見られる。休暇・旅行の八〇パーセントは、家から六時間以内のところへクルマで行くのである。

オートゾーンにはまた、ほかの自動車小売店を「温かみのない、あるいは純粋に機能的なベネフィットだけを提供する」ものとしてポジショニングするという、すばらしいチャンスもある。結果として、自動車経験が持っている、より感情的・経験的側面をわがものとすることができるだろう。そうするには、オートゾーンは自らを以下の点できわめて明確に定義づけをしなければならない。

● 技術面のノウハウ
● 知識面のノウハウ
● 自動車経験でのノウハウ
● ステータスのノウハウ

そのうえで、オートゾーンが明らかにしなければならないことは以下の点だ。

● 自分たちが持つ、さまざまなノウハウを特定のカテゴリーと製品にどう適用するか
● 顧客にとっての最高のオートゾーン経験とは何か
● そのオートゾーン経験を他社との競争にどう有効活用できるか

＊＊＊

コンピュータのゲートウェイも、オートゾーン（おそらくあなたの会社も）と同じ基本的な問題に直面していた。すなわち、ゲートウェイのノウハウの本質とは何か、そしてどうすればそのノウハウを、同社の競争的枠組みを再定義するために活用できるのか？

我々の調査で、ゲートウェイは、デルやＩＢＭあるいはソニーほどではないにしろ、競争的枠組みを再定義するに足る、テクノロジー分野において差別化されたノウハウがある、と消費者に認識されていることがわかった。

また、多くの消費者が自分はテクノロジーについて知識があると言っている一方、より高度な専門知識を必要としており、また得たいと思っている。最新テクノロジーに興味があり、もっと知りたい、とほとんどの人が表明しているのだ。家庭向けの娯楽と家庭向けコンピュータについては、自分に欠けている知識をどこで得られるかわからない人は、消費者のわずか六パーセントしかない。

しかし、ホームエレクトロニクスの域を超える、より先端的なテクノロジーやアプリケーションソ

フトになると、もうお手上げだと感じている。たとえば、

● 三四パーセントの人は、コンピュータやテレビの音声認識テクノロジーについて、どこで調べればいいかわからない。
● 三四パーセントの人は、DVDなどのデジタルケーブルについて、どこで調べればいいかわからない。
● 四一パーセントの人は、自宅用テレビモニター付きインターホンについて、どこで調べればいいかわからない。
● 四三パーセントの人は、自分のテレビをテレビ会議に使う方法について、どこで調べればいいかわからない。
● 四七パーセントの人は、無線技術を使った家庭用防犯システムについて、どこで調べればいいかわからない。

もしゲートウェイがテクノロジーに強いと認知されているのなら、そこに、ほかのエレクトロニクス小売業者を「人間味のないビッグボックス・ウェアハウス」とし、また競合コンピュータメーカーを「ただのコンピュータメーカー」としてポジショニングする、ゲートウェイの競争的枠組みを再定義する絶好のチャンスがあるのだ。

この章で示す例はほぼ大企業ばかりだが、基本的な考え方、つまり自分のコア・エッセンスと消費者との結びつきを理解するということは、スモールビジネスにも当てはめることができる。たとえば、あなたが町のドライクリーニング店の店主だとしたら、あなたは、自分のサービスとブランドに対して、特に競争相手との関係において、消費者がどんな価値を認めているか、そして消費者のさらなるニーズは何なのかを突きとめるために調査をするだろう。あなたの顧客があなたをよく知るようになり、ニーズに応えてくれる店だとみなすようになると、顧客は繰り返し来店するようになり、あなたは自分のブランドのコア・エッセンスを「愛想がよく、便利で、腕のいいドライクリーニング店」以上に拡大できる。たとえば、多忙な顧客向けにバレーサービス（雑事を処理するサービス）など

図表6 ◉ゲートウェイの競争的枠組み

・ノウハウのDNAは何か？
・そのノウハウを有効利用するために競争的枠組みをどう定義し直すことができるか？

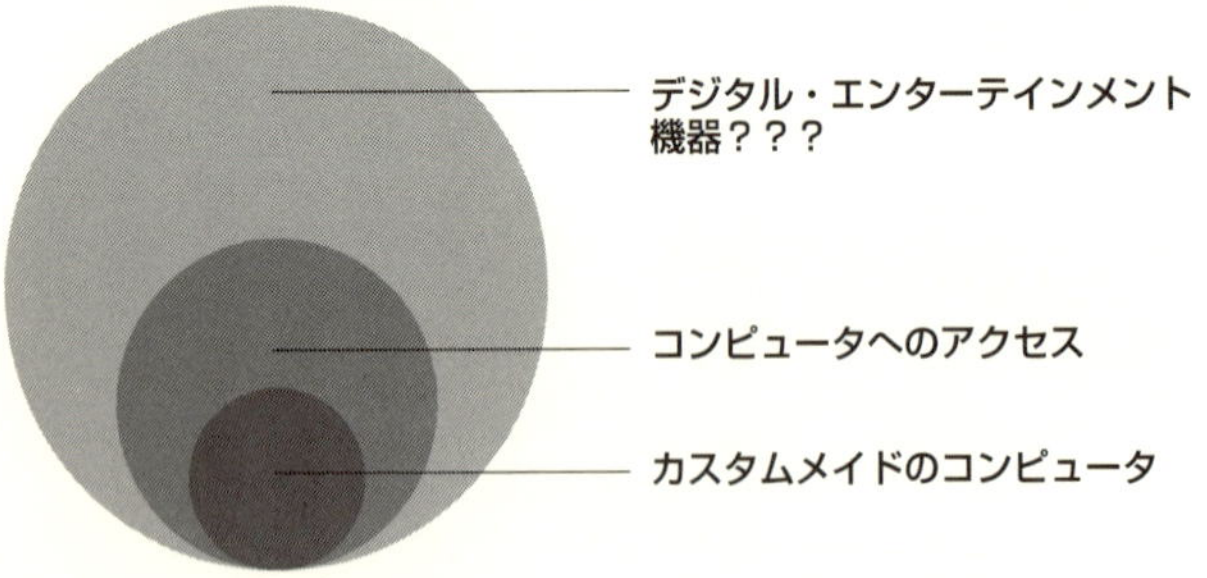

個別家事サービスにまで広げることもできるだろう。

TACOSからフランチャイズをつくれ

何も新手のメキシコ料理チェーン店の株を売ろうというのではないのだ。いまからお話ししようとしているタコスは食べるものではない。このTACOSとは、あなたの商売《ビジネス》をフランチャイズに転換する可能性を評価するために使う公式なのだ。すでに触れたとおり、フランチャイズにならなくても、あなたの会社をリノベートするという夢のようなことができる可能性が十分あるのだ。多くの企業は、その移行ができないか、したくないかのどちらかだ。しかし、フランチャイズになることには実に多くの利点があるため、少なくともその可能性を調べる価値はあるのではないだろうか。その公式とはこれだ。

商標(Trademark) ＋ 領域(Area) ＋ 顧客に提供するもの(Customer Offer) ＝ 成功(Success)

「商標」とは、あなたのコア・エッセンスを明示したものである。ほかの人がしない、こんなことを私はします、というあなた独自の販売提案の表明だ。そしてこれは、人がみな持っているものだ。私ならではの販売提案は、強烈な主張、好戦的、現状打破の意欲、そして、実績ある豊富な解決策が提供できる能力。本書の共著者アーミンは、私との仕事を離れると、父性に関する著作でよく知られた作家である。彼も、自分自身をミスター・ダッド（パパ）とブランド化しており、ラジオ番組を持ち、ホームページを持ち、新聞各紙に配信されるコラムを通じて、世の親たちにアドバイスをしている。

＊＊＊

「領域」とは、商標を置いている場所のことだ。それを決定する主たる要素の一つは、商標の妥当性だ。あなたの領域がほかの人より限定的である場合もある。たとえば、セルジオ・ジーマンという商標は、ビジネスやマーケティングの世界ではきわめて確立されている。しかし、もし私がいきなりサプライチェーン経済学や製造業でコンサルタントをしようとしても、たとえ私がその領域でそこそこ認知度があったとしても、さして成功しないだろう。同様に、アーミンがミスター・ダッドという自分のブランドを利用して、技術書の世界でそのブランドを確立しようとしても、成功する見込みはほとんどない。技術書を買う人にはミスター・ダッドの商標はほとんど価値がないからだ。同じく、オークションサイトのｅベイは、電子ガレージセールから、どんなものでも、新製品でさえ売りに出せる場所へと変貌した。しかし、一種のマーケットプレイスであることには変わりがない。

商標のサイズとパワーは、その妥当性を決定するのに重要な役割を果たす。コカ・コーラが最初にダイエットコークを投入したとき、ダイエット飲料のマーケットはひじょうに小さかった。我々がダイエットコークをそのマーケットの中でポジショニングしたとき、コークはあまりにもビッグネームで、小さなマーケットに入り込んだ巨人であり、妥当性を欠いていた（いったい、コークというブランドに、妥当性がない、お門違いだなどということがあるものだろうか？　ましてコーラのマーケットで。単純な話だ。大ブランドであることと、妥当性のあるブランドであることは、違うからだ。一九八〇年の四か月を例外として、コカ・コーラのブランドはそれ以前の二〇年間シェアを失い続けていた。そう、二〇年だ。もはやコークが消費者に買う理由を与えられなくなったため、コークを買う人は徐々に減少していったのだ）。その結果、その小さなマーケットで我々が取ることができたのは三パーセントのシェアだった。ダイエットコークを「カロリーなしのコーク」として炭酸飲料市場全体の中でポジショニングしなおしたところ、はるかに大きな一一パーセントのシェアを取ることができた。このマーケットにおいては、コークの商標価値は大きいが、他社の影を薄くするほどではない。消費者はダイエットのためにダイエットコークを飲んでいない。その味が好きで、ダイエットのために何かを犠牲にしているとも感じていない。ダイエットコークにカロリーがないという事実は予期せぬオマケだったのだ。

＊＊＊

「顧客に提供するもの」は、あなたの製品やサービスだ。そして、あなたが顧客に提供できるものとは、商標がそれを置く場所で機能する、製品やサービスだ。もしも何らかの理由で、アーミンが技術書の世界に参入しようとすれば、その分野でミスター・ダッドの商標が持つ弱点を帳消しにして余りある、絶対的な何かを消費者に提供できなければならない。反対に、子育て一般、人間関係、女性の男性理解といった関連する分野でアドバイスを提供することで、ミスター・ダッドのブランドは順調に拡大することができるだろう。

リチャード・ブランソンのヴァージンの商標とそのアプローチのしかたがほとんど選択と変化の代名詞となったため、ヴァージン・ブランドは、エモーション面でのベネフィットがその機能面でのベネフィットより物を言う領域に参入できる究極のフランチャイズとなった。言い換えれば、航空機であれ、テレビ局や電話会社であれ、ヴァージンと名のつく商品が持つ機能は、実際にヴァージンアトランティックのシートに座ったり、ヴァージンのテレビを観たり、ヴァージンのCDを買ったり、ヴァージンの携帯電話で電話をかけたりするときに、消費者がどう感じているかということよりも重要ではないということだ。

＊　＊　＊

そして「成功」だ。あなたの商売《ビジネス》を成功するフランチャイズに変身させるためには、TACOの材料をすべて完璧に調合しなければならない。「商標」はそれが圧倒されたり負けたりしない「領域」に適切に配置されなければならず、顧客にはその領域であなたの持つノウハウを利用する、妥当性のある何かを「提供」しなければならない。

この材料のうちどれが欠けても、すべて水泡に帰す。たとえば、マクドナルドはファストフードではビッグな商標だ。しかし、すでに見たように、ホテルという領域ではまったく価値を持たない。その結果、ゴールデンアーチが消費者に対して提供するものは完全に妥当性を失ない、消費者からそっぽを向かれてしまった。

＊　＊　＊

さあ、これでリノベートする準備はできたとお思いだろうか？　だが、ちょっと待ってほしい。実効あるリノベーションするためには、あなたのビジネスを徹底的に見直す、次のような六つのカギになる要素がある。

1　あなたの考え方
2　あなたのデスティネーション
3　あなたの競争的枠組み
4　セグメント化（顧客についてどう捉えているか）
5　あなたのブランドのポジショニング
6　あなたの顧客のブランド経験

あなたが置かれている状況によって、この要素のうち一つか二つは完璧で、変更の必要がないと思うかもしれない。たしかにそうかもしれない。しかし、そのままほうっておこうと決めてしまう前に、本書の続きを注意深く読むことを強くお勧めする。思っているほど、ことはバラ色ではないかもしれないのだ。では、次に各ステップを詳細に検討することにしよう。

第3章

Renovate Your Thinking

原則1 思考パターンをリノベートせよ

本書をお読みになっているということは、少なくともリノベーションは検討してみる価値がある、とあなたは前向きにお考えなのだろう。すばらしい。しかし、新しい考えを受け入れる姿勢はまずもって重要であるが、リノベーションのプロセスは、最初にその考え方や基本的なビジネスやマーケットに対する思考パターンをリノベートすることから始まる。実際、行動のしかたも変える必要が出てくるだろうが、その話は後にしよう。

リノベーションの意識を養成するにはいくつかのステップがある。

1 チャンピオンではなく、チャレンジャーのように考えるようにトレーニングせよ。
2 マーケティングに使う金は、まだ始めてもいないうちであっても、一ドル一ドルの効果を必ず測定せよ。
3 値引きという発想は、いますぐ頭から捨て去れ。

侵略者 対 リーダー

マーケットにおいて、「リーダー」とは大型選手のことだ。用心深く、扱いにくく、成功に甘んじてふんぞり返っている。「そういうことは、つねづねやってきている」から、とわざわざ何かを変えるようなことはしない。

それに対し、「侵略者」は新入りだ。または、別の分野で成功を収めた者が新しいマーケットに進出しようとしていることもある。侵略者はすばやく、頭がよく、ハングリーで、失うものは何もない。そして、彼の存在にあなたが気づいたときには、すでにあなたのシェアを一部奪っているはずだ。

おそらく、いますぐ自分のメールをチェックしに行ったら、規模が問題なのだというメールが二〇件ほど入っているだろう。そのとおりだ。ビジネスの場合を除いて、規模が大きいことが問題になることがある。もし、あなたがある部門でのマーケットリーダーだったら、悦に入ってはいられない。失うものは何もない、どこかの青二才の新参者があなたにガツンと不意打ちを食らわせるかもしれないのだ。唯一のソリューションは、リノベーションを絶えず続け、あなたのコア・エッセンスに忠実であり続け、既存の資産に関連する事業をより上手に続けることだ。

もちろん、あなた自身が新参者の側なら、足がかりを得る（あるいはもっと踏み込む）ために、たまには大胆なイノベーションをする必要があるだろう。しかし、いったん参入したら、長く生き残るカギ、そして次の新興勢力に追い越されないようにする唯一の方法は、あなたの会社組織と発想をリノベートすることだ。

マーケットをアメリカン・フットボールの試合にたとえてみると、リーダーは残り時間一分でリードしているチームで、攻撃権を相手に渡さないことしか頭にない。そのためにクォーターバック

（つまりCEO）は、スナップされたボールを取ると、膝をつき、時間稼ぎをする。しかし、侵略者はハングリーだ。後から来て追いつくには、大旋風を巻き起こし、何事か成し遂げるしかないことを知っている。だから、リーダーが手にしているものに固執している間に、侵略者はチャンスをうかがい、ボールを奪って、駆け出すのだ。

こういったことは始終起こっている。信じられないだろうか？　では、なぜ以下のようなことになるのか説明していただこうか。

- ダイエット飲料やカフェインの入っていない飲料を導入したのは、コークではない。
- 翌日配達小包を導入したのは、アメリカ郵政公社ではない。
- オンライン地図を導入したのは、ランドマクナリーではない。
- 電子商取引を普及させたのは、伝統的小売業者ではない。
- 携帯電話を導入したのは、AT&Tではない。
- 表計算ソフトを導入したのは（そして電子メールも）、マイクロソフトではない。

これらはすべて事実だ。これらイノベーションのどれ一つとっても、業界のリーダー、すなわちその分野における、それ以前の画期的な製品やサービスの開発者によって開発されたものはない。しかし、このどれもがその後の業界をがらりと変えた。もしこれら製品がリーダーによって（導入されるべくして）導入されたとするならば、それこそリノベーション製品だっただろう。つまり、既存ブランドの自然なエクステンションあるいは改善、既存の会社資産を使っての完璧な改善行為の結実だ。これらの企業がコア・エッセンスに長く忠実であればあるほど、有機的成長をもたらすことができただろう。しかし、一社もそうはならなかった。彼らは支配的地位にあって居眠りをしていたのだ。

チャレンジャーのように行動し強気に出ることとの重要さを、私は身を持って知っている。一九九九年、私は自分のコンサルティング会社を立ち上げ、マーケットに参入したが、そこは、何十億ドルものブランド価値を有し、数千人を抱える（昨今は、そんなにいない）、ほんの数社（いまはもっと少ない）に支配されていた。明らかに、私はジーマン・グループを業界他社と差別化しなければならなかった。そのため、コンサルティングの新しい価値提案とアグレッシブな新手法を開発した。どこもやっているような、ビジネススクールを出たての人間を雇う代わりに、消費財メーカーやコンサルティング会社で似たような戦略的な仕事をしてきた経験者を雇用した。わが社の平均的コンサルタントは一四年以上の経験を持っている。そして、よそがやっているような、目新しい「本日のアイデア」をクライアントに売りつける代わりに、企業世界ランキング上位一〇〇〇社の多くで有機的成長を促してきた、わが社独自開発の方法論を使う。我々は、クライアントに仕事のしかた、その結果の測定方法を教えることで、いまやアメリカで最も急成長するコンサルティング会社の一つとなっている。

あなたに考えてもらうためにもう少し例を出そう。ライトビールというアイデアを思いついたのは、小さな地ビールメーカー、エディソンの醸造所長のジョー・オウェイズだった。それは大手のミラーが数年後に間違った綴りを使った「Lite」で参入するまで市場に存在しなかったものだ。そして業界リーダー、アンハイザー・ブッシュがこのトレンドを認識してついにバド・ライトを導入するまでにはさらに多くの時間がかかった。

一九七〇年代初め、バーニー・サドウという男はユナイテッド・ステイツ・ラゲッジ社に勤めていたとき、ある考えがひらめいた。休暇の帰途、ポーターたちがスーツケースを満載した車輪つきカートをやすやすと操れるのに気づいた彼は、ふつうのスーツケースにキャスターをつけるというアイデアを上司に話した。上司はくだらないアイデアだと言った。ニューヨークの大手デパートのバイヤーも同じだった。サドウはこのアイデアを捨てずに成功を収め、ついには自分が勤めていた巨大企業を買収するまでになった。この一部始終が進行している間、サムソナイトは何をしていたのだろうか?

ここでしばらく規模の問題に戻ろう。大企業がつねにリーダーのように行動するわけではないし、中小企業も侵略者のようにふるまう唯一の存在ではない。そして不幸なことに、高みからの眺めにあこがれて、明日のリーダーになりたがる悪い癖が今日の侵略者にはある。

ヴァージンは大企業でありながら、侵略者のようにふるまう典型例だ。ヴァージンは継続的に、マーケットシェアを守るため既存のビジネスをリノベートし、まったく新しいカテゴリーへと手を広げている。現在、ヴァージン傘下で、二〇〇社以上が世界中で営業し、年間売上げ五〇億ドルを生み出し、ヴァージン・ブランドだけでも二万五〇〇〇人以上を雇用している。これらの会社はそれぞれ独自のミッション・ステートメントを持つが、ヴァージンのコア・エッセンスである「革命と変化」を活用するために一致協力している。

アマゾンもつねに競争の一歩先を行く巨大企業だ。一九九四年、アマゾンは、ボーダーズ、バーンズ&ノーブルという巨人たちに真正面から立ち向かうインターネット書店を立ち上げた究極の侵入者だった。たちまちアマゾンは、両社を、「退屈で時代遅れ、本をまだ棚にアルファベット順に並べている」企業としてポジショニングした。宅配、書評とお勧めの本、そして従来型の書店のストックとは比べ物にならない、膨大な商品点数と低価格を提供することで、アマゾンは顧客の買い物経験をイノベートしたのである。

アマゾンは急速に書籍業界で支配者的な地位を確立し、そこで一服して図書館用の糊の匂いをかいでいることもできた。が、そうはしなかった。彼らは、そのビジネスモデルをほかの業種に持ち込んだのだ。音楽、ビデオ、カメラ、玩具、工具、台所用品など、およそあらゆるものを売るようになっている。もしあなたが小売業に従事していたら、きっとアマゾンにシェアを奪われているだろう。以前の顧客の中にはいまもあなたの店をのぞきに来る人もいるかもしれないが、実際の商品はオンラインで買っていることだろう。突拍子もないところから出てきたと思われたこの侵入者は、一〇年もしないうちに、株式時価総額二三〇億ドル、年商四〇億ドルの企業へと成長したのである。

ヴァージンやアマゾンが反乱のピンとすれば、ドミノ・ピザはキリのほうだ。間違わないでもらいたい。ドミノの年商四〇億ドルは馬鹿にできないが、ピザハットがドミノを業界ナンバーワンの座から追い落として以来、彼らはその座を明け渡しそうにない。実際、アツアツのピザの宅配というコンセプトを発明したのはドミノだった。しかし、その後慢心してしまったのだ。たぶん、チーズに含まれるトランス脂肪が体に蓄積したのだろう。ドミノは提供する食品の質が落ちるままにし、ドミノ各店から、新たに宅配を始めたほかの全国チェーンへ客が流れるのを傍観していた。あっという間に、彼らは「安かろう悪かろうのクイックピザ」とポジショニングし直されてしまったのだ。

もし、ドミノが気を引き締めてリノベーションをし続けていれば、顧客は味に重きを置いていることを知って、品質にもっと注意を向けていたはずだ。クラフトのトゥームストーンやディジョルノといったブランドにドミノのシェアをかじり取られることなく、自分のコア・コンピタンシー、コア・エッセンス、資産とインフラストラクチャーを、冷凍ピザの分野にまで拡大するのに有効利用できただろう。そして、ほどなくバッファローウィングやチキンテンダーをメニューに加えていただろう。しかし、彼らはそのどれもしなかった。なぜなら、彼らはリーダーだったからだ（公平を期すために言っておくと、ドミノのアメリカ以外でのビジネスははるかにうまくいっている。彼らはピザをその土地の好みに合わせてカスタマイズし、現地フランチャイズ店に新しいロケーションでシェア拡大する道を積極的に見つけることを認めている）。

自動車業界は「侵略者対リーダー」の話の宝庫だ。一九八〇年代初め、クライスラーは、ベビーブーマー世代が、自分たちと一緒に育ったステーションワゴンよりもっと用途が広く、乗って楽しい「ファミリーカー」を求めていることを認識した。そこでクライスラーは大きな賭けに出て、業界初のミニバンを売り出した。それはたちまち成功を収め、会社が破産を回避するのにいくらか貢献した。

興味深いことに、その五年前にゼネラル・モーターズ（GM）も同じコンセプトを持っていた。しかし彼らは、きわめて利益率のいいステーションワゴンの売上げを食ってしまうことを懸念して、GMミニバンは形にならなかった。結果として、それは正解だったのだ。ミニバンは、実際にGMのステーションワゴンから売上げを奪ったのだから。一方、クライスラーは当時ステーションワゴンを製造していなかったため、ミニバンはそのまま彼らの利益となった。おかげでGMは五年間ステーションワゴンの売上げを持続できたが、クライスラーのミニバン登場でマーケットそのものがほとんど消滅してしまったのである。

＊＊＊

こうした例があるにもかかわらず、侵略者のように動く大企業はそう多くはない。数十億ドル規模の巨人にできるのなら、あなたにだってできることを、私はここで実際にお見せしたかったのだ。

残念ながら、もっと普通に見られるのは、リーダーのようにふるまう小さい会社が勝利の栄冠にいい気になって、リノベートすることを拒絶する(さらには、その必要性さえ認めようとしない)ことだ。最後にドライクリーニング業でリノベーションがなされたのはいつだっただろうか? 五〇年も前にちがいない。しかし、家庭用洗濯機で使える新しいドライクリーニング製品が登場したことで危機感を増したドライクリーニング業界は、多少変化の方向に向かっている。

病院では、何が起こっているだろうか。多くの病院は財政問題を抱えているようだが、それは自ら招いたケガだろう。何十年も病院は自らを公共事業と考えてきて、妥当性や差別化、ポジショニング、デスティネーション、あるいは顧客のことなど思い煩うことがなかった。病気やケガをしたら人は病院に来るし、そうでなければ来ない。幸運にも、若干の機敏な侵略者が一般のサービス業のようにふるまいはじめた。それぞれの患者グループ(たとえば妊婦やガン患者)向けの特別サービスを提供し、希望の手術を受ける最適な病院として宣伝したのだ。

侵略者のようなマーケティング——もっと効果的なやり方をせよ

カスタマー・ロイヤルティ(顧客忠誠心)ほど、壊れやすいものはない。たしかに、消費者は、世論調査では、どんなにあなたのブランドが好きか、どれほど頻繁に買っているかを語ってはいる。が、抗しがたい買うべき理由をあなたが与えなければ、肝心なとき、つまりあなたのブランドを選ぶか、よそのブランドを選ぶかという段になると、同じロイヤル・カスタマー（得意客）があなたに背を向けてしまうのだ。

つねに、消費者にどんなにあなたがすばらしいのかを思い起こさせることが重要だ。しかし、ほとんどの企業に適用できる、突出した次のような二つの状況がある。

- 侵略者の襲撃にあい、反撃するのがだんだんきつくなっている状況。デルタ航空がいい例だ。
- 停滞したカテゴリーの落伍者。バジェット・レンタカーがまさに置かれている状況だ。

まず、デルタから始めよう。デルタは、マーケットシェアを奪い、カスタマー・ロイヤルティを築いた格安航空会社、特に朝、太陽が昇るのと同じぐらい確実に何期も続けて利益を上げているサウスウェストや、自社のニューヨーク・ベースであるジョン・F・ケネディ空港発着便を倍増したジェットブルーによって駆逐されつつある。

ここ数年間、デルタがしてきたことがうまくいかなかったことははっきりしている。同社の損失は拡大し続け、破産の危機にある。格安航空会社と正面対決しなければならないことは彼らも承知しているが、自社の格安航空会社ソングの導入は、かえってデルタ自身のビジネスを侵食する結果となってしまっている。ソングには、コア・エッセンスがないことがその原因の一つだ。デルタにはコア・エッセンスがあるが、それを上級経営責任者のうち何人がわかっているか、私には心もとない。

もしデルタが生き残ろうとするなら、差別化するだけでなく、顧客が優先的に選択するエアラインとして、格安航空会社に対して自らをポジショニングし直さなくてはならない。さらに大事なことは、自分たちのコア・エッセンスは何なのか、そして自分たちの顧客は誰なのか、どんなときにデルタで飛ぶのか、どんなときにデルタでなく他社を選ぶのか、把握する必要があるということだ。それから、常連客を維持することとライトユーザーの利用を増やすことに集中する必要がある。

手始めに、デルタのうまく活用されていないマイレージサービス、スカイマイルから取り組んでみるのがいいだろう。現状では、デルタの顧客の三パーセントが座席の四五パーセント、売上げの六〇パーセントを担っている。しかし、彼らの忠誠心は低下している。スカイマイルのメダリオン会員がデルタを使うのは三回に一回ほどだ。なぜか？　最も多くデルタを利用している会員レベルであるプラチナ・メダリオン会員が、利用回数の少ないゴールドやシルバー会員と同じ扱いをされるのを好まないから、というのが理由の一つだ。プラチナ・メダリオン会員にとって、わざわざこのエリートレベルを維持するために必要なこと、つまり一年に一〇万マイル飛ぶ理由がないのだ。同様に、ゴールド会員も、シルバーやプラチナ会員にも同じ特典があるとわかれば、すでに持っているもので十分だと思うので、いま以上にデルタで飛ぶ理由はない。

明らかに、デルタにはすべきことがたくさんある。基本的には、顧客が現在とっている行動のはどんな動機によるのか、どんな動機づけがあれば、顧客は他社ではなくデルタのゲートの前で待つ時間を増やしてくれるのか、それを明確に理解したうえで、スカイマイル・プログラム全体を見直して、土台からつくり直さなければならないだろう。たいていの場合、ロイヤル・カスタマーが気に入っているもの、慣れているものに大鉈を振るうには危険をはらむ。ただしデルタの場合には、それを放置しておくほうがはるかにリスクが高いのだ。

同社がゴールドおよびプラチナ会員に提供する特典は、自分は特別でほかとは違う存在であり、そして少なくともいまの利用レベルを維持するだけの価値はある、と会員に思わせるようなものでなければならない。また、その特典は、言ってみれば拒絶感を味わわせることなしに、シルバーやゴールド会員によりマイルを貯める気にさせるだけの魅力のあるものでなければならない。そのうえで、もちろんデルタはできるだけパーソナルな商品を（実際には過剰に）提供しなければならない。

スカイマイル、特にメダリオン会員は、デルタのビジネスにとってきわめて大切な顧客だ。デルタは顧客にとってスカイマイルが妥当性を持つ方法を見つける必要がある。顧客が使えなければ役に立たないのだ。機内の飲み物や映画用のヘッドセットに、現金でなくマイルが使えれば、スカイマイル会員はよりフライトを楽しめるだろう。さらに空港内で、たとえばスターバックスの利用やウォールストリート・ジャーナルの購入にマイルが使えれば、デルタを使うことに対してもっと前向きになるだろう。空港では、職員や店員がすでにスキャナーを別の目的で使っている。それをスカイマイルのカードをスキャンするのに使って、会員のアカウントからマイルを引き落としたらどうだろうか?

そうする一方で、最上客、すなわちメダリオン会員、なかでもゴールドやプラチナ会員に提供できる座席をもっと多くする必要がある。トップシーズンに家族を連れてヨーロッパへ行くのにマイレージが使えれば、顧客は次の出張のときに真っ先にデルタへ電話するはずだ。

もしデルタが、いまの「すべてのものをすべての人へ」式アプローチから「個別の商品を個人へ」うまく移行できれば、最も利益をもたらす顧客にとっての価値を築き、現下の財政状況を好転させることができるだろう。

＊＊＊

それでは、バジェットの話に移ろう。航空業界のように、レンタカー業界もマーケティングとブランドポジショニングに関しては停滞気味だ。しかし、異なる点も多くある。航空業では、大手は経営破綻しているが、より小規模の企業がその穴を埋めて上々の業績を収めている。これに対しレンタカー業界では、大手がますます大きくなり、数少ない底辺の小さい企業もまずまずやっており、その間がほとんどいない(最近、新しい動きを見せているのはエンタープライズ社のみであるが、彼らは、マーケットの異なるセグメント、つまりクルマを修理に出す人をターゲットにするなどしてマーケットシェアを獲得している)。

トップ集団にいる会社は、レンタカー業を実質的にコモディティビジネスにしてしまったために、顧客のほうには各社を区別する方法がない。ビジネスカテゴリーでは企業ごとの契約が中心になっている。そこでは価格が最大の動機づけ要因であり、顧客が対話をコントロールしている。レジャーカテゴリーにおいても、価格は大きな差別化ファクターだ。大手はたいてい自らを同じ方法でポジショニングしている。本質的に同じブランドイメージと同じベネフィットを提供している。彼らはみなハーツを打ち負かしたいと言うが、彼らの戦略はほとんど「ハーツになれ」になっている。

これは業界全体、特にバジェットにとっては不健全な状態である。このような停滞状態になったときは、必ずマーケットリーダー（この場合はハーツ）が最大の恩恵を受ける。全社横並びのため、消費者は、より有利な条件が受けられそうな、より大きなブランドのほうへ流れるためだ。政治の世界では、同じということでは票は獲得できない。だから、その時点でリーダーがほぼ九〇パーセントを獲得するのだ。際立った違いが見えなければ、正体不明の悪魔より正体のわかっている悪魔のほうがましというわけだ。

バジェットが生き残るためには、現在の顧客にもっとバジェットから借りてもらう理由を与えなければならず、そして、それをする唯一の方法は、ただ安いだけのクルマ以上のものを提供することだ。だが、バジェット（お買い得）という名がついていては、選定基準として価格を使わないことは、顧客にはできないだろう。これは、企業のコア・エッセンスが企業の活動に制限を与えることを示す好例だ。バジェットからジャガーを借りる客なんて私には想像できない。反対に、バジェットは、ハーツとの競争に侵略者マインドを持ち込むために、自らのコア・エッセンス（気楽、お手ごろな旅行）を有効利用することはできる。そのアプローチのしかたは、バジェットの行動一つひとつにしみ渡っていなければならない。「ハーツになれ」ではなく、「ハーツにできることなら、我々にはもっとよくできる」とならなくてはいけない。

実際に、クライスラーとミニバンのケースで述べたように、侵略者であることは、単にものごとをよりうまくやるだけに留まらない。それは、怠慢なリーダーがやってこなかった、まったく新しいことをすることなのだ。

他人とまったく違うことをするのは、いまだ！

めったにないことだが、マーケティングの効果を上げるベストの方法は何もマーケティングをしないこと、という場合がある。常軌を逸しているようだが、これがうまくいくこともあるのだ。

パブスト・ブルーリボン・ビールは、かつてはブルーカラー向けのビッグネームだったが、中心的な顧客が高齢化するにつれ、パブストは顧客を維持することが難しくなり、また新しい世代を引きつけるためにアグレッシブなキャンペーンを打つ、十分な資金もなかった。パブストが最後のテレビ広告を流したのは一〇年以上も前、印刷媒体やラジオでの広告もほとんどやってこなかった。

しかし、運命のいたずらか、ほとんど死にかけていて、ろくに広告もしなかったことが、このブランドを生き返らせることになった。

ほとんどの銘柄のビールを製造する巨大企業や、そのビールを売るための調子のいい広告に嫌気が差した、スケートボーダーや自転車メッセンジャーなどの二〇代の若者がパブストに魅了されたのだ。小さくて、カジュアル、まったく企業くさくない、そして、昨今の大企業にはびこるスキャンダルや腐敗に無縁であるところが受けたのだ。特にパブストが「ヒップスター・ハンドブック」（いけてる若者になるためのハンドブック）に紹介されると、売上げは急激に拡大したのだ。

多くの企業は、売上げが拡大すると、その利益の一部を大きな広告キャンペーンや有名人起用に投入するものだ。しかし、パブストは賢明にも顧客との結びつきを重視し、大型広告は彼らの成功を台無しにするものと考えていた。代わりに彼らが実施したのは、競合他社がおよそ手をつけないような種類の広告だった。インディーズバンドの小さなコンサートや、スケートボードやスノーボードの大会などのイベントをスポンサーしているのだ。

レッドブルも同様のシチュエーションにあったが、まずい手を打ってしまった。長い間、レッドブルのカフェイン入り飲料は、たいていはバーで売られる隠れたヒット商品だった。しかし、中心的な顧客層を疎んじるだけの、無意味なシリーズコマーシャルを打ったために、この小さな人気ブランドを、流行の仕掛け人などが近寄りもしないような一般向けブランドにしてしまった。

何かを始める前には、必ずその結果を測定せよ

私の著書『そんなマーケティングなら、やめてしまえ！――マーケターが忘れたいちばん大切なこと』で、マーケティングは芸術ではなく科学だという概念を導入した。『セルジオ・ジーマンの実践！広告戦略論』では、広告を芸術として扱い続けると企業規模に関係なく、いかに甚大な被害を受けるかということを詳細に論じ、検証した。執筆活動のほか、私は毎年世界中で講演をし、各メディアのインタビューを何十回と受けている。しかし、それだけ懸命に訴えても、人はこっそり昔の習慣に戻って、マーケティング（そして広告）を何か神秘的で手に触れることのできないものとして信仰し続けている。神秘的で手に触れることのできないものなんて何もないのに。

もし私の本を一冊も読んだことがなく、講演も聴いたことがないのなら、これからの議論にぜひ注意を払っていただきたい。また私の本を読んだり、講演を聴いたりしたことがあったとしても、耳を傾けてよく聞いてほしい。一度ならず聞こえてくることが、より明確に理解するのに役立つこともあるものだ。

最も基礎的なレベルにおいては、芸術的なマーケティングは知名度を上げるために使用され、往々にして、気が利いていて、賞を取るような広告をつくることに重きが置かれる。それはまた、

かなり感覚的な、次のような問いにフォーカスしたものだ。

- 今日、私は何をしたい感じか？
- 私の直感は何をしろと言っているのか？
- 私はこの広告キャンペーンが好きか？
- これは私を楽しませ、引きつけるか？

『風と共に去りぬ』のレット・バトラー風に言えば、率直なところ、お宅の広告にお宅がどう感じようと、お宅の直感が何と言おうと、そのキャンペーンが好きかどうか、楽しみなのか引きつけるものなのか知らないが、そんなことは俺にはどうでもいい。何にせよ気にかけるべきではない。どういう感じ方にしても何の価値もないのだから。

本書から重要なアイデアを一つだけ取り出すとするなら、これになるはずだ。「マーケティングの目的は売上げを増やすことであり、マーケティングに使う金はすべて測定できる結果を生み出さねばならない」。以上。一拍置いて「ああ、しかし……」とか「わかっておられないようだが……」とか「我々の状況は異なっていて……」とか言うのなら、いまのうちだ。どうぞ。もう終わったかな？　実は、私にはちゃんとわかっているし、あなたの状況もほかの会社でごまんと見てきたことと何ら異なってはいないのだ。

ここでもう一つ覚えていてほしいのは、計画を実行に移す前に、マーケティング活動の結果を測定するための計画を立てる必要があるということだ。よく訓練されたマーケターは、広告、販促プロモーション、スポンサーシップが実施されるまで、そのインパクトや結果をどう測定するかという決定を待ったりしない。彼らはテスト市場を設定し、事前に測定基準を組み込んでおくのだ。

以下に、私がコンサルティングをしているほとんどのクライアントと行っている一連のプロセスをお見せしよう。スタートは、いつも同じ次の三つの質問をすることだ。

- マーケティングにいくら使っているか？
- それは、正確に何に使っているか？
- そこから、何を得ようとしているか？

いかがだろうか？　あなたもたいていの経営者と同じなら、最初の質問には自信満々、二番めになるとちょっと自信がなく、三番めにはほとんどお手上げだったろう。気を悪くしないでほしい。ほとんどの会社も同様なのだ。実に不幸なことだ。この一見簡単そうな質問に対する答えこそが、あなたの会社の成功に不可欠なのだから。

いくら支払い、何に使い、その結果何を得るかがわかれば、あなたは最終的に、より多くのものを、より多くの人に、より頻繁に、そしてより効率的に売れるようになることを、私は絶対保証する。

あなたの全社的なゴールは、マーケティングに対する投資（私は、この言葉を意識的に使っている。これは投資であって経費ではないのだ）に対するリターンを最大化することである。個々のマーケティング活動（広告、販促プロモーション、スポンサーシップ、値引きなど）にいくら使っているか正確に知らなければ、その目的を達成することはできないだろう。支出に関して手綱を握っていれば、個々の活動が生み出すリターンをはじき出すことができる。こうすることで、あなたをいい気持ちにさせてくれるようなものに浪費するのではなく、最高のリターンを生み出す、マーケティング活動やマーケティング・ミックスに的を絞ることができるのだ。

あなたが言おうとしていることはわかっている。「いったいどうすれば、ある特定の売上げを、特定のマーケティング活動に帰することができるというのか？」。正直に言えば、それは複雑なことだろう。しかし可能なのだ。実際、おそらくあなたも他社の追跡プログラムに参加したことがあるだろう。カタログ販売の会社に注文の電話をかけると、オペレーターがあなたのカタログについている宛名ラベルに記された、見たところ無意味な文字と数字を読み上げてくれと言ってくる。それによってあなたは、あなたが誰で、どんなものを買う傾向があるかといったさまざまのことと一緒に、自分がどのカタログ、あるいは広告に反応したのかを相手に教えているのだ。オンラインショッピングの注文画面で、クーポンやディスカウントのコードを入力するのも同じことだ。もちろん、インターネットマーケティングでは、あなたがどのポップアップ広告やバナー広告に反応したか、どのサイトから来たか、といった広告と売上げをマッチさせる、ありとあらゆる方法を駆使している。これは、多くの重要なデータを収集する実に効果的な方法だ。

しかし、多くの企業は、こうしたデータマイニングは複雑すぎ、金がかかりすぎると文句を言って、めったにやらない。代わりに、次のような罠のいずれかにかかってしまうのだ。

- 実行したことの追跡調査をせず、投資した金額を検証しない。
- 各活動、投資、売上げをリンクさせる何らかの指標を使った場合に、活動の要素それぞれにおよそ一貫性がない。
- 特定の活動からもたらされたレスポンスの数を、体系的に測ることをめったにしない。
- マーケティング投資とブランドの目的をリンクする、体系的なアプローチがない。

では、その解決方法は？

1 まず、次の方法に従って、自分の考え方を変える必要がある。

2 そして前出の二つめと三つめの質問に戻って、真剣に答える。マーケティング予算の総額をあなたが知っているとして、それを細目に分け、活動の各要素（広告、スポンサー、クーポンなど）に正確にいくら使っているか確定する。

たとえば、百貨店のメイシーズなら、セールをしていない通常の週末にソックスと下着が何セット売れるか知っているはずだ。また、地元紙に全面広告を打った直後の週末にいくら売れるかも知っているはずだ。広告ナシの結果と広告アリの結果の差異は、メイシーズのマーケティング・ミックスにおける広告の効果とほぼ同じである。

同じことがほかの要素すべてに当てはまる。もしあなたの会社が乳ガン征圧ウォークをスポンサーする、スポークスパーソンとして有名人を雇う、パッケージを変更する、新しい店を開店する、あるいはクーポンを配布する、などを行うなら、その前後の売上げの変化を検証すべきである。もちろん、いつも翌日に結果

図表 7　◉思考パターン

以下のように考えるのはやめよ	……そして、次のように考えよ
今日、私は何をしたい感じか？	マーケティングプロセスにおける次のステップは何か？（任意のプロセスのではなく、現実の数字に基づいたプロセス）
私の直感は何をしろと言っているのか？	データは何を物語っているか？
私はこの広告キャンペーンが好きか？	この広告キャンペーンは私のターゲットマーケットにとって魅力的か？
これは私を楽しませ、引きつけるか？	これは売上げと利益の増加に貢献するか？

をチェックできたりはしないだろう。しかし、一日後、一週間後、一か月後、1四半期後というように、まめにチェックすれば、必ずその結果は定量化できるにちがいない。

3 次のステップは、個々のマーケティング活動によって増加した売上げがいくらか、計算することだ。同時に、各要素の純利益率を確定させる必要がある。各要素が生み出す粗利益はいくらか？ そのコストはいくらか？ 何か残っているものはあるか？

4 こうした計算を積み重ねていくと、マーケティング・ミックスの要素一つひとつの効果がくっきりと浮かび上がってくるはずだ。そこから先は、最も高いリターンを生み出すものに努力を集中し、損失を出すものや、さしたる利益を生まないものを切り捨てることだけだ。

5 ここまで、ブランド全体というレベルにおけるマーケティング要素個々のインパクトについて、お話ししてきた。それを単独でやれば、支出パターンを変更でき、結果的に現在よりはるかに正確に結果を捉えることができるだろう。しかし、ブランド全体のための結果検討においては、より詳細なビジネス上の個々の課題は扱わない。たとえば、

・競争相手のユーザーをスイッチさせるためにどのように支出を配分すべきか？
・現在のブランドユーザーの利用度を高めるには、どう支出を配分するのが最適か？
・同じブランドの新たなカテゴリーへ既存のユーザーを拡大するために、そのブランドはどのように投資すべきか？

図表 8　◉関係の定量化

売上げの中身を分解することから、各マーケティング投資の純利益が割り出され、個々のマーケティング活動と全体の金額ベースの貢献度が理解できる。

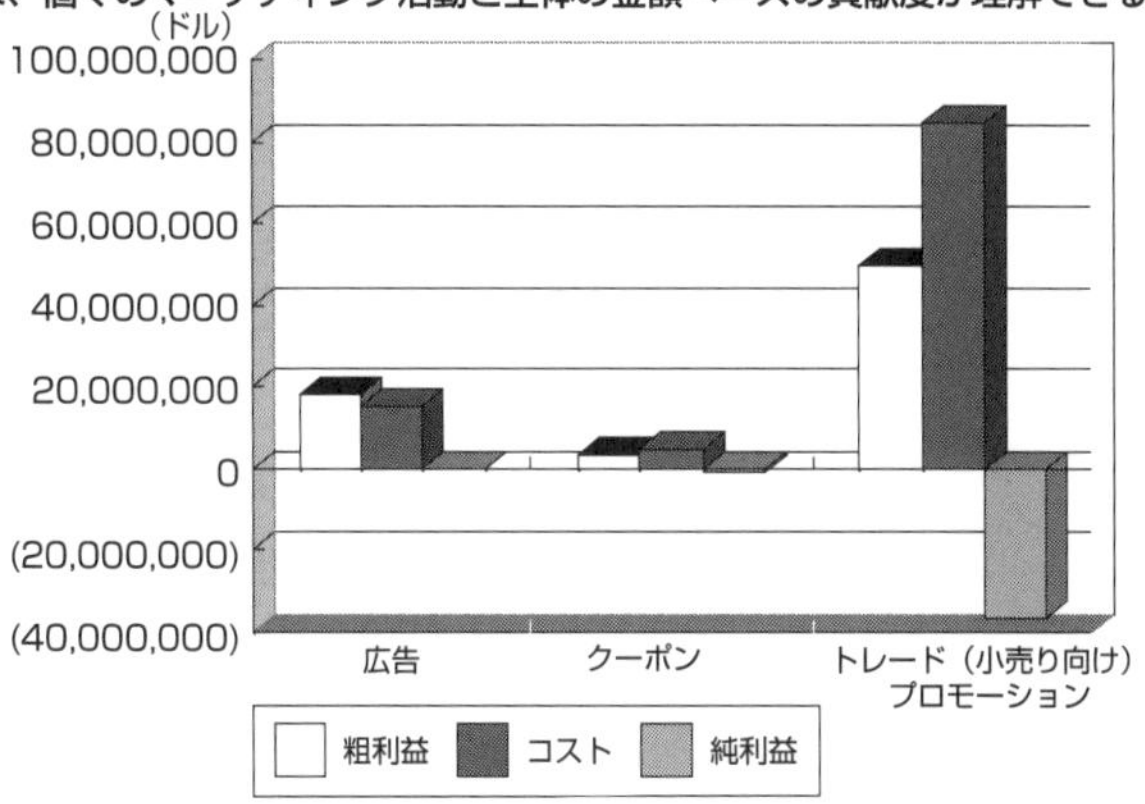

図表 9　◉関係の定量化

投資効果は、マーケティング投資のタイプごとに確定できる。

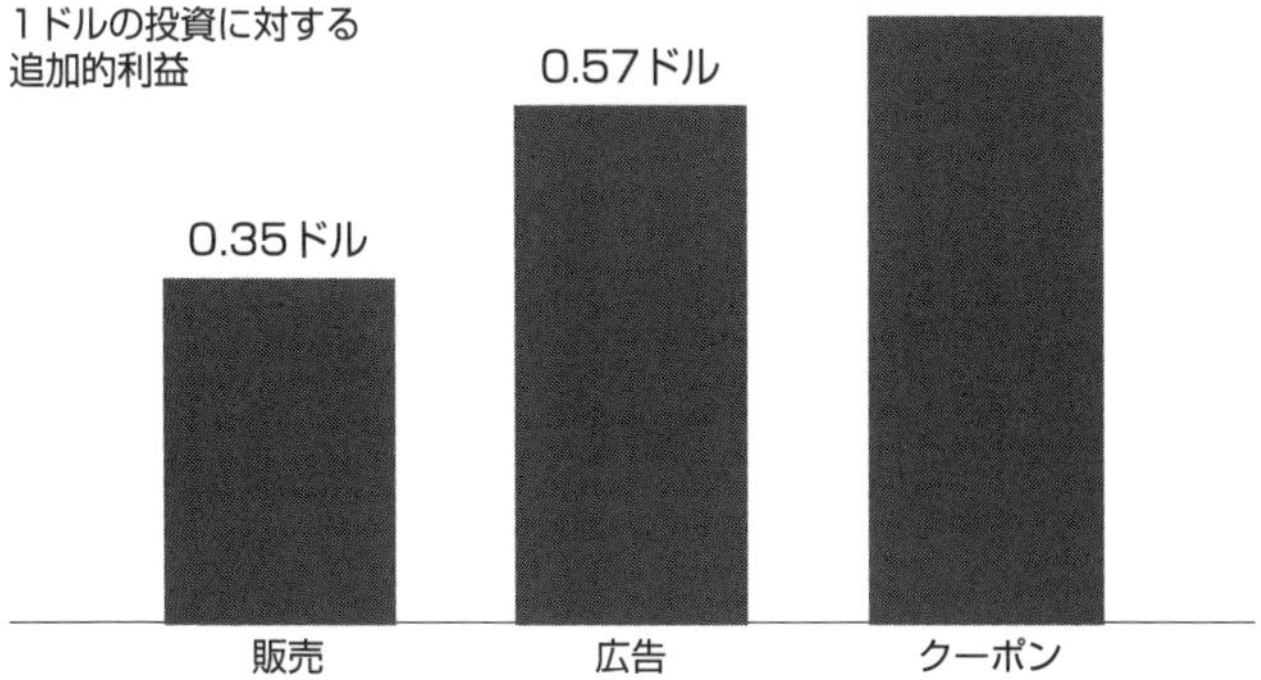

当然、あなたのビジネス上の課題はこれらとはまったく異なるかもしれない。しかし、それがどんなものであれ、いま見てきたステップを最初から始め、ブランド全体に代えて、個々の課題に応じて、すべての計算をし直せばいい。

価格引き下げは、考えるだけでもいけない——価値の管理 対 値引き

すべてがコミュニケートする

『セルジオ・ジーマンの実践！広告戦略論』で、私はすべてがコミュニケートするという理論を紹介した。その「すべて」とは、あなたのラジオ・印刷媒体・テレビの広告、あなたの製品パッケージのやり方、スポークスパーソン、販促媒体、あなたの従業員に対する遇し方と彼らの顧客への接し方、年次報告書、あなたについて書かれた記事、あなたがスポンサーするイベント、そして予期せぬ事業の成功と失敗へのあなたの対処のしかたまで含まれる。つまり、あなたがあなたのブランドについて、既存顧客と見込み客に対して、何かをコミュニケートしようとする、すべてのことなのだ。それはすべからく、あなたの会社と製品を見る人々の視点に影響を及ぼし、あなたの売っているものを買うか買わないかという決定に影響する。

ということは、どういうことだろうか？　あなたが製品やサービスにつけた価格でさえ、特にセ

ールであればなおのこと、あなたの事業について何ごとかコミュニケートしており、同時に、あなたのマーケティング戦略の重要部分になりうるのだ。しかし、その価格をどう設定すればいいのだろうか？　あなたには（競争相手と横並びにするほかに）戦略がおありだろうか、そして（値下げするほかに）能動的に価格を管理しているだろうか？

悲しいかな、たいていの会社はまったく自社製品の価格を管理していないのだ。実際、問題はもっと深いところにある。会社はほとんど自社製品の価格を知りもしないのだ！　企業は長い間に、リベートの支払い、販促プロモーション、通常価格における各種信用供与などの慣行にどっぷりと浸かり、多くのチャネルや卸業者ごとに取引条件を変えてきたので、実際の「手取り」価格は誰にとってもまったくの謎になっている。顧客はつねにチャンスには鼻が利くので、多少とも有利な条件を引き出すために、この価格放任状態を利用してきたのだ。一方、企業は、競争相手のほうが安いと耳に入るが、それがどの程度かはわからない。念のため、と自分たちも価格を下げる。そうして馬鹿々々しい下降スパイラルへの引き金が引かれるのだ。あらゆる業界で同じシナリオが演じられるのを我々は見てきた。企業には、自分以外に責めを負わせるべき者はいない。企業は自分たちの顧客を「一つ買えば、もう一つ無料」や特大サイズ、「通常○○ドルのところ△△ドル」に反応するように仕込んだのだから。メモリアル・デーや新学期セールが目前なのに、どうして七月に衣類を買うだろうか？　クリスマスシーズンのプレゼントをクリスマス直後に交換する人が増えているのはクリスマス後のセールを利用できるからだ。

ここでの教訓は、価格は一方通行、下向きだということだ。たとえ一時的なものでも、値引きをする前にじっくり考えてほしい。一時的な値引きには、恒常的値引きになる悪しき傾向がある。競争相手は、あなたが安くした価格を目にするが、あなたがその価格をしばらくしたら元に戻すつもりでいることまでは知らない。しかし、いったんほかの誰かが価格を引き下げたら、あなたは再度それを若干下回る額をつけなければならず、下降スパイラルに逆戻りだ。

ＧＭが盛んに行った「ゼロ金利」マーケティングは、アメリカの大手自動車メーカーすべてに深い傷を負わせた。ＧＭに対して立ち向かう気概を持つ者はなく、みなその金利を払い続けている。文字どおり、それ以来ずっとだ。

ほかの点では頭のいいＣＥＯたちに、売上げにかかわる重要なマーケティング要素（価格）にどうしてそう無関心なのか尋ねると、返ってくる答えは次のうちのどれかだ。

- **経営者が無関心**――「いまのところ業績はきわめて好調、どうしてそれを台無しにすることがあるのだ?」
- **営業担当者の抵抗**――「うちの営業部隊は、自社製品のベネフィットを売る方法がよくわかっていない。価値を売るより、値引きをするほうが簡単なのだ」
- **競争があるから**――「よそがやったら、うちだってやらざるをえない。もしそうしなければ、彼らに生きたまま食われちまう」

● **値づけ能力が貧困**――「価格管理はそう簡単にできるものではない。ひじょうに分析的で、マスターしなければならない専門的ツールが多すぎる。うちの営業は取引をまとめ、人間関係をつくるために外に出ている。数字と格闘しているヒマはない」

● **迷信**――「誰に対しても同じ価格を提供することが法律で決まっていると考えている」

経営者がかくも自社の価格管理をしたがらないとは、まことに困ったものだ。これがマーケティングの利益率を左右するのだから。実際に値づけは、ほかのどのファクターよりも利益に与える影響が大きい。純利益七パーセントの消費財ビジネスでは、実勢価格が一パーセント改善されれば、利益を一四パーセント押し上げる。同時に五パーセントの値下げは、利益をいまのレベルに維持するために二〇パーセント多く売らなければならないということだ。

コントロールを取り戻せ

人が考えているより、値づけは容易に管理ができるものだ。しかし、その話に入る前に、正確に値づけの意味、そこから得られるものを理解する必要がある。そして、そうするいちばんいい方法は結果からさかのぼって作業することだ。図表10は、メーカーの標準価格（リストプライス）二ドル二五セントが「手取り」価格が一ドル一三セントになるまでのメーカーが支出するトレード・プロモーションを示したものだ。

実に恐ろしいことではないか。だが事態はさらに悪くなる。この図にある以外の膨大な諸費用が一ドル一三セントの手取り価格のほとんどを食ってしまい、手取りマージンはわずか一三セントになってしまう。もちろん、価格を決めるファクターは、企業ごと、業界ごとに異なるものだ。しかし、こう言うだけで十分だろう。この作業に時間を割けば、なんと多くの費用が出てくるものかと、そしてその費用一つひとつを追跡し、分析しなくてはいけないことにあなたは驚くだろう。こうしたデータをすべて整理できれば、あなたはよりうまく価格を管理し、決定するためのポジションに就くことができる。

〈監訳者注〉消費財メーカーのマーケティング・コストは、通常売上げの二〇パーセント程度と言われており、先の事例はどの業界か不明だが、非常に極端なケースのよう

図表 10 ◉懐に入る手取り価格を理解することが取引価格管理の出発点 （ドル）

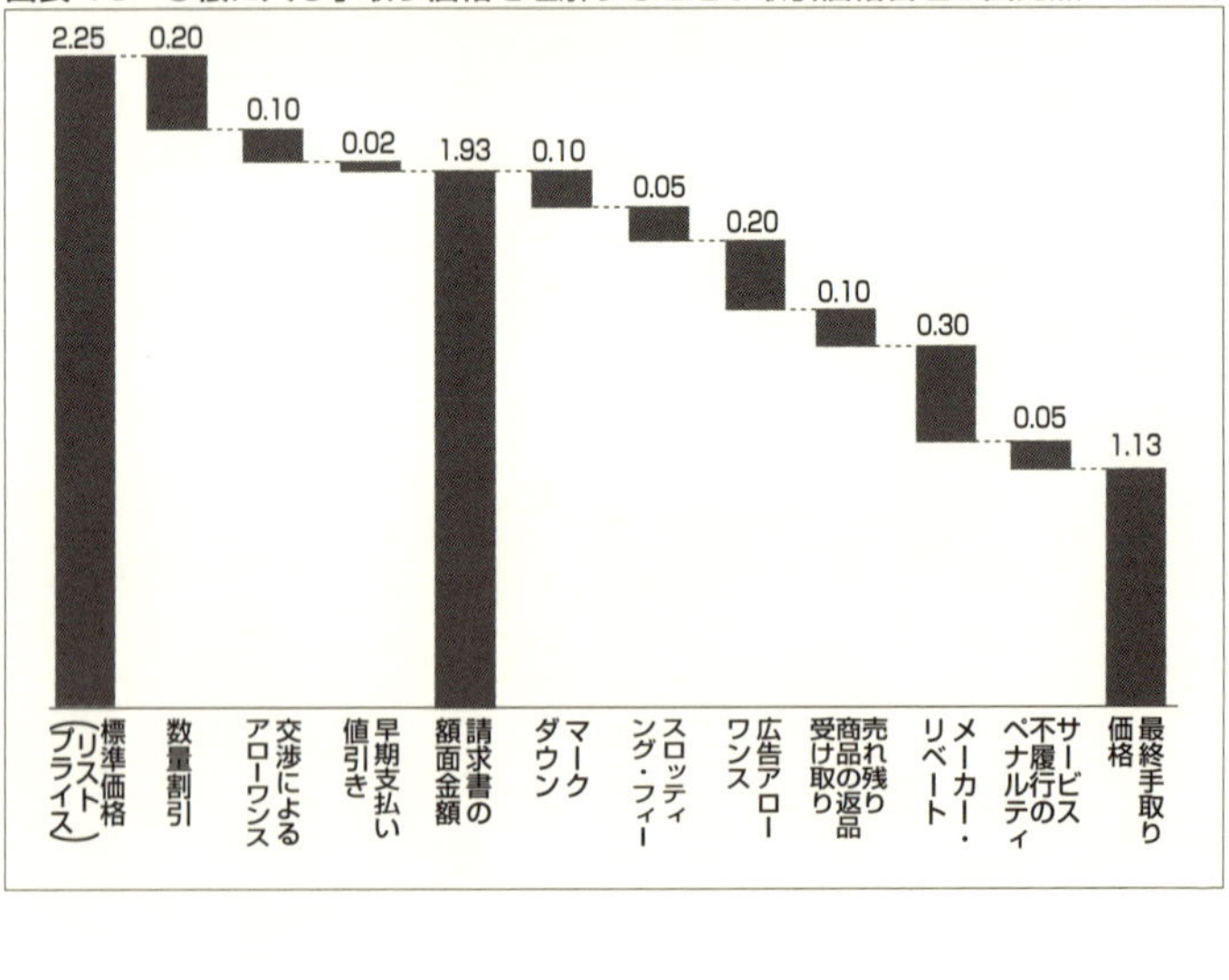

に思われる。マーケティング・コストには、媒体広告、消費者プロモーション、トレード・プロモーションが含まれる。図表10は、このうちのトレード・プロモーションの話であり、これがリストプライスの五〇パーセントを占めているというのは、現実的ではないかもしれない。

＊＊＊

ここからは、手のかかることをすることを白状しなければならない。だが、安心してほしい。時間をかけるだけの価値はあるのだから。あるクライアントはこのプロセスを実行することで、問題のある場所を特定できた。顧客に対して行っているさまざまの値引きやアローワンス（販促金）を分析すると、たとえば、自分たちが信じられないぐらい一貫性のないことに気がつく。小口の顧客が大口の顧客と同じぐらい大きなアローワンスをもらっていたり、同じようなボリュームの顧客の間でアローワンスにかなりの開きがあったりする。また、地域によってアローワンスを適用する基準がばらばらであることにも気がつく。

こうした分析の結果、このクライアントは、値づけ戦略を、単に価格を管理することから、価値を管理することへ大きく転換した。すなわち、こういうことだ。

- 彼らは、自分たちの目的に合うように価格プログラムを調整した。値引きは、取引量や支払い条件などの顧客ごとのファクターに応じて、より整合性のあるものにした。これは、より信用を要する顧客には高い価格をつけるということだ。彼らがほかの支払いオプションを持たないためである。また、ブローカーに払うコミッションを一定の売上げレベル、またはマーケットシェアの目標と関連づけた。

● 自らのルールを改善した。顧客の購入数量と支払い実績に基づく、最大のアローワンスレベルを設定し、それを厳守した。また、基準に合わない顧客に対する早期支払いアローワンスを廃止し、支払いの遅れには利子を請求することにした。

● コストの削減と回収の両方、またはそのいずれかを実施した。地域に関係なく同じ運送料を請求していたのをやめ、一般的な地域運送料率をより正確に反映した運送料を請求することにした。また、請求・集金機能を再編し、これら機能を外部委託することで、コストを削減することができた。

顧客はすべて平等なのではない

お察しのとおり、わがクライアントは一連のすべてに満足していたが、彼らの顧客の一部、特に請求額が増えた顧客はそうではなかった。しかし、多くの場合、大声で文句を言い立てる顧客は最も取引高の少ない顧客であり、クライアントの利益に最少（場合によってはマイナス）の貢献しかしていない顧客だった。これと同様のシナリオは、どんな業界でも、またGMから町の食料品店に

図表 11　◉すべきこと・してはいけないこと

すべきこと	してはいけないこと
値づけがコミュニケートすることを忘れず、つねに自分のブランド戦略とコア・エッセンスとが結びつくようにすること。	ブランドについて、決定した価格が何を顧客に伝えているかを考慮することなく、値づけだけを最適化すること。
事実をもとに考え、分析的に行動すること。値づけは芸術ではなく科学であることを忘れないこと。	コストの回収と、顧客との交渉に勝利すること（すなわち、「搾取」）に集中すること。
価値を創造すること、そして顧客とあなたが交渉するものについて、その価値を顧客と公正に分かち合うことに焦点を当てること。	顧客はあなたの価格があるべき価格より高いと思い、競争相手はあなたの価格が低いと思って、自分たちの価格を下げる、といったようなわかりにくい値づけをすること。
あなたがいくら請求し、それはなぜか、誰の目にも明らかにすること。あなたが自分の「手取り」価格はいくらなのか理解していなければ、ほかの誰にもわかりようがない。	あなたの直感や誰も思い起こせないような経験則を使うこと。
前向きに考えること。エンドユーザー、顧客、競争相手にこれからどう反応してほしいかを考えて値づけをすること。	後ろ向きに考えること。コストプラス方式のデータや、今日あるいは明日には用をなさないかもしれない、以前の経験にのみ注目すること。
真の利益のみが重要であることを理解すること。価格と数量がトレードオフの関係にあること、そして利益を減らすディスカウント、リベート、支払期限などについても熟知すること。	関連する項目にどう影響を及ぼすか計算に入れずに、値づけのプロセスや収益性の要素を考えること。
現実的になること。効果的なソリューションを行えるのなら、あまりエレガントでない方法をとること。	あなたの営業部門や経営者が受け入れないような発案をすること。
値づけ能力を構築すること。プログラムに責任を持ち、スタッフにツールやトレーニング、インセンティブを与え、責任を持たせること。	業界で大きな話題になるような、値づけモデル（そして分析的なエリートの殿堂）をつくること。誰かしらそれを理解し、使えればいいが。

至るまで、どんな規模の企業においても演じられているのだ。

まとめてみよう。有機的成長をもたらし、あなたのビジネスを拡大する方法は、山のようにある。だが、値引きはその方法の中には入らない。以下に、価格戦略とその管理の統合を成功させるカギとなる、図表11の「すべきこと」「してはいけないこと」をご覧いただきたい。

第4章

Renovate Your Business Destination

原則2
ビジネス・デスティネーションをリノベートせよ

この見出しがそっけないぐらい単純に聞こえることは承知しているが、肝心なことは、デスティネーション（目的地）へ向かう前に、あなたはどこへ行きたいのか知らなければならないということだ。成功しているブランドのほとんどは、偶然に今日の地位を築いたのではない。その道のりは周到に計画されていたのだ。たしかに、途中多くの紆余曲折はあっても、A地点からZ地点への行程の全体像は、基本的にずっと変わっていない。同時に、明確なデスティネーションを持たないブランドのほうは、一度のチャンスにうまく対応して飛躍したのであって、そこに一貫した戦略はない。どこに行けるにせよ、その前にあなたが真っ先に到達するその場所はどこか、そしてそれは何なのか、はっきり見つけ出さなければならないのだ。

デスティネーション・ステートメントなら、すでに持っている、とお思いかもしれない。私が話をした多くの企業もそう考えていた。しかし、その考えはおそらく間違っている。企業のホームページや年次報告書で目にする「デスティネーション・ステートメント」に書かれていることは大方、その企業が現在いる場所を肯定するものであって、自分がどこに行きたいのかを説明したものではない。それが大きな間違いなのだ。だから、自分にはデスティネーション・ステートメントがあると考えても、ともかく本書を読み続けることを強くお勧めする。少なくとも、あなたのステートメントをより効果的なものにする方法を学べることだろう。

自分の状況を評価せよ

現実を直視しよう。もし、あなたの会社が最高の業績を上げていてすべてが順調だったら、この本は買っていなかったはずだ。ここで深呼吸をし、現下の状況とあなたが直面しているあらゆること（いいことも悪いことも）を正直に考えるのだ。そして、自分自身に素直になること。シンガー・ミシンがやったように、実際には反対方向へ進んでいるのに、自分の事業はこの方向へ向かっているのだ、などと独り合点しないように。シンガーは一八五一年にミシン販売を開始し、以来長きにわたってこの業界を革命的に変化させた。あなたの母親の世代には、ほとんどの家庭にシンガーのミシンがあったものだ。しかし、最近ミシンを買った人を誰か知っているだろうか？　たぶん、一人もいないだろう。

今日、シンガーは毎年一億六〇〇〇万ドル以上を売り上げている。これは、なかなかいい数字に見えるかもしれない。ただし、七〇年代半ばの年間売上げが二七億ドル以上だったことを知らなければの話だ。二〇〇〇年、シンガーは連邦破産法第一一条（チャプター11）適用の申請をした。過去一五〇年の間に世の中は大きく変わったのに、シンガーは変わらなかったからだ。そして、彼らのビジネス・デスティネーションも変わらないままだった。今日、シンガーは、マーケットシェアを奪い返そうと新しい国々へ進出している（その過程で掛け売りも拡大している）。しかし、彼らが追いかけているのは確実に縮小していくマーケットだ。同社は、シンガーのブランドネームを積極的にほかの家庭用製品に持ち込むチャンスを逸した。第三者にブランドをライセンスしてはいるものの、そのリターンは、自分の持っているものと自分の行きたい方向に目を離さないでいれば得られたであろうものよりはるかに小さいものである。

すべての会社が置かれている状況はそれぞれ異なるため、あなたが自分の状況を判断するとき、何を見つけるべきか知るための細かいルールを示すことは私にはできない。しかし、こうした状況評価とはどんなものか、いくつかの例を挙げてみよう。

ミラービール

ミラーは数年前、相当に厳しい状況にあった。ブランドの妥当性と流行に合うかっこよさに欠けるブランドとして危機的状況にあったのだ。しかし、ミラーがいつもそうだったわけではない。ミラーのポジショニングはすばらしいものだった。「時間ができたら、ミラーはいかが」。これは、ミラーがとても特別なご褒美であるというイメージを与える。そのイメージが消費者にひじょうに浸透したので、バドワイザーは彼ら流の「あなたにふさわしいビール」式のスローガン、「このバドをあなたに」を導入した。この市場に二つのビールがご褒美になる余地はないと考えたミラーは、「ミラー・タイム」路線を完全に捨ててしまった。そのため、バドは簡単にミラーをジェネリックブランドとして再ポジショニングしたのである。結局、消費者は、もしバドがご褒美なら、ほかのものはミラーであれ何であれ、ごく普通のものだと考えた。一方で、もともと品質的には劣っていたにもかかわらず、コロナは独自のアプローチのしかたとそれをエモーションのレベルで消費者と結びつけることで、消費者に購買の動機づけをした。

強力なお墨付きのような「バッジ」が幅をきかせるカテゴリーでは、ミラーが表しているものを支持したいという欲求を持つ消費者はもう多くはなかった。それは、ミラーが何か悪いことを言っているからではなく、まったく何も言わなくなったからなのだ。ミラーはもはや多様な特性を持ったブランドではなくなり、消費者に何らエモーション面のベネフィットも与えることができなかった。ミラーが気づいた自分たちに残された唯一の顧客との関係は、「価格相応のビール」という、あまり強力なものではなかった。

ある大手ケーブルテレビ会社

我が社のクライアントである、ある大手ケーブルテレビ会社（仮にMCCと呼ぶ）の場合、状況はいくぶん異なる。娯楽については、かつてに比べ消費者に選択肢が増え、競争、特に衛星テレビとの競争が激化し、彼らはMCCを「昔の技術で、古く、劣っている」とポジショニングした。テクノロジーの変化の速さと競合する製品やサービスの増加のスピードが遅くなることはない。消費者はつねに最新のおもしろいアイデア商品（機械装置）を探している。一方、巣ごもり化や、いままでにないものの見方といった新しいトレンドとともに、景気後退や九・一一後の不安が、消費者心理に影響を与え、家族の結びつきを強めるような傾向や態度が顕著になった。

全体として、MCCのビジネスチャンスはいくらでもあったが、それをうまく利用するには大きくポジショニングし直す必要があった。消費者はMCCブランドをほかの娯楽の選択肢と特別異なるものとして受けとめてはいない。実際、多くの人はケーブルテレビを、ガスや電気と同じような実用的なインフラと見なしている。さらに、MCCは顧客との強い結びつき、ロイヤルティを培い、競争に巻き込まれないような顧客との関係構築を怠っていた。

私が言おうとしているポイントはおわかりだろう。あなたのいる位置、あなたの目の前にある障害が何かわかったのだから、あなたは自分が行きたい場所へどうやって行くのか、その方法を見つけ出すためのスタートが切れるはずだ。その最初のステップは、デスティネーション・ステートメントを完成することだ。

デスティネーション・ステートメント

大ざっぱに言うと、デスティネーション・ステートメントというのは、ご想像のように、ビジネスとして到達したい場所を明確に定義するものだ。より正確に言えば、あなたの会社およびブランドとの関係において、消費者にどう考え、感じ、行動してほしいのかを正確に述べるものだ。最終的に、デスティネーション・ステートメントでは、自分が市場で達成したい結果を表明しなければならない。それは、「どこに行きたいのか」であって、「現在どこにいるのか」ではない。

デスティネーション・ステートメントは、昼食を食べながら仲間内で話し合ってつくるようなものではない。多くの作業と多くの思考を要するものだ。詳しい中身に入る前に、デスティネーション・ステートメントの最終形の実例をいくつかご覧いただこう。

- **大手エレベーター会社**――「我々は、人の水平および垂直の短距離運搬ビジネスにおけるリーダーである」
- **有力紙**――「すべての読者が、生活の中で大きな違いをつくり出すために、本紙を毎週末は一回、そして平日はより頻繁に必ず読むべきものとするよう、我々は積極的に取り組んでいく」
- **大手飲料企業（わかった、白状する。コカ・コーラのことだ）**――「世界で最も愛され、消費される消費者向け飲料である」
- **一流人材斡旋会社**――「我々は、成長、ゴールの達成という目的のためにCクラス（CFOやCEO）の人材を早急に探す必要のあるクライアントに選ばれる調査会社である。我々はこれを、以下によって行う。

・クライアントのビジネスニーズと、我々に求められる果たすべき役割に対する理解を深めること。
・当社独自の方法を最大限に活用して、高レベルの人材候補を迅速に数多く揃えること。
・クライアントが「雇用契約締結」できるよう我々が確実に手助けするため、他社よりも効果的に、業界トップの有力候補者を提供するチャンスを企画し、パッケージ化すること。

結果として、当社の企業風土とクライアントに対する仕事の質を保ちつつ、そして現在のマージンを維持しながら、我々は斡旋件数のシェアを九パーセント（二〇〇一年）から、一五パーセント（二〇〇四年まで）に伸ばそうとするものである。

ご覧のように、デスティネーション・ステートメントの長さや詳細さはさまざまでよい。しかし、クライアントと作成する中で、最も優れたデスティネーション・ステートメントには以下の課題が言及されていることに気づいた。あなたのデスティネーション・ステートメントにそれぞれに対する解答を明記する必要はないが、最終版を完成させるまでにはその答えを確実に知っておかねばならない。

1　我々は、自分たちのビジネスをどのように定義しているか？　長期的にはどのようなビジネスに従事していきたいのか？

2　我々がターゲットとする消費者は誰か？　直接的に間接的に、現在そして将来にわたり、誰に売るべきなのか？

3　我々は、消費者にどのように思ってほしいのか？　消費者は、我々のブランドにはどんな明確な、目に見える属性とベネフィットがあると考えているのか？

4　我々は、消費者にどのように感じてほしいのか？　どんな目に見えない、レベルの高いベネフィットと属性を我々の商品は提供できるのか？

5　我々は、消費者にどのように行動してほしいのか？　消費者が考え、感じた結果、何をしてほしいと我々は望むのか？

6　その結果、我々は何を望むのか？　長期的にこれらすべてからどんな恩恵を会社は受けるのか？

ナイキを例にとって、こうしたことをもっと現実的な言葉に置き換えてみよう。以下はナイキの答えだ。

1　我々は、自分たちのビジネスをどのように定義しているか？　ランニングシューズ、運動用のシューズ、衣類、用具。

2　我々がターゲットとする消費者は誰か？　男性競技ランナー、および多様な運動・フィットネス・ファッション市場を代表する、数多くのターゲット。

3　我々は、消費者にどのように思ってほしいのか？　自分に世界レベルのパフォーマンスを与えてくれる、世界レベルの運動選手による最先端のデザイン。

4　我々は、消費者にどのように感じてほしいのか？　ナイキを身につけているから、自分はかっこいい（そして、パフォーマンスも向上した）。

5　我々は、消費者にどのように行動してほしいのか？　アスリートウェアや用具なら、ナイキを最初に選んでほしい。

6　その結果、我々は何を望むのか？　ナイキが世界最大のスポーツブランドになること。

忘れないでほしいのは、顧客が誰かによって、一つの企業が一つ以上のデスティネーション・ステートメントを持つことも十分にありうるということだ。たとえば、エリシアは葬儀サービスのリーディング企業になることを目指していた。そのデスティネーション・ステートメントはきわめてシンプルだ。「エリシアは、人生の最終段階への移行と、その後のために消費者に選ばれるパートナーである」。消費者には現在二つの選択肢がある。古風で時代遅れな葬儀のやり方か、エリシアか、という二つだ。エリシアは、人が生き、死に、残されていくプロセスを自分の手でコントロールする方法を、肯定的に再定義したことで評価されている。

エリシアには、患者（顧客本人）、介護者、ビジネスパートナー、投資家という四つの異なる顧客層がある。この四つの顧客グループそれぞれについて書かれたデスティネーション・ステートメントをご覧いただこう（図表12）。

デスティネーションを方向づけせよ

デスティネーション（およびそれが明文化されたステートメント）というものは、あなたが決定を下すに足る具体性を持っていなければならない。また、デスティネーションによって、直接・間接を問わず、最終消費者に接触するすべての人のために、あなたは誰で、何を信じ、どこへ行こうとし、あなたをその旅に向かわせるものは何なのか、明確なイメージを描くことで、あなたの企業哲学の礎石にならなければならない。そして最後に、消費者の視点から、どうあなたと交流を持つのか、あなたのことをどう考え、感じるのか、そして消費者の生活の中であなたはどんな役を演じるのか、が明快にレイアウトされなければならない。たとえば、デルタ航空のかつてのデスティネーション・ステートメントは以下のようなものだった。

「どこからでもどこへでも人と荷物を空輸することで、顧客の目から見てナンバー1エアラ

図表 12 ◉ディスティネーション・ステートメント（エリシア）

	患者（顧客本人）	介護者	ビジネスパートナー	投資家
彼らからどう思ってほしいか？	・エリシアは正しい選択だ ・よりよい方法だ ・最もシンプルで賢明な選択 ・（いちばん安いわけではないが）総じて大きな価値を提供してくれる ・エリシアはどんなニーズにも応えられる	・エリシアは難しい、複雑な選択を容易にしてくれる ・エリシアは、決定にかかわる全員がストレスや意見の相違なく、決定にいたることを可能にする	・プロに徹した、質の高い会社 ・顧客にリーチする効率的な方法であり、業界の最前線で自分の事業を維持する賢明な方法 ・自分自身で顧客開発するより、より一貫性のある顧客層に接触するベストの方法	・エリシアは、スタートアップ企業のメリットをすべて持ちながら、投資リスクはきわめて小さい――投資家にとって理想的な会社だ ・彼らは、自分たちの持てるものをよく知っており、上手に組み合わせて使っている ・エリシアのビジネスモデルと価値提案は、いずれもひじょうに力強く、大きなポテンシャルを持っている
彼らにどのように感じてほしいのか？	・エリシアは、私がいちばん関心を抱いていることに配慮している ・エリシアは私のことに注意を払っている ・エリシアは思いやりがあり、神経が細やかだ ・エリシアは、私が最も友人を必要とするときに任せられる友人だ	・エリシアは私をプレッシャーから解放してくれる ・エリシアがいつもいてくれることを知ることで、気が楽になる ・患者を最高の人たちに任せられるので安心だ	・自分の業界の未来に、私は参画している ・エリシアは市場のリーダーであり、私はこのリーダーと一緒にやっていきたい ・患者（顧客）と家族に価値ある葬儀を提供できると感じる ・私の成功はエリシアの成功と不可分だ。だから私はエリシアを成功させたい気持ちになる ・エリシアは信用できる	・エリシアに投資しなければならない ・投資しなければ後悔するだろう
彼らにどのように行動してほしいか？	・私も年老いていく。世を去るとき、家族と愛する人たちが葬儀を行うのを手助けするために、エリシアを選択する。 ・私は友人や家族全員にエリシアは会うべき人たちだと話しておく	・彼らは患者が存命中にこれだけいい仕事をしたのだから、その死に当たってもすべてをお任せしたい ・手伝ってもらうためにエリシアに電話をする ・私は友人たちにエリシアを紹介する	・チャンスがあるとわかればいつでも、エリシアとビジネスをすることを選ぶ ・エリシアと長期的関係を結ぶことにした ・私はエリシアの品質基準に合った製品とサービスを提供する	・私はエリシアに投資する

インになること」

これはこれでかまわないのだが、どこか鮮明でなく、しゃきっとしないと我々は感じた。会社で働く一人ひとりにとって、そして会社にとって、よりよい将来へ向かって進むために、今日明日あなたがすべきことをしなさい、と各従業員に言うには不十分なのだ。だから、我々はデルタに、もっと的確な声明にして、顧客の視点を表すやさしい言葉で書くよう提案した。私がデルタに勧めたのはこういった感じのものだ。

「デルタがどこを飛んでいても（将来、どこを飛ぶとしても）、私はデルタで飛びたい。そのためにはもっと多く払いたいぐらいだ」

はるかによくなった。短いが甘ったるい、このステートメントの見かけにだまされてはいけない。このフレーズは、三つの重要なエリアを深く掘り下げた成果なのだ。

- このブランドの内なるコンパス
- 消費者が本能的に要求するレスポンス
- デルタに期待される改善点

デルタの内なるコンパスには、この企業のあらゆるビジネス領域を確実に共通のゴールに向けさせる、ブランドの方向性が示される。このケースでは、デルタを消費者が選択する航空会社にすることだ。サウスウェストのような、余分なものをカットした競合他社が最低料金を打ち出していた時期に、デルタはデスティネーション・ステートメントを堅持していたので、価格戦争を回避できた。デルタは、競合他社より上質の経験、顧客が余分に払ってくれるだけの経験価値を消費者に提供しなければならないことを知っていたのだ。

＊＊＊

ミラービールが、入るはずだった墓から自らはい出てくるために、このプロセスをどのように使ったか、図表13で見てみることにしよう。

ブランドの内なるコンパス

方向性

ミラーブランドのデスティネーションの全体像は、理想としては、ミラーが現在展開している全ブランドとこれから導入されるであろう将来のブランドすべてを、妥当性のあるものにすることであるはずだ。実施していく長期的な方針を明快かつ簡潔に定義し、その次に以下に関する決定を告知し、社内外で徹底しなければならない。

- どのように従業員を採用・評価・報償するか
- どのように卸業者にインセンティブや動機づけを行うか
- どのように大口顧客に投資するか
- どのように消費者をターゲット化し、動機づけを行うか

また、このデスティネーションは差別化に基づいていなければならない。ミラーは、競争相

図表13 ◉ミラーブランドのデスティネーション・ディメンジョンを定義する

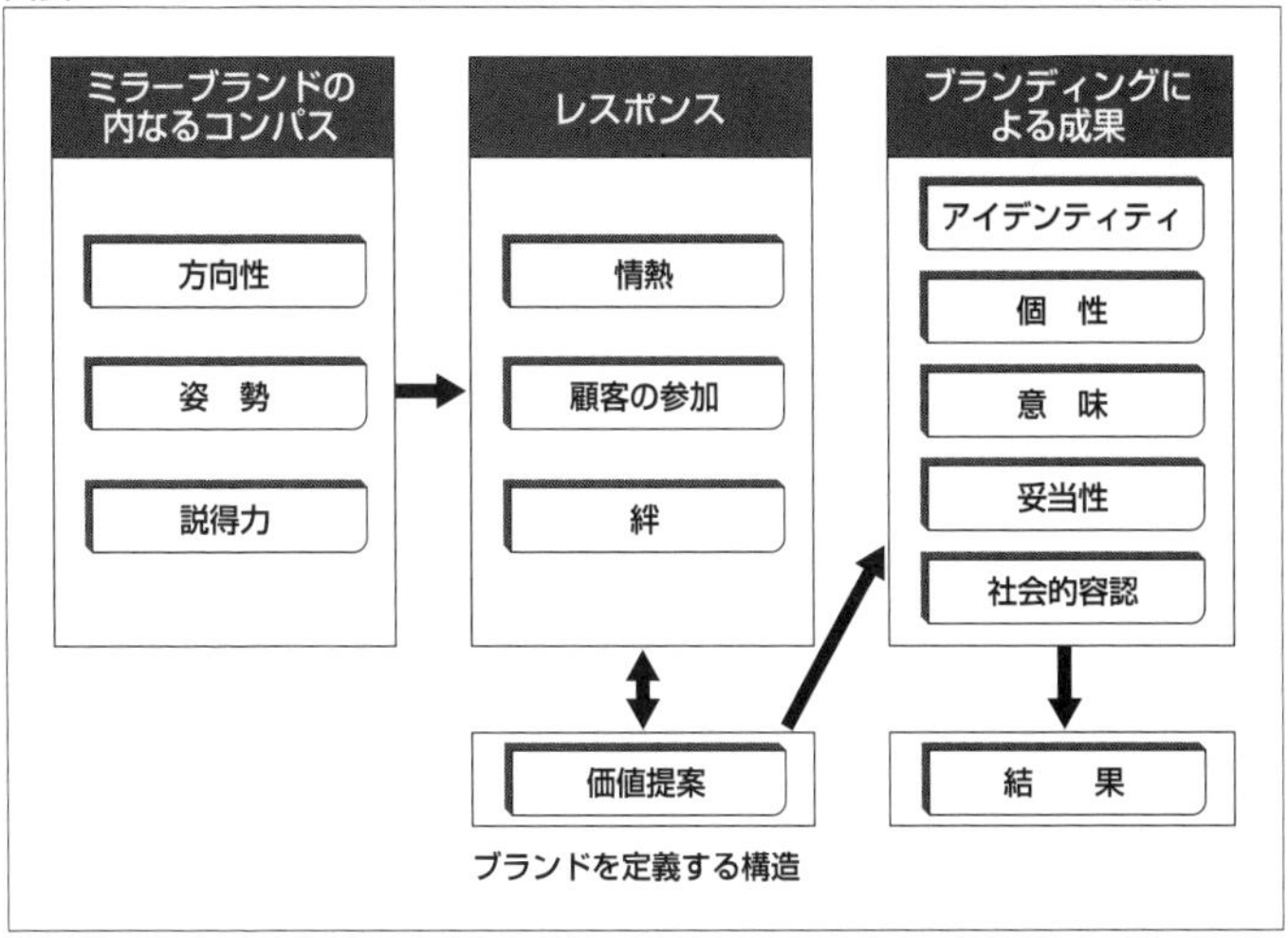

手がすでにどっかと居座っているデスティネーションへ向かうような投資を正当化できない。デスティネーションは、一瞬だけ到達できるような目標ではなく、持続可能なものでなくてはならない。最終的に、従業員やパートナー企業のすべてが全面的にサポートするものでなければならない。

姿勢

ミラーのデスティネーションにおいては、これが最も重要な特質である。なぜなら、このカテゴリーで成功しているブランドはみな、ある姿勢を持っているからだ。ミラーブランドは長く負け犬状態だったため、アグレッシブなデスティネーションにマッチした姿勢をとることが必要だ。その姿勢とは次のようなものだ。

- ミラーは、ファイターだ。後へは退かない。
- ミラーは、勝者だ。
- ミラーは、つねに明るく、前向きだ。
- ミラーは、うぬぼれに近い自信を持っているが、それは不快なものではない。
- ミラーは、人に影響を与える情熱を持っている。
- ミラーは、ひと味違う。典型的な「ビール」がやることなど、我々はしない。我々はジェネリックビールではない。事実、我々は最も特徴あるビールブランドである。

説得力

ミラーのデスティネーションにとって説得力もきわめて重要なものである。なぜなら、成功するためには、ミラーブランドが拠って立つ、このような確固たる信念が必要だからだ。

- 我々のブランドの強みは持続可能な競争優位性だ。
- 我々はトップクラスの消費財メーカーだ。
- 我々は、一「ブランド商売《ビジネス》」から、ビジネスとしてのブランドへの移行に成功した。
- 我々は、消費者の関心を引くために戦い、そして消費者の意識、心、そして財布を勝ち取った。

レスポンス

情熱

消費者は最近のミラーには情熱がないと感じているので、これは重要な点だ。そして、消費者の情熱なくして、強いブランドポジションを再構築する長い旅の初めの一歩を踏み出すことも、その旅を持続することも不可能だからだ。情熱の元となるのは以下のものだ。

- 消費者はこのブランドに関心があり、「自分たちのもの」と感じている。もしこのブランドにかかわるものに変化があれば、消費者は気がつくし、自分に相談をしてほしいと思い、少なくとも知らせるぐらいはしてほしいと思っている。
- 消費者はこのブランドに思い入れがあり、喜んでそれを守るつもりでいる。
- もし、この「自分たちのブランド」にアクセスすることを拒否されたなら、消費者は怒り、その事態に我慢できなくなる。それが、バーやレストラン、スーパーマーケットがミラーブランドを扱わないことを意味するなら、彼らは他の普通のビールで妥協する前にミラーを扱っている場所で食事なり買い物なりをするようになる。

顧客の参加

これはミラーにとって重要だ。今日では、とりわけ「ライト」や「コールドフィルター」といったカテゴリーでジェネリックブランドのビールを売っているようなミラーは、ミラーであってミラーでないも同然だからだ。顧客の参加なしには有意義で持続可能な関係は築けない。我々が望む、顧客の参加とは次のようなものだ。

- 消費者は、以前は我々のことを気にも留めなかったが、いまは我々のことを本当に意識している。

- 彼らが消費する機会は単に「ビール」を飲む機会ではなく、「ミラー」を飲む機会だ。
- そのために、彼らにとってそのカテゴリーにあるほかのものはその他大勢になっており、ミラーが唯一の自分たちのブランドだ。

絆

消費者の参加から、絆が生まれる。一度効果的に絆ができたら、投資する価値のある、消費者との関係を築くスタートを切ることができる。そうした関係は実体のあるものの上に築かれるからだ。その結果、ミラーの消費者がこのブランドと自分の関係を説明するとき、我々は製品属性や機能的なベネフィットだけを描写してほしいとは思わない。消費者には以下のようなことを言ってほしい。

- ミラーは、私を理解しており、私に話しかけてくれる。
- ミラーは、私のブランドだ。
- ミラーは、私という人間すべてにフィットしている。
- 私は、このブランドには感じるものがあり、それは正しい感じがする。

自ら努力して生み出す変化

アイデンティティ

現在、ミラーのアイデンティティは時代遅れか、または存在していないため、アイデンティティはミラーのデスティネーションの重要な特質だ。ミラーは昔のブランド、ほかの人のビール、ではいけない。アイデンティティには次のものが備わっている。

- 特徴のはっきりした、唯一無二のブランド。
- ミラーの名を冠した各ブランドの間に互換性のある一貫したメッセージ。
- 我々がターゲットとする消費者がミラーに結びつけたいと思うメッセージ。

個性

いまのミラーにはないもの、個性を持つことが重要だ。消費者にミラーの個性として思い浮かべてほしい特徴は以下のものだ。

- 個性的であること。
- ビール以上のものであること。
- 力強さ、人を引きつける魅力を具現化していること。
- このカテゴリーの若いオピニオンリーダーにも、一般の大衆にも妥当性を持つこと。

意味

競争の激しいマーケットでは、「ビール」以上の何かを意味する価値提案を消費者から要求される。ミラーはその意味を広げて、以下のものまで含む必要がある。

- ミラーは、私のビールブランドだ。
- ミラーとは、はっきりした、多面的な特質を持った価値提案であり、それは消費者が機能およびエモーションのレベルで納得できるものだ。
- わかりやすく、コミュニケートしやすい意味。
- そのカテゴリーにおいて、ユニークで自分のものとできる意味。

妥当性

妥当性があれば常用される。それが欠けるブランドは消費者にとってその場限りのものでしかない。ミラーに必要な妥当性は次のようなものだ。

- 購入を動機づける妥当性。
- たまにではなく、日常的に飲む妥当性。
- 購入するビールブランドを決めるときにはいつでもミラーになる妥当性。

社会的容認

社会的に通用していることは、ビールというカテゴリーにおいては売れるための原動力である。そして、それはまたミラーに欠けているものでもある。ミラーは、自らをつくり直して以下のようなブランド（各製品）にする必要がある。

- すべての従業員は、誇りを持ってミラーをつくっている。
- すべての卸業者は、誇りを持ってミラーを売っている。
- すべての小売業者は、誇りを持ってミラーを特売の目玉商品にしている。
- すべての消費者は、誇りを持ってミラーを購入し、飲み、友人やゲストとそうした誇りを分かち合っている。

望ましい結果

これまで述べてきたすべてを行った最終的な結果は、ミラーブランドがあらゆる意味で勝者であることだ。コミットメント、支持、パートナーシップ、購入、そして消費は、ビールカテゴリーにおける重要な判断基準である。そして、それをどのように測ろうと、ミラーは従業員、卸業者、小売業者、消費者にとって、支配的な位置を占める存在になるのだ。

ミラーに我々が提案したデスティネーションは以下のとおりだ。

「ミラーは、ほかのブランドにはない、消費者の心をとらえ、わくわくさせ、心のつながりのある価値提案であるために、洗練された消費者も一般消費者もビールを飲む機会には好んで選ぶ、極めつきのブランドとして自ら再出発させた、（ジェネリックブランドではなく）唯一無二のブランドである」

価値提案——いまある場所からの飛躍

明快に定義されたデスティネーションは、企業をより効果的事業目的へ導き、マーケティング戦略の開発を手引きし、究極的には市場における成功をもたらしてくれるものだ。しかし、それを一文でまとめるとするなら、デスティネーション計画と、簡潔で必要十分のデスティネーション・ステートメントを書くことの真のゴールは、次のようになるだろう。「明確なデスティネーションは、あなたの価値提案は何か、そしてそれをいかに改善するかを明確にする」。

なぜ、このことがそんなに重要なのだろうか？　それは、価値提案が、あなたのブランドとビジネスを自分たちのデスティネーションへ推し進ませる触媒だからだ。しかし、価値提案とは正確には何なのだろうか？　では、こう考えてみよう。

詰まるところ、重要なのは、あなたのブランドがターゲットとする顧客にとって何を意味するか、そして、その顧客はその意味に基づいてどのように行動を起こすか、である。あなたのブランドが与える意味は、顧客の最大の問い「私には何をしてくれるの？」に対する、あなたの回答である。この短い言葉の中に、あなたの価値提案がある。

あなたの価値提案が効果を上げるためには、第2章で述べた三つの各レベルで作用しなければならない。

● 属性
● 機能面のベネフィット
● エモーション面のベネフィット

言い換えれば、あなたの価値提案には、消費者をバリューチェーンの中でより川上側へ押し上げるパワーがなければならない。ここで、前述の大手ケーブルテレビ会社の例を見よう。

今日、MCCは顧客の「私には何をしてくれるの?」に対して、いままでどおりの答えをしている。「我々は価格とプログラムの充実および顧客サービスを提供している」と。特別なものは何もない。MCCがすべきことは、より多く、より特徴ある、他社が提供できない、あるいはしない価値を消費者に与えることだ。だか

図表 14 ◉消費者のバリューチェーン化(MCC)

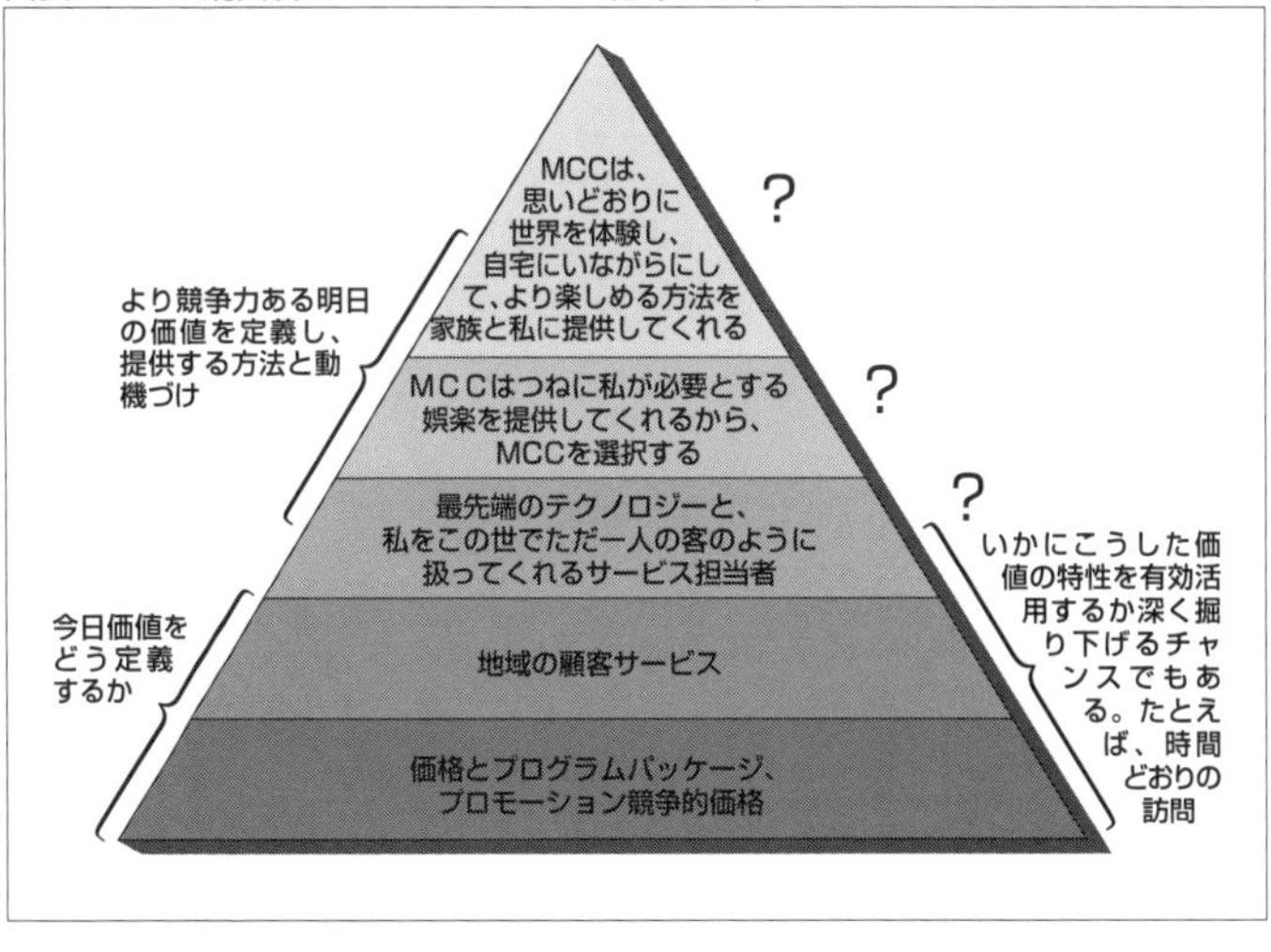
MCCは、思いどおりに世界を体験し、自宅にいながらにして、より楽しめる方法を家族と私に提供してくれる
MCCはつねに私が必要とする娯楽を提供してくれるから、MCCを選択する
最先端のテクノロジーと、私をこの世でただ一人の客のように扱ってくれるサービス担当者
地域の顧客サービス
価格とプログラムパッケージ、プロモーション競争的価格
より競争力ある明日の価値を定義し、提供する方法と動機づけ
今日価値をどう定義するか
いかにこうした価値の特性を有効活用するか深く掘り下げるチャンスでもある。たとえば、時間どおりの訪問
?
?
?

ら、次に「私には何をしてくれるの？」と尋ねたときに、消費者がMCCから得られるのは以下のような回答だろう。

- 最先端のテクノロジーと、私をこの世でただ一人の客のように扱ってくれるサービス担当者と巡り会った。
- MCCは、つねに私が必要とする娯楽を与えてくれる。
- MCCは、自宅にいながらにして思うがままの世界を体験し、より楽しめる方法を家族と私に与えてくれた。

より高度なベネフィットを重視することによって、MCCは価値提案を、「すでに期待していた」から「期待以上」へ、「画一」から「ほかとは違う」へ、と変化させつつある。

図表15 ◉タイム・ワーナーの価値提案

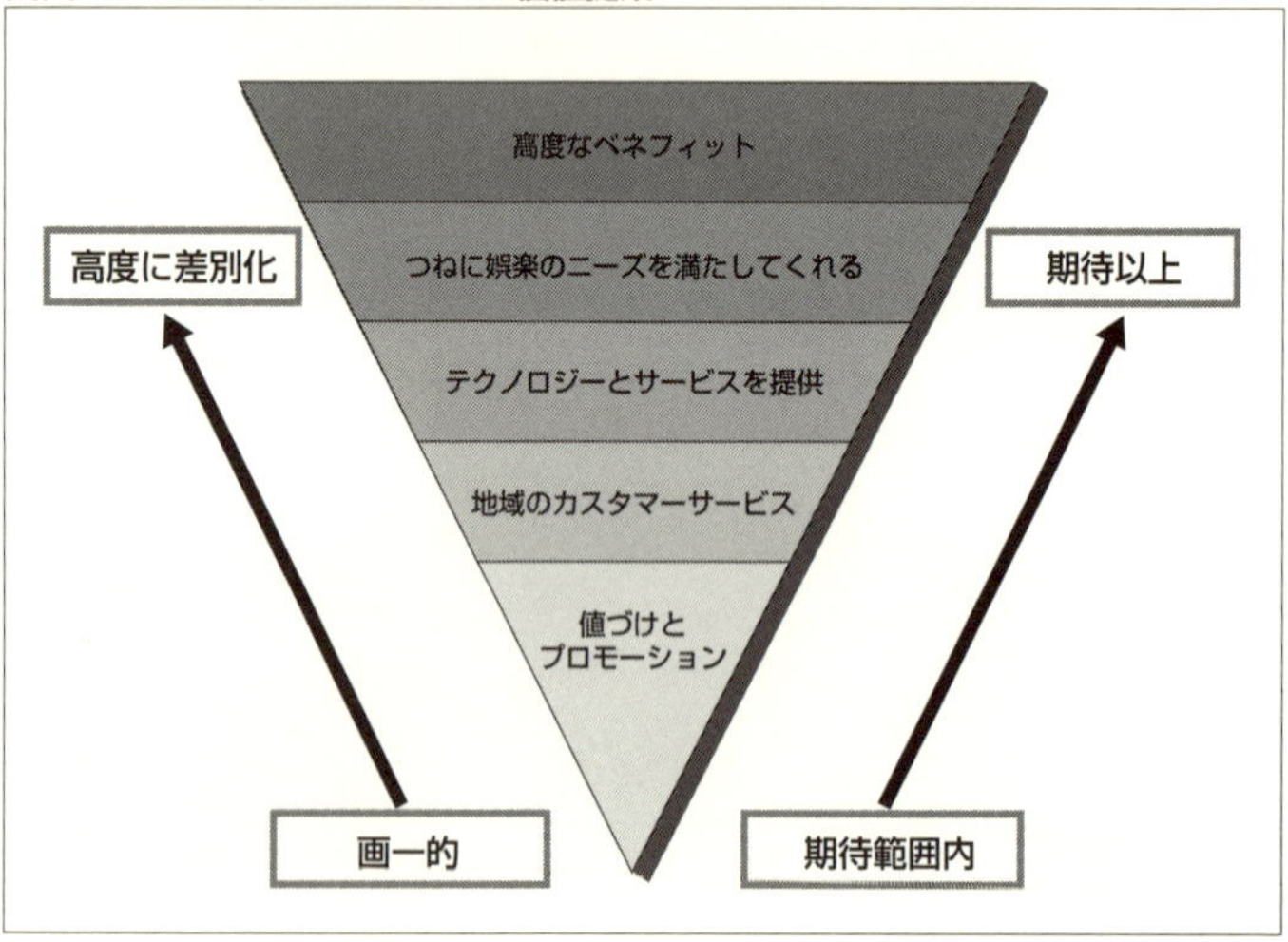

デスティネーション計画のプロセスは複雑に見えるかもしれない（正直、そうなりうる）が、実行する中で、しばしば予期せぬ、しかしきわめて価値の高い結果をもたらすことがある。ある大手採掘会社は、建設業界向け資材の一流プロバイダーになろうと決意した。しかし、掘削についてはひじょうに高く評価されているものの、成功するために必要と思われるサプライチェーンや販売のスキルがないことにすぐに気づいた。賢明にも彼らはそのプロジェクトを放棄した。利益が上がらぬまま、彼らのデスティネーション、つまり掘削した製品をたくさん売るという、彼らの行きたい場所へは遠回りすることになるであろうと気づいたのだ。

別のクライアントで、前述した役員クラスの人材斡旋会社は、デスティネーションを大きく変更した。もともとは、ＣＥＯおよびＣＦＯの人材を供給するトップ企業になろうとしていた。しかし、彼らの価値提案の中に、人材開発のトップの人材も含めて提案することができれば、ターゲットのクライアントにとって、より妥当性があり価値があることに思い至ったのだ。

結論

これまで見てきたように、あなたがどこへ行きたいのかを理解し、明文化できることが、あなたのリノベーションプラン全体にとって肝要である。リスクを冒すことを恐れてはいけない。簡単に行けるところではなく、本当にたどり着きたい場所を目指して、目標は高く持つのだ。同時に、デスティネーションをそれだけで策定しないよう、慎重に行うことだ。デスティネーション計画はそもそも未来に関するものだが、その根は現在にしっかりあって、資産、インフラストラクチャー、コア・コンピタンシーなど現在自分が持っているもの、していることに基づいていなければならない。

とはいえ、最も重要なことは、あなたのデスティネーションは、あなたのコア・エッセンスと合致していなければならないということだ。前の章で述べたように、あなたのコア・エッセンスは、あなたの顧客からもそうでない人たちからも等しく定義されるものであって、あなた自身が定義するものではない。理想的な、これぞ完璧という文案ができると興奮のあまり、顧客やそうでない人たちが実際にあなたの行くべき場所へ行かせてくれるのかどうかということなど簡単に忘れてしまうものだ。あなたには、コア・コンピタンシー、資産、インフラストラクチャーがあるだろう。しかし、もしもデスティネーションがあなたのコア・エッセンスにそぐわないものなら、あなたはリノベーションではなく、イノベーションをしてしまい、悲惨な結果を迎えることになるだろう。

第5章

Renovate Your Competitive Frame

原則3 競争的枠組みをリノベートせよ

自分の競争相手が誰なのか、あなたは本当にご存じだろうか？　あなたは知らないと賭けてもいいが、私は何もうぬぼれてそう言っているわけではないのだ。こんなことを言うのは、それがわかっているCEOや経営者にはまったく会ったことがないからだ。どうしてそんなことになるのだろうか？　簡単なことだ。たいていの人は、自分の競争相手とは業界のライバル、同じカテゴリー内の他社、あるいは似たような製品やサービスを提供する企業のことだと考えている。しかし、実際にはそれは競争のほんの一部にすぎないのだ。

あなたが本当に取り組むべき競争とは、あなたの顧客のお金と時間を狙ってあなたの商品に取って代わりうる、すべてのものと環境を意味している。それが第2章で紹介した「競争的枠組み」であり、あなたがこれまで考えてもみなかった多くのものがここには含まれる。これからお話しすることを明確にするのに役立ちそうな例をいくつか挙げてみよう。

外国車がアメリカ市場に参入しはじめた当初、GM、フォード、クライスラー（かつてビッグ3と呼ばれていた三社だ）は、のんびりとあくびをしていた。彼らはお互いだけを競争相手と見なし、輸入車が自分たちを脅かすときが来ようとは思いもしなかった。数十年後、トヨタがアメリカ市場で第三位となり、クライスラーはアメリカ企業でさえなくなってしまった。輸入車を見くびったことはビッグ3にとってその後何年もその代償を払うことになる過ちとなった。

一方、アウトバック・ステーキハウスは、自らの競争的枠組みをほかの着席式のファミリーレストランだけと定義することもできた。しかし、テイクアウトメニューを導入したことによって、競争的枠組みにドライブスルーやほかのファストフードまでも含まれることになった。それにより、アウトバックは、すべての家族向けの食事という、はるかに大きな市場におけるシェアの獲得競争に加わったのだ。ボストンマーケットも、スーパーマーケットで安価な冷凍食品ラインの販売を開始したことで、同様の状態をつくり出した。売上げは好調だが、それはボストンマーケットがまったく新しいカテゴリーにおいて、確固たる一角を占めるようになっているからである。

競争相手は、思いもよらぬ場所からやってくることもある。コークが最初にロシアの市場に進出したときに、我々は競争相手についての調査に多大の時間をかけた。そこで判明した結果に我々は愕然とした。我々の最大の競争相手はペプシでもなく、またローカルあるいはリージョナル・ソフトドリンクでもなかった。また、ウォッツカのストリチナヤでも消毒用アルコールでもなかった。なんと市バスだったのだ！　多くのロシア人には、コークを買い、かつ職場からバスに乗って帰れるだけの十分な収入がなかったため、どちらかを選ばざるをえなかったのだ。問題はそれだけではなかった。ロシアにおける競争相手は実質的にコーク以外のすべてのものだった。そして、そのことが旧ソ連における我々の全マーケティング活動に甚大な衝撃を与えた。世界のほかの国でやっているように味や飲料として競争する以前に、我々がしなければならないことは、コークには支払う金額に見合った価値があり、マクドナルドのハンバーガーや、キャンディーバー、アイスクリームコーン、雑誌、あるいはその他不要不急なものと比べ、コークは最高であり、そしていちばん満足できる投資である、と消費者を説得することだったのだ。

長い間、マクドナルドとバーガーキングは互いに、互いだけが競争相手と考えてきた。タコベルはメキシコ料理であって、彼らの競争レーダーには入ってもこなかった。しかし、タコベルが四九セントのタコスを打ち出すと、価格が消費者にとって一つの選択要素になり、突如としてタコベルのことを真剣に競争相手として捉えはじめた。値引きは怠惰なマーケティング戦略だとした先の私の主張に反するように思われるかもしれないが、それとは話が違うのだ。この場合タコベルが行ったのは、ファストフードを、いい品質でおいしいだけでなく、低価格のおかげで量的にも多く買うことができるものとして再定義することだった。そのアプローチは奏功し、タコベルはそのカテゴリーでの新しいプレーヤーとなった。それまで、マクドナルドは価値を売り物にしていた。マクドナルドは九九セントのバーガーを導入して応戦し、彼らの価値提案をボリューム（低価格）へと変えてしまい、売上げを大きく失った（タコベルのアプローチは、短期的にはうまくいったものの、長期的には自らを傷つける結果になったことは興味深い。ここ数年、彼らはいろいろな問題に苦しんでいるが、それは安くて量ばかりの食べ物というイメージが定着したことが一因でもある）。

もちろん、すべての会社が従来とは違う競争相手を捉えそこなっているわけではない。キャンベルは、吹雪の時期に特別広告を流しはじめたとき、暖炉の傍らでの憩い、雪かき、読書、部屋の水漏れを直すといった冬の競争相手として自らを打ち出すことで、もっとスープを売ることができることに気づいた。また、ゲータレードはインフルエンザにかかって失われた水分を補給する方法として自らを打ち出したことで、ゲータレードの競争的枠組みと競争相手は風邪やインフルエンザの症状緩和剤にまで広がることになった。

エイボンが実施したことを見てみよう。長い間、エイボンは個人のセールスレディを通じてのみ、メイクアップ化粧品を販売してきた。消費者がオンラインで化粧品を購入することを理解したエイボンは、オンラインカタログを導入した。そして、消費者は競争相手の製品をデパートやドラッグストアで購入していることに気づくと、今度はセレクトショップで販売する化粧品ラインをつくった。従来のエイボンレディはいまもエイボンのビジネスの中心的存在だが、オンラインと店頭販売製品群が加わったことで、エイボンの競争的枠組みが広がり、同時に売上げも拡大したのである。

フォーカスの罠

多くの企業が競争的枠組みを捉える際に、そしてビジネスのその他あらゆる局面においても犯す大きな過ちは、顧客のことではなく自分たちのことを考えるという罠に陥ってしまうことだ。自分たちのビジネスにフォーカスした会社は「我々と似たビジネスはほかに何があるか?」と問う。消費者にフォーカスした会社のほうは「我々の消費者にはほかにどんなチョイスがあるか?」と問うのだ。

自分の競争的枠組みを定義せよ

あなたの競争的枠組みをどのように定義するかは、機会の大きさ、消費者と競争相手の多様性、そして効果的な競争をするために提供すべきベネフィットなどに、直接的に影響する。競争的枠組みをひじょうに狭く定義することは一見無難に思えるが、多くの場合大きな間違いである。それはまさに二〇世紀初頭のアイスボックス・メーカー各社が行ったことだった。彼らは自らを氷保管庫としてビジネスを定義し、ほかの同業者を競争相手と見ていたのだ。鉄道会社も、ほかの鉄道会社を競争相手と考えているうちに、トラックや航空機によってすっかり時代遅れの遺物にされてしまった。

伝統ある大きなブランドをドブに捨てた企業には例えばスミス・コロナがある。一八八六年創業のスミス・コロナはタイプライターの代名詞となったが、今日ではもはやそのブランドにどれほどの価値もない。一九七〇年代になってパソコンが登場し、スミス・コロナの競争的枠組みは崩壊した。しかし、ＩＢＭが方向転換を図ったのとは異なり、彼らは相変わらずタイプライターを生産し続け、時代に取り残されることになった。もっと悪いことに、日本企業がより安価で気の利いたタイプライターをつくって、消えつつあるマーケットにおけるスミス・コロナの残りのシェアまで持って行ってしまった。今日、同社は破産状態にあり、もう自社製品をつくることはなく、輸入品にその名を冠したラベルを貼りつけている有り様だ。

＊＊＊

結論として、自らのコア・エッセンスと整合性を持たせて、競争的枠組みを広く定義するほど、購入される機会は拡大し、あなたが獲得する財布のシェアも大きくなるのだ。

第2章で述べたように、中には自らのフランチャイズをまったく新しいカテゴリーにまで拡大できるブランド価値と妥当性を持つ企業もある。そうした企業はあらゆる場所にいるので、目を光らせておいたほうがいい。いまは競争相手に見えなくても、明日のあなたの昼食は彼らのものになっているかもしれない。

重曹メーカーのアーム＆ハマーもそうした会社だ。どう見ても、同社はコモディティ・メーカーだ。彼らのホームページでは製品のつくり方を説明しているほど簡単につくれるものだ。はるか昔、アーム＆ハマーは「料理用重曹」メーカーとしてスタートを切った。以来、それは、「消臭剤」、「ペット用品」、「デオドラント」、「デンタルケア」用品などなど、すべて「純粋・天然のクリーニング剤」を謳ったものへ拡大していった。もしあなたが何らかの家庭用消費財市場で仕事をしているのなら、おそらくすでに彼らと競合しているか、遠からず競合することだろう。

あなたの製品は重曹ほど多用途なものではないかもしれないが、いかに自らの競争的枠組みを広げ、ブランドを拡大し、そこから多くの利益を得たか、アーム&ハマーから学ぶことは多い。また、関節炎の処方薬セレブレックスが最初に出てきたとき、これは「関節炎の薬」という枠組みの中で競争していた。しばらくして、彼らははるかに大きな「関節を元どおりに自由に動かせるようにする薬」という枠組みに移行することで、大成功した。

重要なポイントを説明するのに大企業ばかり例に出してきたことは私も承知しているが、私の言うことはことごとく小規模ビジネスにも同じように当てはまる。もしあなたが町のピザレストランを経営しているとしたら、競争相手は「地元のほかのピザ店」と定義するかもしれない。しかし、そこで終わってしまったら、あなたのビジネスは長くは続かないだろう。ドミノが(遅かれ早かれドミノがそうすることがあなたにはわかっている)あなたのマーケットで宅配を始めたとき、あなたは突然、時間節約と利便性の両方で優位性を持つ巨大な競争相手と競合することになる。たとえ、あなたのピザのほうがおいしいとしてもだ。さらには、ピザ好きな家庭が宅配をやめて、食料品店で売っている安価な冷凍ピザを買うようになるかもしれない。そして高級路線では、カリフォルニア・ピザ・キッチンの高級ピザ・パーラーと冷凍ピザが競争相手になる。料理をしたくない家族向けの比較的安価な料理を提供する、近所の中華やタイ、イタリアン・レストランもみな競争相手だ。そして、スーパーボウルが始まれば、ポテトチップとディップとも直接対決しなければならないことを覚悟したほうがいい。結論——さまざまな競争相手を想定してアグレッシブにビジネスを展開

図表 16　◉競争的枠組みとは何か？

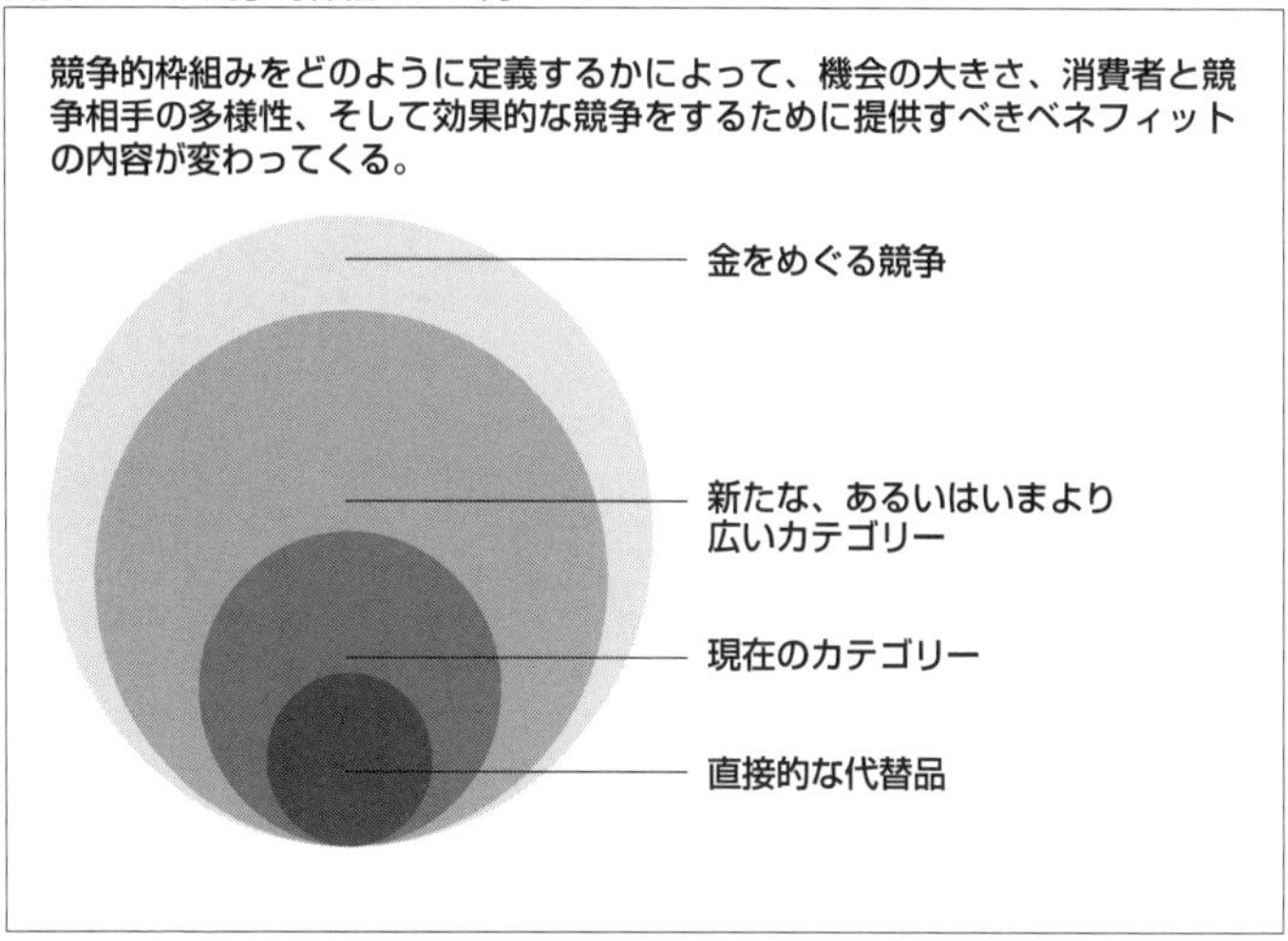

図表 17　◉競争的枠組みは変化する

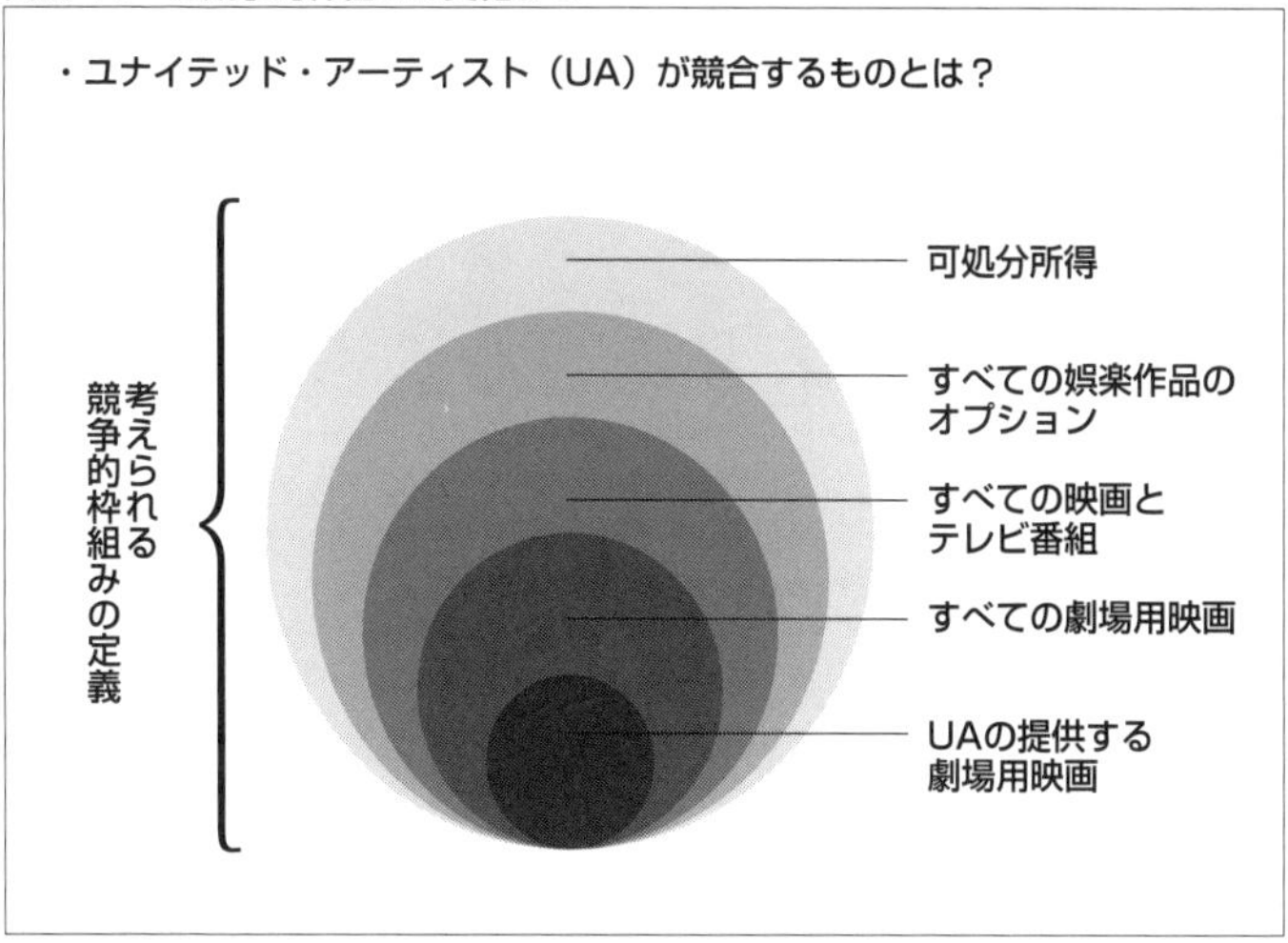

せよ、さもなくば瞬く間に売上げを失うだろう。

図表17では、映画会社のユナイテッド・アーティスト（UA）が競争的枠組みを定義するために持っている選択肢を見てほしい。

スターバックスも同じように数多くの選択肢を持っている。当初、彼らは、原材料費が五セントもしないようなコーヒー一杯で数ドルをとる方法を探る「コーヒーハウス」という枠組みの中で競争していた。しかし、新しい競争的枠組みを創造し、自分たちを唯一の競争相手とすることで、業界に激震を与えたのである。彼らはコーヒービジネスを社交的な体験として再定義し、友人とぶらりと立ち寄り、グルメ志向のカプチーノやエスプレッソ、ラテ、その他何であれ、好きなやり方でコーヒーを飲む場を提供した。彼らは独自の言語さえつくり出し、それが何を意味するにせよ「ダブル・デカフェ・グランデ・ハーフカフ・スキム」を提供する、街で唯一の存在となったのだ。

スターバックスは信じられないスピードで成長している。一ブロックにスターバックスが二軒ある通りにお目にかかることもあるほどだ。ただし、あまりにも大きくなりすぎ、どこにでもスターバックスがあるという状態は、無変化、差別化の欠如という危険もはらんでいる。

スターバックスは、新参者をこの社交的で「私流に飲む私のコーヒー」という枠組みに寄せつけないようにするのと同時に、コーヒーハウスを出て消費者の家庭へと競争的枠組みを拡大している。フォルジャースやマックスウェル・ハウスのような伝統的なブランドに対する挑戦するため、まずスーパーマーケットの袋入りコーヒーに手をつけた。それから、ペプシと友好的な物流機能の提携をして、瓶入りフラペチーノを市場導入した。これは、彼らがほかの朝用の飲料と午後のくつろぎ向けラテに対抗するものとしてポジショニングしたものだ。ついには、新製品ダブルショットで、マウンテンデューやレッドブルといった高カフェイン飲料にも対抗するようになっている。こうした新しい競争的枠組みをつくり出しても、スターバックスはすでにアメリカ市場では飽和状態にあるため、海外進出を進めている。そこでうまくいけば、彼らはまた競争的枠組みを拡大して、行かずにはいられなくなるような新たなコーヒーハウス体験を創造しなければならない。そうなると、スコーンや朝のマフイン以上のものを提供するなど、食品での勝負になっていくだろう。

　ある意味で、こうした挑戦はアメリカ大統領候補が直面する挑戦に似通っている。候補者の

図表 18　◉経験に関する競争的枠組みは広い

・スターバックスと競合するものは何か？

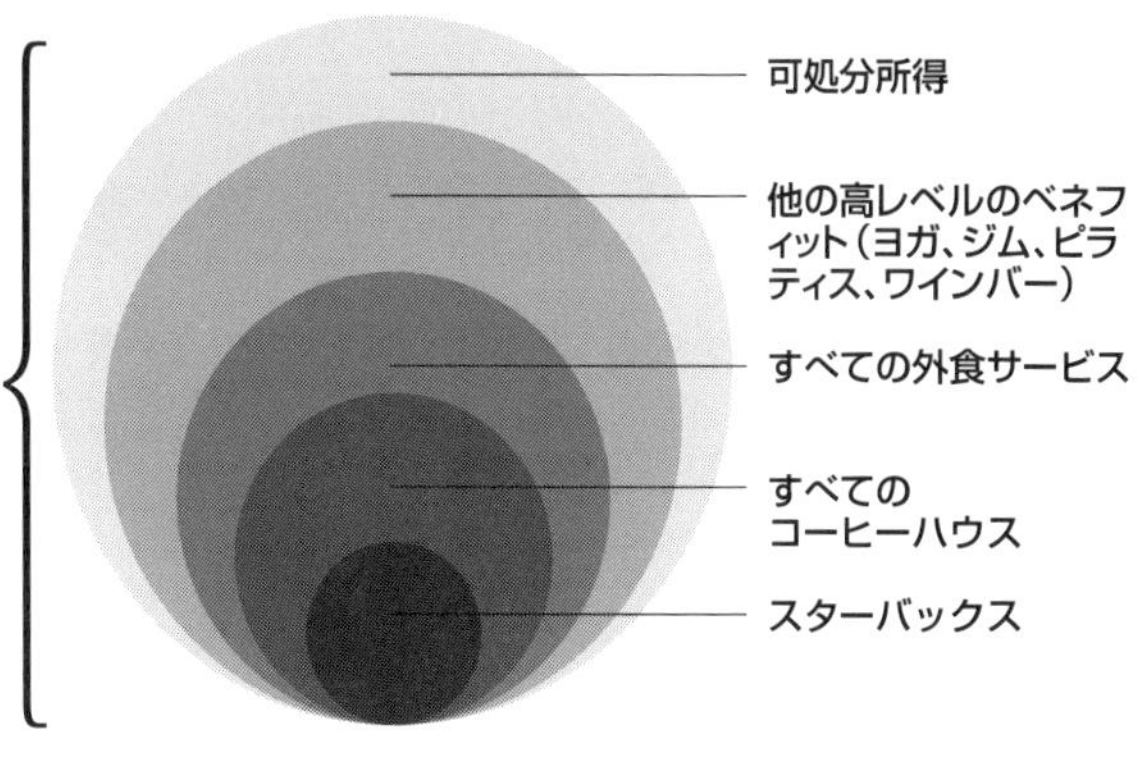

多くは、きわめて小さな競争的枠組みである、ローカルな選挙戦からスタートする。選挙キャンペーン前は、南部以外ではほとんど誰もビル・クリントンやジミー・カーターの名前は聞いたことがなかった。しばらくして、各候補は二手に分かれ、共和党か民主党かどちらかの枠組みの中でそれぞれ数人が全国規模の競争をする。各枠組みから一人の勝者が浮上すると、彼ら勝者は、今度は全米という枠組みに拡大して、自分の価値提案、すなわち誰もできないが自分なら提供できるものが、自分の党だけでなく、少なくとも向こうの党にいる一部の人々にとっても妥当であることを確実にしなければならない。

どうやって差別化するのか?

明らかに、ブランド化している製品やサービスは、どの製品やサービスをとっても違いがないと思われているコモディティとはひじょうに異なっている。コモディティの価値を決める唯一の要素は価格である。品質は、あなたが消費者にとくと説明し、高い値段を払うよんどころない理由を与えない限り、どれも同じと見られている。

一方、差別化は、そこから価値が生まれるところであり、あなたとその他大勢を区別するものである。差別化とは、消費者に対して、なぜ競争相手を差し置いてあなたの製品を買わなければならないか、明快なメッセージを送ることだ。差別化の裏にある中心的哲学は、消費者は違いのないものは買わないという確信だ（たとえコモディティであっても、消費者はどれがいちばん安いかという基準で差別化している）。ブランドの価値を築き、売上げを加速する唯一の方法は、消費者に妥当なエモーション面のベネフィットを与えることに尽きる。信じられないだろうか？　何一つなじみのブランドがないような国で食品の買い物をしてみるといい。どのブランドを買うべきか決めるのに相当苦労するはずだ。

妥当性のあるエモーション面のベネフィットを提供するということは、コロラド州、ユタ州におけるトップクラスのスキーリゾート、アスペン／スノーマスがまさにすべきことだ。伝統的なスキーリゾートのマーケティングが、スキーの機能面でのベネフィットを中心に扱ってきたため、たいていのスキーヤーはアスペン／スノーマスと、ブレッケンリッジやベイルなどほかのスキーリゾートとの間に、特に際だった違いを認めていない。どこも代替可能であるため、スキーヤーはいきおい価格で決めることになる。

話を先に進める前に、重要なことをいくつか紹介したいと思う。ブランドが選ばれるための私のモデルだ。

● **競争参加資格**――あなたは、消費者のレーダーの前に姿を現す前に、まず消費者の候補リスト、つまり消費者が買おうと考えている企業やブランドの中に入らなくてはならない。そうするための唯一の方法は、「競争参加資格」という提案を持ち合わせていることだ。これは、誰かがあなたに注意を向けてくれる前にあなたは彼らの基本的な要求に応えなければならない、ということをしゃれた言い方で言ったものだ。そうした要求には目に見えるものもあれば、見えないものもある。消費者はそれを購入決定のために使うこともあれば、使わないこともある。しかし、競争参加資格について確かなのは、バーの高さはつねに上がる一方だということだ。

アメリカン航空がマイレージサービス・プログラム「アメリカン・アドバンテージ」を始めた頃のことを覚えておいでだろうか？　当時顧客はこの新しいサービスが気に入り、ポイントを稼ごうと盛んにアメリカン航空に乗ったものだ。しかし今日では、ロイヤルティ・プログラムは誰もがやっており、マイルを稼ぎ、あるいは無料のホテル宿泊や、食事券などをもらうために飛行機に乗ったりしない。こうしたマイレージ・プログラムは、コストが高くつくにもかかわらず、新たなロイヤル・カスタマーをほとんど生み出さない。しかし、これは競争参加資格の一部であって、もしやらなかったら、それは破滅のもとだ。

アスペン／スノーマスの場合、競争参加資格は、雄大なロッキー山脈でのスキー、複数のスキー場へのアクセス、待ち時間のないリフト、豊富な積雪量、そしてスキー学校だ。いい属性ではあるのだが、ビジネス拡大の助けにはならないだろう。しかし、そのどれ一つが欠けてもあなたのビジネスには必ずマイナスになるものだ。

● **差別化要因**——競争相手と差別化する、とは、その他大勢とあなたを分けるものは何かということだ。それは人に動機を与え、その決定に影響を及ぼすことができるものだ。しかし、それは大切ではあるが、差別化それ自体は売上げを伸ばすものではない。「差異」は、それが生じる以前に、妥当性を持たなければならない。アスペン／スノーマスは、その特別な雰囲気、すばらしい人々、文化を持っている。しかし、ほかのリゾートにも同様のものはある。アスペンにあってほかにないものとは、魅力的な属性をたくさん備えたアスペンの町である。正統派スキータウン、誰にとっても楽しめるものが何かあり、贅沢かつ高価なことで有名、そして世界のトップクラスであることだ。こうした属性のほか、アスペンにはいくつかの機能面でのベネフィットがある。観光客には雪山と同じぐらい町でも楽しみがたくさんあり、そこにいるだけで自分に対してリッチなご褒美をあげている気分になれるのだ。

その町とアスペン体験のプロモーションは何も冬と雪だけに限らない。ほかの時期にも、コンサート、競技会、フェスティバル、展覧会などが考えられる。ただの「コロラドのスキーリゾート」を超えるものとして競争を考えることによって、アスペンはそのブランドを拡張する新しい道をいくつも発見し、その恩恵を受けることだろう。

同時に、差異がすべてプラスに働くわけではないことを忘れてはいけない。アスペンの町は、高価で、行きにくく、スノッブな（お高くとまった）、つまり人を遠ざけることにもなりかねない点でも知られている。これは、メキシコで言うところの「犬にはシラミがつきもの」だ。アスペン／スノーマスにとっての挑戦は、より広く存在する中間層よりもやや上の層にアピールするような、町の好ましい属性を強調して訴えかけることだ。そうするためには、アスペンのプラスの属性を強く際だたせることによって、より創造的な顧客との対話をアスペン主導で行っていく必要がある。

●

プリファランス（優先的選択）——これは神話に出てくる「金の羊毛」だ。もしも顧客にあなたの製品なりサービスなりを商品以上のものとして気に入って選んでもらえれば、しめたものだ。顧客のプリファランスを獲得することで、あなたは、ほかのどんな要素よりも早くあなたのブランドをそのカテゴリーでのリーダーに押し上げることができる。

アスペン／スノーマスの属性は、行きにくいところだが、行くだけの価値は十分にある、ということだ。そしてこの業界で最高のサービス水準という評価も受けている。一言で言えば、最高のスキーリゾートがそこにあるということかもしれない。しかし、何度も言うがそれだけでは十分ではないのだ。機能面でのベネフィット（そして差別化のポイント）には、豊富な積雪、理想的なスキーコンディション、高速リフト、たくさんあるレストラン、そしてまったくユニークな各種娯楽をパッケージとして享受できることがある。うん、だいぶよくなってきた。しかし、アスペン／スノーマスを「ほかと違う」から「ここが好き」に変えさせるものは、エモーション面のベネフィットなのだ。つまり、日常のあれこれから解放されたと感じる、そこでは毎日特別な催しに参加できる、ただただ楽しい、アスペンという名

図表 19 ◉アスペン／スノーマスに推奨するブランド構造

	競争参加資格	差別化要因	プリファランス
	理想的なロッキー山脈のスキー	わくわくするアスペンのスキータウン	究極のスキー休暇の体験
エモーション面のベネフィット			・毎日が冒険 ・日常からの解放 ・楽しいの一語 ・最高にわくわくする
機能面のベネフィット		・山の上でも山を下りても楽しい ・あわただしい生活へのご褒美	・積雪の多さと最高のコンディション ・優れたトータルパッケージ
ブランドの特性	・それほど混雑しないスキー場 ・4つの山へアクセスできる	・正統派スキータウン ・名声と評判 ・万人向け	・なかなか行きにくいが、選択する価値がある ・最高レベルのサービス評価 ・最高のスキーリゾートがそこにある

前を聞いただけでぞくぞくする、そこでは退屈することは決してない、といったことだ。

とはいえ、こうしたプリファランスは生きものだということを忘れないでほしい。あなたをユニークたらしめているものについて、なぜそうしたものが重要なのか、なぜほかではなくあなたのブランドを買うべきなのか、という消費者の心理に対する理解をつねに新たにしなくてはならない。それをしないと高くつくことになるだろう。

図表19は、ブランドが選定されるモデル全体をまとめたものだ。

ヨーロッパの通信事業――プリファランス確立のケーススタディ

ヨーロッパのモバイル通信事業は、携帯電話の普及率が約一四パーセントだった一九九七年以来、三〇〇パーセント以上の驚くべき急成長ぶりだ。ところが、二〇〇一年の市場浸透率は約七〇～七五パーセント、二〇〇四年は、成長曲線が横ばいになると見られる八〇パーセントから八五パーセントに達すると見られている。こう書くと実にすばらしい成長に見えるかもしれないが、マイナス面もある。というのは、市場にはこれ以上新しい顧客はもういないということだからだ。つまり、これから携帯電話を買おうという人はほぼすべて、すでに持っている人というわけだ。

まだそうでないとしても、じきに通信業界の全体が浮き足立ってくるのは時間の問題だ。マーケティングのやり方に抜本的な変更を余儀なくされるからだ。市場に存在する初めて買う客層が少なくなることによって、彼らのフォーカスは、市場浸透率アップと新規顧客の奪い合いから、既存顧客とその使用頻度の増加へとすでにシフトしはじめている。長期的に生き残るためには、いかにうまく顧客のブランドスイッチング（買い換え）を減らせるかが一つのカギだ。

今日、ヨーロッパの携帯電話利用者には多くのオプションがある。実際、我々が話を聞いた人たちは、オプションが多すぎて、どこから始めていいのか見当もつかないと言っている。なお悪いことに、消費者は企業間にほとんど違いを認めていないのだ。各企業が提供するサービス地域、信頼性、顧客サービス、備えている最新テクノロジーといった、機能面のベネフィットはほとんどどれも同じと見なされている。プロバイダーは信頼でき、親切で、問い合わせも気軽にでき、好感が持って、顧客のニーズを理解しており、問題を解決してくれる、といったエモーション面のベネフィットも同等と見られている。

いま私が説明したことは、マーケティングの「パーフェクトストーム」であり、こうした差異のない市場が行き着く先は、顧客の激しい移動である。携帯電話利用者のほぼ四分の一（二三パーセント）は電話会社を少なくとも一回は変えたことがある。なぜか？　それはおそらくあなたが考えているような理由からではない。価格が、契約あるいはプリペイドの顧客が他社へスイッチする最大の理由だった。驚いたことに、満足しているかどうかはその理由のトップ10にも入らない。実際、契約期間の途中でやめた顧客の八〇パーセントがサービスを受けていた間「とても満足」あるいは「だいたい満足」していたのである。

それでは、このような環境で企業はどうやって生き残ることができるのだろうか？　明らかに値下げは応急手当にはなる。ただし、しばらくの間はうまくいっても、いずれ値下げ合戦になり、結局は利益を犠牲にすることになる。唯一の解決法は、ブランドのプリファランスを確立し、解約を減らすことだ。この考え方の重要性を示すために、ヨーロッパの携帯電話マーケットにおける主要プレーヤー、ボーダフォンの例を見てみよう。

ボーダフォンは世界中で一億二二〇〇万人の顧客を持ち、解約率は月一〜二パーセント、年にして一五〜二〇パーセントだ（別の言い方をすると、毎月約二五〇万の顧客を獲得しているが、ちょうど同じぐらいの解約がある）。他社の解約率も同じと仮定すると（実際そうだが）、ボーダフォンは一年かけて、失うのと同じ数の顧客を取り戻す、というゼロサム・ゲームをしているわけだ。そこにプリファランスの入り込む余地がある。

もしボーダフォンが自らのブランドを差別化する、有意義な方法を見出して、このプリファランスを増進できれば、「解約予備軍」としての既存顧客は少なくなる。そしてパーセンテージの一ポイントが一〇〇万以上の人を表すとするなら、解約率を二〇パーセントから一九パーセントに減らすことは、かなり大きな影響を持つ。同時に、このブランドをプリファランスの選択肢にできれば、ボーダフォンは他社の「解約予備軍」のかなりの部分を取り込むことができる。前述のとおり、差別化は高い価格設定を可能にするので、コモディティに要求される低価格化も避けられる。問題は、ボーダフォンの競争相手が最終的にボーダフォンの価格に合わせてくることで、再びコモディティ価格が焦点になることだ。

別のオプションもある。携帯電話会社は、自分の競争的枠組みは携帯電話だ、と型どおりに考えている。その枠組みをすべての電話通信にまで広げたらどうなるだろうか？　あるいはいっそのこと、携帯電話、固定電話、直接対面、Eメールなど、あらゆる種類のコミュニケーションと捉えてみたら？　ボーダフォンはまさにこのことを実行中で、いまではインターネットアクセス、Eメール、携帯電話メール、ファクス、ゲーム、そしてエンターテインメントなど多様な機能を提供している。うわさ話が好きなティーンエージャーから飛行機で飛び回る重役までひっくるめて、携帯電話をすべての人のコミュニケーションに欠くべからざる一部にしようとしているのだ。

本書の後半で、（ボーダフォンのような大きい会社も町のクリーニング店のような小さい会社も）企業はどうすれば顧客をつなぎとめることができるかを述べていく。しかし、ここでは、顧客をつなぎとめることによる恩恵は膨大である、そして、その意味はすぐに理解できるだろう、と言うにとどめよう。

差異が期待ほどではない場合

ふつう、新しい競争的枠組みに入っていくとき、消費者のニーズと欲求を満たす明確な差別化ポイントを確実に提供したいと思うものだ。こうした差別化ポイントは、属性とベネフィットの両方、あるいはどちらかの形になるのがふつうだ。あとは、あなたの会社がその属性とベネフィットを実際に提供できるかどうか、それらを競合他社と比較してよりうまく提供できるかどうか、の問題だ。

しかしご用心。差異が大きすぎると自分を傷つけてしまうこともあるからだ。ダヴは何十年も「デリケートな肌のための石けん」という枠組みにおける主要なプレーヤーだった。ダヴが「食器用洗剤」ビジネスにまで拡大したということは、彼らにとってはおそらく自然な展開だと思えただろう。特に、洗いものをしながら手荒れを和らげる製品を投入したときには。しかし、「デリケートな肌のための石けん」から「食器用洗剤」への参入はあまりうまくいかなかった。というのも、食器用洗剤を買う消費者は、食器をきれいにすることに主要な関心を持っていたからだ（おもしろいことに、すでに「食器用洗剤」の枠組みにいたパルモリブは、ネイルサロンでお客の手を手入れするマッジというマニキュアリストが出てくる広告で、「デリケートな肌の人のための食器用洗剤」の枠組みに参入することに成功した）。

最近ダヴは、当たれば劇的に競争的枠組みが拡大すると思われる強気のキャンペーンを立ち上げた。大規模なリサーチの結果、現在の顧客（ほとんどは女性）がダヴのシャンプーとコンディショナーをぜひ使ってみたいと考えていることがわかったからだ。同社はさらに一歩踏み込んで、ダヴ・ブランドのヘアケア、デオドラント、ボディウォッシュ、スキンローションといった、基本的に女性が体を清潔に保つために必要なものをすべてそろえた製品ラインをつくり出した。全体で一億ドル以上を、クーポン、ディスカウント、試供品プレゼントを含むこの新しいラインの試用と製品の広告に使って、売上げ拡大に努めている。もちろん試しに使ってみることと継続的に購入することはまったく別物だ。しかしこれがうまくいけば、ダヴは大成功を収めることだろう。

＊＊＊

もしも現在の事業とは異なる競争的枠組みへ参入することを計画しているのなら、消費者があなたにプレーさせてくれる新しい場と、自分のブランドが十分な妥当性を持っているかどうかを確認すべきだ。もしあなたの提供するものが他社のものと違いすぎていたら、すでにそこにいる面々と同じ土俵で競争することはできない。たとえば、フィラデルフィアは、クリームチーズということだけでなく、朝食のトーストにバター代わりにつけるものとして競争することで、みごとに自らの競争的枠組みを拡大した。ただし、もしフィラデルフィア・チーズに紫外線をブロックする絶大な効果を見つけたとしても、フィラデルフィアが一般のSPF-30製品に代わるものとして受け入れられるかどうかはきわめて疑問だ。

一九九〇年代の半ば、同様の状況にあったトゥームストーン・ピザは、それに実に的確な対応をした。トゥームストーン・ピザ（現クラフト傘下）は、自らの競争的枠組みを、当時約二〇億ドル産業だった「冷凍ピザビジネス」と定義していた。しかし当時の事業部長ベッツィー・ホールデンは、一七〇億ドルの市場規模を持つ「テイクアウトと宅配を含む、家庭内消費されるすべてのピザ市場」へと枠組みを拡大しようと考えた。当然、それだけ大きなマーケットへの参入は、できたての宅配ピザの代替品か、それ以上のものとして捉えられる必要がある。そこで彼らは、レシピに手を加えて、見た目をよくし、味をよくし、パッケージに手を入れ、「宅配じゃない、これはディジョルノ」と銘打って、ディジョルノ・ピザが生まれた。これは、すばらしい成功を収めている。

拡大では十分でない場合――マイクロソフトのXボックス

枠組みの拡大では不十分と判断して、自社のブランドをまったく異なる競争的枠組みへ投入するとしたら、どうすればいいのだろうか？　簡単な答えは「慎重の上にも慎重になれ」だ。まあ、それはできないこともないだろうが、資金力のない会社には向かないことだ。ある分野で企業が有名になればなるほど、別の分野でも成功できることを消費者に説得することが難しくなる。マイクロソフトがゲーム機の分野に参入した例を見てみよう。

一見したところ、ソニーや任天堂と張り合うのに、マイクロソフトがテクノロジーにおけるケタ外れに高い実績を有効活用することは、なんら問題はないように思われる。しかし、そうではないのだ。マイクロソフトは、現実には以下のような多くの大問題に直面している。

● **ゲーム機では、実績や信用がない**――エンターテインメントでの実績が十分で、消費者がプレイステーションを受け入れたソニーとは違って、マイクロソフトのソフトウェアでの実績と信用をハードウェアに置き換えることはできなかった。長年ゲームをしている人たちに話を聞いたところ、「マイクロソフトがゲームシステムをつくるなんて考えられない」とか、「ゲームにマイクロソフトの出番なんてないよ」と口々に言っていた。マイクロソフトのパソコンゲームに対する専門知識では話にならない。多くの人はパソコンのゲームはのろくて、つまらなくて、洗練されていないと感じているからだ。

● **マイクロソフトの企業イメージがこのカテゴリーのイメージに合わない**――プレイステーションが遊ぶものと受けとめられているのに対し、マイクロソフトは仕事や学校のもの（「パソコンって、タイプとワープロでしょ」）と受けとめられている。ゲームをしている人たちの多くは「宿題をするためにプレイステーションのところへは行かないが、家のパソコンのところへは行く」と考えている。また、マイクロソフトはつまらない、プレイステーションはおもしろいと思われている（「マイクロソフトとプレイステーションはまるで別のものだ。パソコンのスイッチを入れたときに、うれしくて飛び上がったりはしないだろ？」）。

● **機械の信頼性の不安**——マイクロソフトの信頼性については疑問視されており、システムがフリーズして、「死のブルースクリーン」になってしまい、せっかくのゲームを台なしにされることが懸念されている。

● **すでに確立した競争相手が多数いる**——ソニーのプレイステーション、そして「ニンテンドー」がすでにこのマーケットで確固たる地位を築いており、ゲーム愛好者も既存のブランドに満足し、かつひじょうに高いロイヤルティを持っている。

● **今後の製品の展開方向性があいまい**——マイクロソフトのXボックスは、将来の拡張に備えてひじょうにフレキシブルな製品となっている。リビングルームにまで入り込んできて、ついには家庭向けエンターテインメントを乗っ取る、マイクロソフトの「トロイの木馬」だ、と一部の消費者やメディアは捉えている。こうした認識の問題は、ハイテク製品について何か不明な点があると消費者はふつう財布の紐を締めてしまう、ということだ。

こうした障害があれば、たいていの企業は店を閉めて最も得意な仕事に戻るものだ。が、マイクロソフトには、補って余りある、あるいは少なくともマイナス面を相殺できると思われるプラス面があった。

- **カネ、カネ、カネ**――マイクロソフトには、やりたいことなら何でもできる底なしの財源があり、粗悪で欠陥のあるシステムを出すわけがない、と消費者は信じている。実際、Xボックスはいくつものデザイン賞を受賞している。
- **接続性**――インターネットを使ったゲームが将来大きな分野になると見られており、消費者は、マイクロソフトのインターネットでの実績が有利に働くと感じている。
- **テクノロジーのオーラ**――マイクロソフトはテクノロジーのイノベーターではないが、そこの専門知識を持った存在だと認められている。そしてコンピュータが直接的にゲーム機と結びつくとは考えていなくても、その総合的なテクノロジーのノウハウはゲームに流用できると消費者は確信している。
- **パートナー**――マイクロソフトは最高のゲーム開発者を雇い、彼らの名前を利用し、マイクロソフトシステム上でプレーしてもしなくても、消費者が持つべきゲームを生み出すという評判を確立した。

こうしたプラス面とマイナス面を秤にかけて、マイクロソフトはXボックス導入にゴーサインを出したのだ。そのゴールは世界のゲーム機のリーダーになることであるが、それを達成するためには、辛抱しなければならないことも彼らはわかっていた。ゲーム機はマイクロソフト・ブランドの自然な展開ではないことも理解していた。しかし、（うぬぼれや傲慢でなく）自信を示すことで、最終的には彼らの行きたいところへ到達できると感じていた。

最初の一歩はXボックスを導入し、真剣な競争的枠組みに入ることだった。次のステップは、競争相手とはっきり差別化するようなやり方でXボックスをポジショニングすることだ。そのポジショニングは以下の三本の柱から成っている。

- **未来のテクノロジーを先取り**――マイクロソフトは、最もリアルなグラフィックを可能にし、ユーザーがそれまでに想像もしなかった能力を発揮できる、独自開発のチップにフォーカスした。
- **世界でもトップクラスのゲーム開発者の傑作ゲーム作品**――最高のゲーム体験を可能にするため、ソフトウエアのノウハウを駆使して、ゲーム開発者とともに高パフォーマンスプラットフォームの設計を行った。マイクロソフトは、アクション、スポーツ、レース、格闘といった、すべてのジャンルのエキサイティングな作品を制作し、二四か月のスケジュールで新作をリリースすることを約束した。
- **将来の最先端オンラインゲームへ**――最先端技術というポジショニングを強調するため、彼らはブロードバンドを利用するシステムを設計した。これは、顧客がダイヤルアップモデムを捨てればすぐそこに、オンラインゲームサイトとダウンロードできるゲームを含む、究極のオンラインゲーム体験ができるXボックスがあることを約束するものだ。

現時点では、マイクロソフトの戦略が正しいか間違っているか判断することは難しい。Xボックスはいまだに損失を出しており、コンテンツは物足りないと受け取られている一方、プレイステーションはライバルに大きく水をあけてナンバー1だ。しかし、Xボックスは手強い競争相手であり、ポテンシャルはそこにある。そして「トロイの木馬」説が少なくとも部分的には正しくなるチャンスがあるのだ。つまり、Xボックスは、マイクロソフトの競争的枠組みを、家庭向けエンターテインメント製品という、より幅広い領域にまで広げることに役立つからである。

結論

第1章の終わりで、私は、リノベーションを行うときには、コア・エッセンスを保持することがいかに重要か説いた。同じことがここでも当てはまる。

あなたのコア・エッセンスを錨、そしてあなたの競争的枠組みを錨とあなたの船である会社をつなぐ鎖と考えることだ。コア・エッセンスでしっかり固定してあれば、あなたはその周囲をおおいに動き回ることができ、機会、それもただの機会ではなく、成功のチャンスとなるものだけを生み出すことができる。鎖の長さが足りなくなった場合、あなたは選択をすることになる。あなたをつなぐ鎖より遠くに行こうとしなければ、あなたはリノベーションを行い、安泰だろう。しかし、鎖を切ってしまえば、あなたはイノベーションをすることになる。そしてコア・エッセンスのたどってきた航跡を見失い、やみくもに漂流することになるのだ。

第6章

Renovate Your Segmentation

原則4
セグメンテーション手法をリノベートせよ

セグメンテーションの目的をシンプルに言えば、利益を最大化するために、マーケット、顧客、あるいは消費者をグループ化することだ。従来、セグメンテーションは、デモグラフィックス（人種、年齢、職業、性別、学歴、配偶者関係、地域）やサイコグラフィックス（ライフスタイル、支持政党、関心事）の要素や購買行動（趣味、購買の頻度や数量）に基づく、整然とした予測可能なグループに分けて行われている。しかし、どんな要素や、要素の組み合わせが使われていても、想定されていることはそっくり同じものだ。つまり、そのグループに属する人はみな同じように行動するということだ。同じ雑誌を読み、同じテレビ番組を見、同じタイプのレストランで食べる、などなど。したがって理論的には、各グループはそれぞれ異なるプロモーションや広告に反応するので、消費者にとってより妥当性を持ち、彼らのニーズに合った製品やメッセージをつくることで、効率的に彼らに狙いをつけることができるというのである。

あなたの会社でも、すでに顧客セグメンテーションを行っているかもしれないし、そのやり方に満足しているかもしれないが、新説にも耳を貸すような気持ちでこの章を読み進めてほしい。というのも、これからお勧めする方法でセグメンテーションのやり方をリノベートすれば、あなたに多くの利益をもたらすからだ。そして、たとえ理想的なターゲット顧客層の年齢、性別、地域、配偶者の有無にマッチしていても、あなたの製品は買わない「幽霊顧客」の後を追いかけなくてすむのだ。

表面的には、従来のセグメンテーション・モデルは、理にかなっており、マーケティング・リサーチにおいて最も広く使われる戦略的手法だ。そうした情報は多少値が張ることもあるが、手に入れるのはきわめて簡単だ。ニールセンやその他こうしたデータを提供する会社に注文すればいいのだ。ニールセンに依頼するほどの資金力がない小さな企業は、ビジネスを展開する地域で既存の、および潜在的な顧客を調査することで、かなり割安に同様の情報を集めることができる。

しかし、考えてみると、こうした従来のセグメンテーションは、実際にはまったくセグメント分けしていないのだ。実際には、容易に性格づけや識別ができるようなグループに消費者をまとめていると言ったほうがいい。こうしたグループ分けはすべて過去のことを対象にしている。過去のデータを参照して、未来の行動を予言しようとするものなのだ。今日もこうしたセグメンテーションは行われているが、決してよい結果は生み出していない。もちろん、消費者を整然とグループ分けしてはいるが、それはあなたのマーケティングアクションに実効があるやり方にはなっていないのだ。この方法でわかるのは、あなたの顧客は誰かであって、「なぜあなたの製品を買うか」ではない。顧客がどこにいるかはわかるが、利益を増やすために彼らに対して何をすべきかはわからない。あなたのブランドの売上げを増やし、消費者にとって妥当性のあるブランドにする機会があったしても、このようなセグメンテーションにはできることはほとんどない。そして、現在どういうことが起こっており、将来的にあなたが提供するものを改善するために何をすべきかについてもほとんど何も教えてはくれない。

もちろん、従来のセグメンテーションも、少なくともそのやり方の一部がまさにぴったりくる会社もある。たとえば、コスモポリタン誌なら、性別に基づいたセグメンテーションは実に適切だし、ブラックエンターテインメント誌も人種に基づいたセグメンテーションは正解だ。しかし、この両社でさえ、この章で述べるセグメンテーションを使えば、はるかに大きな利益を得られるはずだ。

同じ人口統計グループに入る二人の人物（たとえば、三五歳男性、MBAを持っていて年収一五万ドル、既婚で子ども二人、クルマはBMW）であっても、携帯電話の使い方はだいぶ異なるだろう。片方は、携帯電話で最新のスポーツの結果を知り、仕事中に自宅アドレスのEメールをチェックする。もう片方は、妻から写真や食料品の買い物リストを携帯メールで受け取っているかもしれない。いかにこの二人に共通点が多いからといって、同じ携帯電話の通話プランを販売しようとしても、それは時間と金のムダだ。

従来のセグメンテーションのいちばん悪いところは、おそらくこれが寄生虫でありながら、完全に宿主を乗っ取ってしまうことだ。いったんマーケットを性別、年齢、収入、行動などでグループ分けすると、あなたのビジネス全体が変わってしまう。それら特定のグループに販売するノウハウを持つ、販売とマーケティングの人間を雇わなければならなくなる。そのグループにアピールするだろうと思われる製品や特徴も打ち出さなければならなくなる。そして、広告代理店に金を払って、（しかも彼らは、あなたと同じところからセグメンテーション・データを入手している）全競争相手と同じように、女性、あるいは左利きの人といった、ひじょうに大きなグループに向けてそれぞれコマーシャルをつくらなければならない。そこには、競争優位性はないのだ。

まったく新しいセグメンテーションの考え方

従来の手法を使ってあなたのマーケットをセグメント化すると、次のように定義される。

- **有意義で各セグメントに独占的**——セグメントは、それぞれ独自の特徴を持っていて、ほかのセグメントとは大きな違いがあるはずだ。かつ、個々の顧客はどこか一つのセグメントだけに属しているはずだ。そして、顧客は状況が変われば、あるセグメントから別のセグメントへ移ることができ、また、将来移るであろうことを忘れてはいけない。
- **測定可能**——各セグメントは明確に定義でき、定量的なマーケットシェアを持っているはずだ。
- **十分な大きさ**——各セグメントは、新商品あるいは新たなマーケティングアプローチにかかる投資を正当化するに十分な売上げと利益を生み出さなくてはならない。
- **達成可能かつ実行可能**——あなたは、セグメントごとにそれぞれ異なる価値提案を考え、そのセグメントに売るために、彼らにリーチできなくてはならない。

これらの要素が欠くべからざるものであるのは疑いもない。しかし、利益の上がる売上げ拡大を達成できるようにするには十分な助けとは言えない。もし、成長を望むなら、最も収益性の高いセグメントにあなたのリソースを重点的に割りつけなければならない。そして、潜在的収益性という観点で各セグメントをランクづけする唯一の方法は、現在の売上げ貢献、将来の売上げに貢献する可能性、そして追加的売上げを達成するためにかかるコスト、という点で評価することだ。

明らかにこうした古いやり方はもう機能しない。我々に必要なのは、市場を、需要を形成する価値観や、姿勢、行動に基づいて、さらに需要を拡大させる商品の特性およびベネフィットに基づいて、セグメント化できるような、従来とまったく違うアプローチなのである。

そのようなセグメンテーションを可能にするものが、これから紹介する「デマンドベース・セグメンテーション」（受けそうだと思わないか？）と呼ばれる、次の三ステップから成るプロセスだ。

1　**最も価値ある顧客を特定する**——ここが、新規顧客の獲得にフォーカスした古いグループ分けの手法とは決定的に異なる点だ。デマンドベース・セグメンテーションは既存の顧客に、より多く買う理由を与えるものである。すでに述べたように、およそ八〇パーセントの売上げは二〇パーセントの顧客から派生する。その利用度に基づいて既存の顧客をセグメント化することで、その二〇パーセントの顧客により多く買ってもらうことができる。理想的な顧客像をプロファイルし、消費を増す方法を探るのだ。また、この段階のリサーチでは、あなたの会社に対する姿勢によって消費者をセグメント化することもできる。このセグメントを政治姿勢でたとえると以下のようになる。

(a) 強硬な反対派：これは、猛吹雪を押してあなたへの反対票を入れるために投票所へ出かける有権者だ。ビジネスにおいては、転換不可能な、競争相手に忠実な顧客であり、たとえあなたが金を払ってごちそうしてくれたとしても、ステーキは食べないベジタリアンだ。この人たちは、ターゲットのリストからはずさなければならない。

(b) 軽い反対派：こちらは、いまはあなたのブランドの支持者ではないが、競争相手のうちの特定の誰かに忠実というわけでもない。あなたのマーケットにおいて、消費者の多くをこの層が占めているかもしれない。しかし、この人たちをあなたのブランド支持者として取り込むことはきわめて困難であり、かつひじょうにコストがかかる。

(c) 浮動票：政治の世界では、投票日にこの浮動票を動かすためには何でもし、いくらでもコストをかけてキャンペーンを行う。実質的に票を買うことに等しい。もちろん、ビジネスにおいても同じことが行われている。「レンタルシェア」と呼ばれ、一時的に消費者の売上げを獲得するコストのかかるプロモーションだが、消費者のロイヤルティは獲得できない。別の言葉で言えば、これは消費者を賄賂に対して忠実にさせることであって、ブランドに対してではないのだ。

(d) 軽い支持派：選挙キャンペーンとは、この層を熱烈な支持派に変える不断の努力だ。たとえこの人たちがあなたの候補を気に入っているかもしれないとしても、彼らが投票することは当てにできないからだ。ビジネスにおいては、この層はあなたのブランドを気に入っていて、たまには使うかもしれないが、頻繁にというほどではない消費者だ。この層を熱烈な支持派に取り込むことは効率的だ（多くの研究では、浮動票や軽い反対派を取り込むより六分の一のコストですむという）。そして、収益性を上げるのにきわめて効果が高い。マイクロソフトは、マーケティング戦略においてこの層のブランド支持者を中心的な顧客を同社製品の導入基盤としてフォーカスしている。ビル・ゲイツは軽い支持派を熱烈な支持派にすることを「（継続的に入ってくる）年金収入」と呼んでいる。

(e) 熱烈な支持派：この層はあなたの強力な支持者だ。この層が利益をもたらしてくれるのだから、何としても守らなければならない。この層は、あなたのブランドを愛していて、たとえプレミアムを支払わなくてはならないとしても、あるいは最初に買いに行った店であなたのブランドが見つけられなくても、買い続けてくれる顧客だ。

高度に的を絞りこんだ顧客セグメンテーションをすることでは、クレジットカード会社が群を抜いている。おそらくあなたも毎週一回や二回、事前承認済みのクレジットカードの勧誘を受け取り、たいていは封を開けもしないでそのままシュレッダーにかけているのではないだろうか。しかし、そうした勧誘が来たこと自体、カード会社があなたに関する驚くべき量の情報を持っているという証拠だ。

カードを発行している銀行はあなたにお金を貸すことになるので、理想的なカード所持者像を描くことで、詳細にリスクを洗い出し、小売店側ではなく銀行側の収益が増す設計をする。それから、カード会社は、エクイファクスやエクスペリアンといった信用調査会社に依頼して、そうした条件に合致する人を探し出すのだ。そして料金に見合った多くの情報を手に入れる。あなたがどこに住んでいるのか、どこから転居してきたか、いくら稼いでいるか、そして配偶者の有無はどうか。彼らはまた、あなたがどこで買い物をし、どこへ何回旅行しているか、何のカードを持ち、信用限度額はいくらかまで知っている。

個人的には、これはかなり怖いことだと思う。しかし、マーケターとしては、銀行がこうして十分な下調べをしていることや、初期利率、カード残高を別のカードに移動させる制度、年会費、ポイントプログラムを含む、高度にターゲット化したプログラムを考え出したことに感心している。あなたがこうした特典のいくつかを利用しないとしても、彼らのセグメンテーションはよくできているので、いつの日かあなたが食いついてくるチャンスはあるのだ。

リッツ・カールトンも徹底的に顧客を絞りこんでセグメント化している。二〇〇二年、世界各国のリッツ・カールトンの客室稼働率は六七・三パーセントで、二〇〇一年のレベルを上回るものだった。この稼働率はホテル業界全体ではきわめて高く、特に好成績なのは高級ホテル市場である。彼らは所得のトップ一〇パーセントの人たちに的を絞るため、見込み客を「頻繁に旅行をする高所得の個人」として特定して、あとはそのままにしておくのは簡単だろう。しかし、彼らは、消費者の行動と姿勢における志向と、個人のニーズもセグメンテーションの中に取り込んでいる。そして、彼らのメッセージが必ず最大のインパクトを与えられるような、各消費者グループに合わせた内容を提供している。

大企業の社外イベントやチーム結成プログラム向けにターゲットする場合、リッツは大会議施設や自社の役員用会議室を強調する。結婚式やハネムーン、結婚記念のカップルにターゲットする場合には、サービス、食事、スパ、その他アメニティに焦点を当てる。また、家族をターゲットにするときは、パパとママが買い物に出かけている間、子どもの面倒を見るリッツ・キッズクラブを強調する。そしてバケーション客には、アンティークや釣りといった趣向がある。

数年前、シカゴ・トリビューン紙は、読者セグメンテーションをギャラップに依頼した。ギャラップは同紙の購読者のデータベースを分析して、忠誠心のある読者（つまり「強力な支持者」）と流動的な読者に分かれるという結果を伝えた。我々は同紙に対し、解約件数を減らし、マーケティング支出からのリターンを改善し、購読者を増やすのに役立つ、購読行動ベース・セグメンテーションの分析をさらに行うという提案をもちかけた。

我々がまずやったことは、潜在的なシカゴ・トリビューン読者を、デモグラフィック・データではなく、実際の「消費」（すなわち購読）に基づいたグループに分けることだった。

そこで、できたのが次の三つのセグメントだ。

- 熱心なシカゴ・トリビューン読者
- 忠誠心のあるシカゴ・トリビューン読者
- 流動的なシカゴ・トリビューン読者

それぞれのセグメントは、さらにシカゴ・トリビューン以外の新聞を読んでいるかどうかによって「一紙単独」と「併読」のカテゴリーに分けられた。各セグメントの中で、デモグラフィックス要素については、ほとんど共通性は見られない。年齢、収入、学歴はばらばらだ。ところが、各セグメント内の読者の行動はきわめて似通っている。このようにセグメント化することで、各セグメントの中で何が利用頻度を高めるのかを確かめ、その結果、読者数減少を食い止めるための、さまざまなベネフィットと特集記事のモデルをつくることができた。

図表20でわかるように、シカゴ・トリビューンと他紙を併読する「流動的」な読者は五一万人いる。我々は、彼らを週に一回読む人たちと推定した。ほかに、一一八万五〇〇〇人の忠誠心があって他紙を併読する読者がいて、推定で週に三・五回読む。この二つのグループを合わせると、シカゴ地域全体の人口の四分の一以上になる。

図表 20　◉シカゴ・トリビューン紙（CT）読者の行動セグメント

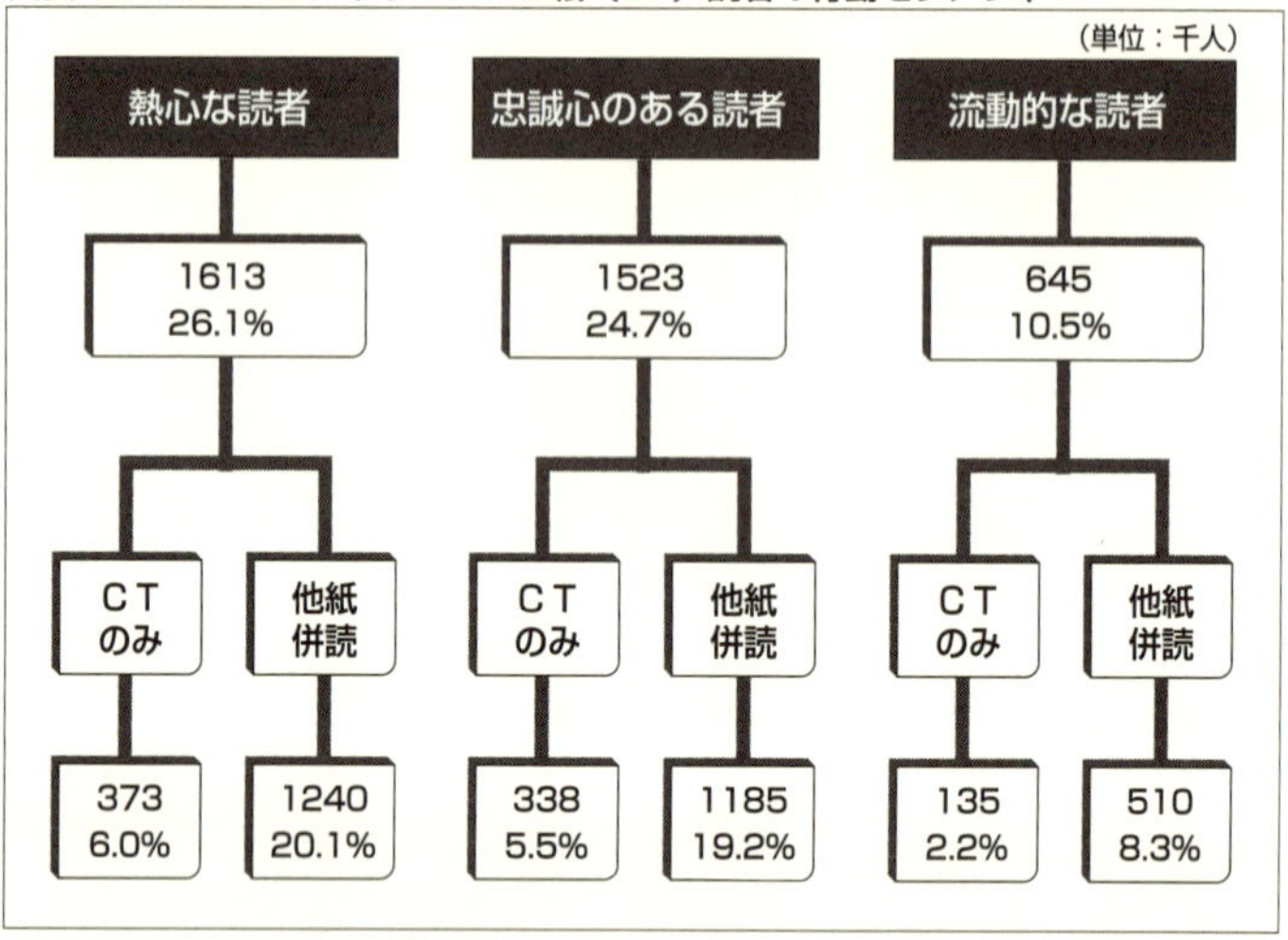

図表 21　◉総デマンドカーブ

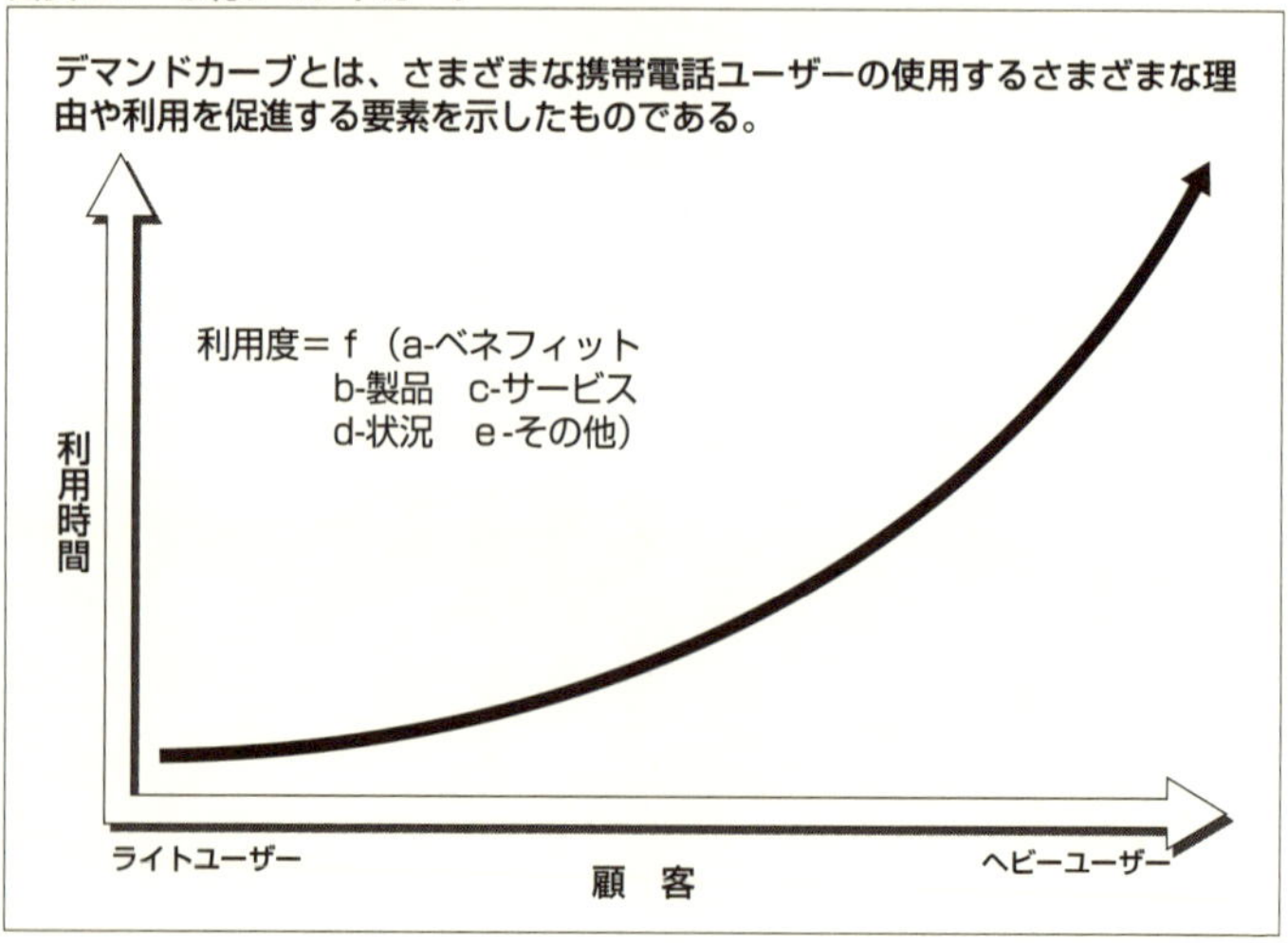

2

機会をセグメント化する――これは、特定のベネフィット、製品、サービス、プロモーション、その他の勧誘に対する反応に基づいて、消費者をセグメント化することだ。デマンドベース・セグメンテーションは意図的に、最も効果的なマーケティング手法、および各セグメントをターゲットにして、そこに売るために使えるマーケティング手法を定義する。つまり、セグメンテーションを実行可能なものにするということだ！　毎日あなたの製品を利用する人が特定できて、彼らがなぜ買うのかが理解できれば、あなたはその人物を一日に三回使う人にすることができる。あなたがつくるセグメンテーションは、利用頻度とあなたのブランドが提供するベネフィットについてのパーセプション（イメージ）に基づいたものになるはずだ。それから、利用とベネフィットの間にある関係を示すデマンドカーブを導く（後述）。最後に、ブランドと製品に対する意識に影響を与えることによって製品利用の拡大を予測しなければならない。

(a)　どの製品・サービスが消費を増やしたか？

(b)　特定の製品で、利用拡大の可能性はどれぐらいあるか？

(c)　利用拡大の量はどれぐらいと予測できるか？

おわかりのように、携帯電話利用の総デマンドカーブは実際には複数のデマンドカーブから成り立っている。異なる消費者のグループのカーブは、そこから先は利用が増加に転じる最高点があることが明らかだ。このデマンドカーブは、利用と収入を増やす機会によって左右される。マーケットの構造ではなく、機会の枠組みを生成するものなのだ。同様に、このデマンドカーブは、コミュニケーション、製品、サービス、流通などのあらゆるマーケティング戦略に指針を与えるものである。

3 時機をセグメント化する――特に論じるべき時機としては二つある。

(a) 購入の時機：購入の決定がなされる追加的な場所を探り出すことから、その分野における成長が見込める。追加的購買時機を割り出すことによって、競争相手から自分を差別化することができるのだ。つまり、競争相手が消費者の考慮の外にあるような状態で、あなたは消費者とつながることができるのだ。この種のセグメンテーションを利用して、エンタープライズ社はレンタカービジネスでまったく新しいニッチを創造した。ハーツやエイビスなど他社と同じように空港と街の中心部に目をつけるのではなく、彼らは、人がレンタカーを必要とする特定の時機、特に自分のクルマが盗まれたり修理中だったりして、ほかのクルマに乗る必要があるような時機に特化したのだ。

(b) コミュニケーションの時機：多くの会社はまた、自分たちの顧客とコミュニケーションを持つ多様な方法を理解するチャンスを逸している。たとえば、映画を宣伝する場として教会はおよそ思いつかないものだ。しかし、メル・ギブソンの映画「パッション」は、各地の教会での先行上映、二五万枚のプロモーションＤＶＤ配布、そして「パッション」サミット会議を三〇〇回実施することで、マーケティング・コストを数百万ドルも節約

図表 22 ◉コミュニケーションの機会

我々のクライアントであるモバイル通信サービス会社は、利用促進のため、より広範なコミュニケーション・サービス事業に参入することを目的に、さまざまなタイプのコミュニケーションを理解したいと考えた。

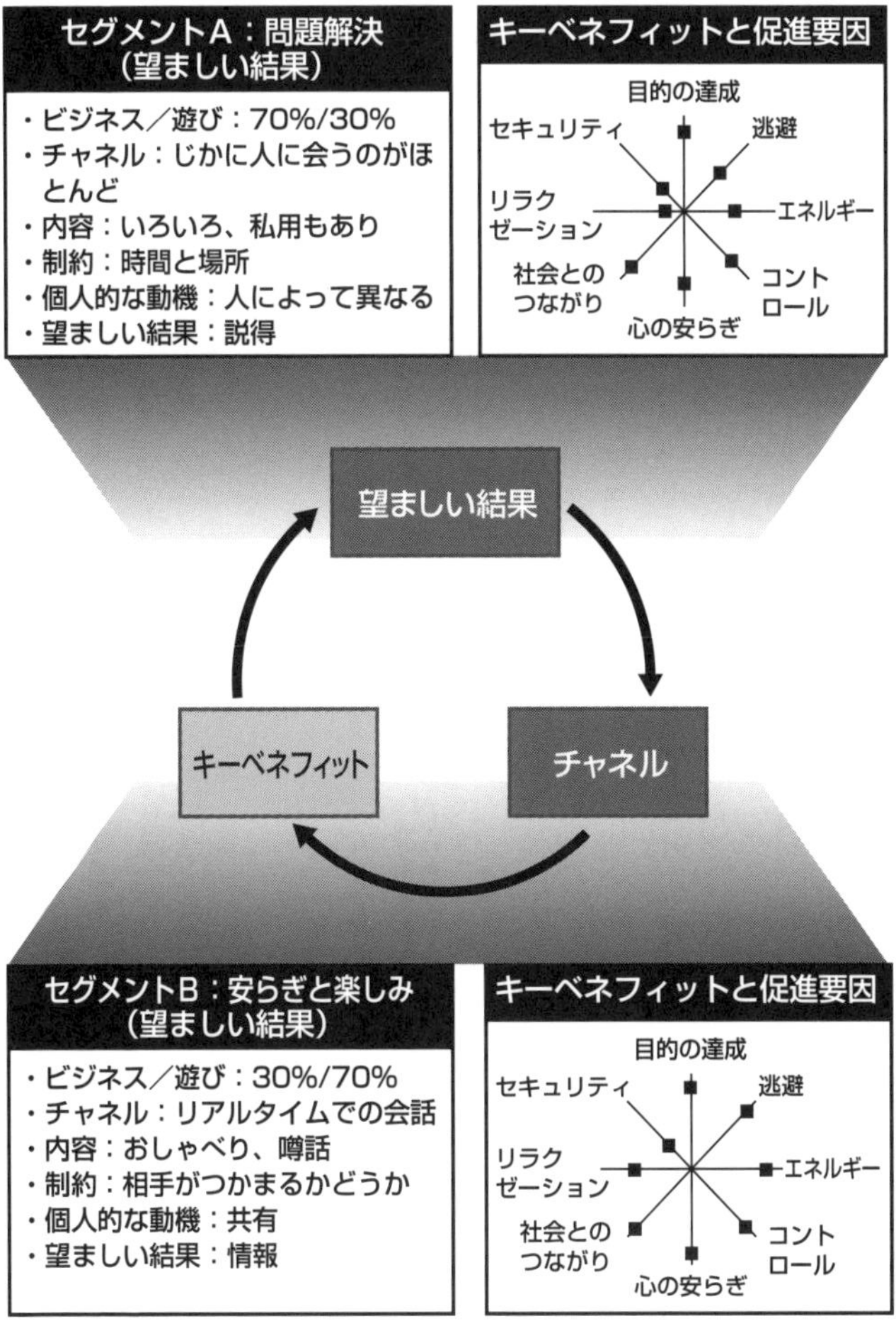

した。映画が公開される以前に、教会は一〇〇〇万ドル相当の席を予約した。こうした新しいコミュニケーション手法と賛否両論の大議論もあって、この映画は一億二五二〇万ドルを最初の五日間で売り上げた。この記録に匹敵する興行成績の映画はこれまでに二本しかない。「ロード・オブ・ザ・リング　王の帰還」と「スター・ウォーズ　エピソード1」だけだ。どちらも最初の興行収入は「パッション」より多かったが、はるかに大きな広告投資を行っている

デマンドベース・セグメンテーションの詳細——ボーダーズの場合

わが社では、少し前に書店チェーンのボーダーズのプロジェクトにかかっていた。ボーダーズは、最大のライバル、バーンズ&ノーブルに押されて苦戦しており、地歩を見出そうと懸命だった。数十億ドル産業である書籍がコモディティであるため、ブランドに対するプリファランスやロイヤルティがあれば、如実に収益性アップにつながる。しかし、どちらの書店チェーンも、消費者に、向こうの店でなく自分の店を選ぶべき決定的な理由を与えてはいない。どちらも、自社のほうが強い地域があり、また個性にも違いが見られる。しかし、どちらもさしたるカスタマー・ロイヤルティを得ていない。というのも、ほとんどの見込み客が両者に違いらしい違いを認めていないからだ。

街の書店で本を買う人はいちばん近いか、いちばん便利な書店で買う。いまでは、ほとんどの書店が新刊書の大幅値引きを宣伝している。何か違うことを考え出しても、次の日には競争相手にまねされてしまう。

消費者が書店へ行く理由はたくさんある。たとえば、多くの人は何も買わずに立ち読みだけして出て行くし、また、探していた本を店で見つけて、家に帰ってからアマゾンで安く買う人もいる。ボーダーズへより多くの人に来てもらい、より多く本を買ってもらうために、我々は、ボーダーズか、バーンズ&ノーブルか、あるいはアマゾンか、どこで買うにせよ、本を買う人とはどんな人か、典型的な人物像を描き出さねばならなかった。

そのため我々は、一般的な書籍購入者を、明確に区別される購入動機と買い物行動ごとに、五つのセグメントに細分化した。

ご覧になっておわかりのとおり、従来のデモグラフィック・セグメンテーションも多少は使っているが、デマンドをベースにした要素のほうが、はるかに有用である。各グループの動機は何か、一日のどの時間帯に店へ来るのか、どこの売り場を見るのか、どんなサービスを求めているのかがわかれば、成功の確率が高いプロモーションやディスプレイを各グループに合わせて実施することができる。

何か新しいものを求めている人	娯楽を求めている人	ギフトを求めている人
14%	14%	14%
・特定のアイテムを探して ・自分へのご褒美 ・自分のコレクションや蔵書に加えたいものがある ・何か新しいものを見つけたい ・買い物に出たい ・話に聞いたものをチェックしたい	・自分へのご褒美 ・ゆったりとリラックスできることをしたくて ・何か新しいものを見つけたい ・ゆったりとリラックスできることをしたくて ・楽しい気分になりたくて ・自分のために何かいいことをしたい ・あまりお金のかからない遊びをしたくて	・人が欲しがっているものを買いたくて ・特定のアイテムを探して ・人が必要としているものを買いたくて
・自分一人か、子どもと一緒に買い物をする ・2時間以上かける ・友人のために購入することが多い ・買い物はウォールデンブックスでする ・買い物は夕方より午後にする確率が2倍高い ・買い物するのはウィークデーでも週末でも同じぐらい ・自分一人で来るほうが多い ・使うのは平均28ドル20セント	・自分自身のために購入する ・買い物は夜遅くにすることが多い ・ブックス・ア・ミリオンで買い物をすることがいちばん多い ・友人や家族と一緒に買い物をすることがいちばん多い ・決まったものを探すのではなく、見て回るのが好き ・消費額は最も少なく平均9ドル70セント	・大切な人のために買い物をすることが多い ・かける時間は1時間かそれ以下 ・使うのは平均22ドル70セント
ベストセラー 小説 ミステリー ロマンス ギフト＆文房具 コンピュータ、ファイナンス、ビジネス	カフェコーナー 小説 音楽 ミステリー ロマンス	ファイナンス ノンフィクション 参考書
映画 77%が実際に購入	食べ物・コーヒー 映画 書籍と音楽 87%が実際に購入	いろいろなものを少しずつ 音楽が多い 78%が実際に購入
・ほとんどが白人とヒスパニック ・最も年齢が高い層で、26%が55歳以上 ・年収8万～10万ドル	・ほとんどが白人、アジア系、およびその他 ・独身、離婚、死別した人が多い ・いちばん若いセグメント。36%が18～24歳 ・最も低所得層で、44%が2万ドル以下と答えている ・高学歴で、52%が学士以上を持っている	・ほとんどが白人、黒人、ヒスパニック ・25～54歳 ・49%が学士以上を持っている ・年収8万ドル
・21%がボーダーズで、35%がバーンズ＆ノーブルでよく買い物をする ・55%がひじょうに満足	・26%がボーダーズで、36%がバーンズ＆ノーブルでよく買い物をする ・43%がひじょうに満足	・24%がボーダーズで、36%がバーンズ＆ノーブルでよく買い物をする ・55%がひじょうに満足

図表23　◉デマンドベース・セグメンテーション（ボーダーズ）

	知識を求めている人	情報を求めている人
機会	27%	15%
買い物の理由	・特定のテーマについて知りたい ・自分へのご褒美 ・自分のために何かいいことをしたい ・何か新しいものを見つけたい ・ゆったりとリラックスできることをしたくて ・知的刺激を求めて	・特定のアイテムを探して ・特定のテーマに関する情報が必要 ・特定のテーマについて知りたい ・自分のコレクションや蔵書に加えたいものがある ・自己やほかの人を高めたい ・何か新しいものを見つけたい
買い物行動・買い物の方針	・大切な誰かのためか子どものためにアイテムを購入 ・2時間以上かける ・ベストバイで買い物をするのが好き ・買い物するのはウィークデーでも週末でも同じぐらい ・買い物は夜間より昼間にする ・使うのは平均50ドル80セント	・友人、家族の誰か（親、兄弟、その他）のために買う ・30分から1時間かける ・買い物はボーダーズとバーンズ＆ノーブル両方でする ・買い物は配偶者や友人とする ・買い物は週末よりウィークデーにする ・使うのは平均31ドル10セント
訪れる売り場	店全体を同じように見て回る	ビジネス ファイナンス 料理本 歴史 自己啓発 参考書
購入傾向	書籍 映画 音楽 食べ物・飲み物 74%が実際に購入	書籍 81%が実際に購入
デモグラフィック・データ	・大きな世帯構成、18歳以下の子どもが少なくとも2人家にいる ・年収10万ドル以上	・ほとんどが白人と黒人 ・子どもがいない世帯が多い ・独身、死別、離婚した人が多い ・年収10万ドル以上
その他	・21%がボーダーズで、35%がバーンズ＆ノーブルでよく買い物をする ・54%がひじょうに満足	・26%がボーダーズで、40%がバーンズ＆ノーブルでよく買い物をする ・59%がひじょうに満足

セグメンテーションの詳細——アスペン／スノーマスの場合

毎年アスペン／スノーマスを訪れるスキー客の一四〇万人という数字は、コロラド／ユタ・スキーリゾート市場全体の約一〇パーセントを占める。ということは、同じく約一〇パーセントのシェアを握るベイルやブレッケンリッジといったビッグネームと肩を並べていることを意味している。しかし、アスペン／スノーマスには、十分に使われていない施設が多く、それらがもっと活用されれば、大幅にマーケットシェアを引き上げることができるはずである。

アスペン／スノーマスの目標の一つは、客室稼働率を九五パーセントに引き上げることだった。そのためには、毎年さらに四四万三〇〇〇人のスキー客を呼び込まなければならなかった。これは、現状の三一パーセント増ということであり、かなり強引な目標だった。経済が軟調な時期であればなおのことだ。しかし、同じ四四万三〇〇〇という数は、コロラド／ユタ市場全体で見ればたった三パーセント増にしかならない。一年や二年では達成できないにしても、長期的には十分達成可能な目標だ。

アスペン／スノーマスは、マーケティングに割けるリソースがかなり限られているので、最も見込みがあり、価値の高い顧客を引きつけ、つなぎとめることに集中するよう、私は提案した。彼らは、実際に得た経験と知識に基づいて、考えられる三つの顧客ターゲットを挙げてくれた。

- 裕福なカップルおよびシングル
- それより若く、ある程度裕福なカップルおよびシングル
- スノーマス・スキー場に来る家族

このセグメンテーションは、まったくそのとおりかもしれないが、我々には、限定的、デモグラフィック・データに依存しすぎているように感じられた。必要なのは、アスペン／スノーマスにあまりロイヤルティを持っていない顧客を、ロイヤルティを持った顧客にする、ニーズ、動機、属性、抱いているイメージをよりよく理解することだ。目的は、アスペンのコア消費者プロファイルにフィットしたスキー客、および我々の価値提案に心が動くような、ほかのタイプのスキー客を見きわめ、より多く引き寄せることである。もしそれができれば、コロラド／ユタ・スキーリゾート市場におけるほかの競争相手に対して、より効果的にアスペン／スノーマスを差別化でき、ポジショニングできると思われた。

消費者がスキーをし、スキーリゾート特にアスペン／スノーマスを訪れる動機は何か、深く掘り下げることで、スキー客の姿勢に関する六つのセグメントを認識することができた。

● **アスペン大好き家族**（一九パーセント）――アスペン／スノーマスで以前にもスキーをしたことがある裕福で高学歴の中年夫婦。よく働き、よく遊ぶタイプで、自分が得たもので価値を決める人物。

● **子育て卒業組**（一七パーセント）――裕福で既婚、五〇歳以上、中級のスキーヤー。子どもはもう家を出ていて、スキーについては慎重派で、配偶者ともよく滑る、アウトドア好き。

● **社交派シングル**（一五パーセント）――独身、中流、価格に敏感なスキーヤー。しばしばスキースクールに入り、友人やここで出会った人たちと滑る慎重派。

● **アスペン敬遠家族**（二一パーセント）――アスペンでは滑ったことのない中流家庭で、スキーは頻繁には行わず、滑るのも慎重。フィットネスやアウトドアにもさほど興味がない。

● **アクティブなスキーパパ**（一五パーセント）――かなり高収入で、高学歴、中年、頻繁に運動をしており、よく働き、よく遊ぶタイプの男性。家族といっしょに果敢なスキーをする。

● **若い男性スキーフリーク**（一二パーセント）――学歴はそれほど高くなく、一八〜二四歳、独身、男性、滑ることが目的のスキーヤーで、友人と頻繁に滑り、荒々しい斜面やリスクに挑戦するのを好む。

アスペン／スノーマスが持っていたデータに基づいて、前の年については、「アスペン大好き家族」、「子育て卒業組」、「若い男性スキーフリーク」の三つのセグメントが、アスペン／スノーマスのスキー客数全体の六八パーセントを占めることがわかった。購買意思を我々が行ったリサーチの要素に加えると、この同じ三つのセグメントが、将来的には総スキーヤー滞在日数（スキーヤー数×平均滞在日数×年間平均スキー旅行回数）でなんと九一パーセントを占める可能性が高いことがわかった。

我々の分析では、これら三つのセグメントがアスペン／スノーマスにとって、最も大きなターゲットとなりうることが明らかになった。ほかのセグメントを無視しろとは言わなかったが、この三つのセグメントに集中して働きかけるように提言した。もし、アスペン／スノーマスが従来のデモグラフィック・セグメンテーションにだけ頼っていたら、こうした発見ができずに、不適当で効果のないマーケティングを数多く行っていたことだろう。

図表24 ◉アスペン／スノーマスのターゲット・セグメント

スキー客のセグメント	セグメントサイズ	スキー客数合計	コロラド／ユタ地域への平均スキー旅行日数	アスペン／スノーマスへの年平均旅行回数	年間総スキーヤー滞在日数	アスペン／スノーマスの総スキーヤー滞在日数に占める%
コロラド／ユタ地域来訪 スキー客	100%	1,831,830	4.99	0.17	1,500,628	100%
アスペン大好き家族	19%	353,212	5.17	0.22	403,229	27%
若い男性スキーフリーク	12%	221,672	4.52	0.35	355,427	24%
子育て卒業組	17%	319,108	5.47	0.15	254,716	17%
アスペン敬遠家族	21%	384,878	4.64	0.11	192,245	13%
アクティブなスキーパパ	15%	272,825	5.19	0.10	143,076	10%
社交派シングル	15%	280,134	4.88	0.11	151,936	10%

消費者が言っていることと、やっていることの差

ボーダーズやアスペン／スノーマスで行った方法でマーケットをセグメント化できるようになるには、消費者に多くの質問をしなければならないのは明らかだ。しかし、消費者の答えは話半分に聞かなければならないこともままある。人は、なぜそのように自分が行動しているのか、すべてわかっているわけではなく、彼らが大切だと思っている属性やベネフィットと、彼らにクレジットカードを使わせる属性やベネフィットには、大きな違いがあることも多いのだ。

このことがいちばんよくわかる例は、体にいい食品だ。我々の動脈やウェストラインはもっと体にいい食品を食べてほしいと要求するが、足のほうはおいしくて健康的でないものへ向いてしまう。結局、勝つのは味だ。体にいいものを食べたほうがいいことはわかっているので、いろいろ調べてみてそうします、と心に誓うのだ。ただし、味が同じだったら、という条件をつけて。たいてい低脂肪食品のほうがおいしくないから、これはかなりうまいやり方だ。これを「後ろめたい親症候群」と呼ぶこともできるだろう。学校から帰った子どもにどんなおやつを与えているか尋ねてみれば、たいていの親はニンジンとかセロリとか、その類のものだと答えるだろう。しかし、ミニバンのドアを開けてみれば、目に飛び込んでくるのは空になったフリトスの袋やスルーピーのカップだ。

もう一つの例は、ファーストクラスに導入された一八〇度のフラットシートについて聞き取り調査をした英国航空だ。もし私と共著者のアーミンに、完全にフラットになるシートはいいと思うかどうか尋ねれば、二人ともそう思うと答えるだろう。しかし、それで英国航空をもっと使うことになるかどうか尋ねれば、まったく違う答えが出てくるだろう。私の場合は、再びそう思うと答えるだろう。ファーストクラスで飛ぶことが多いし、飛行機で眠ることができてすっきり起きられることは、私にとってひじょうに重要なことだからだ。しかし、アーミンにとっては、これはどうでもいいことだ。彼がファーストクラスを利用することは、ほとんどないからだ。

こうした言葉と行動の間のコネクションの不在のことを、「言葉で表現された重要性」と

図表25 ◉言葉で表現された重要性 vs 実際行動に現れた重要性

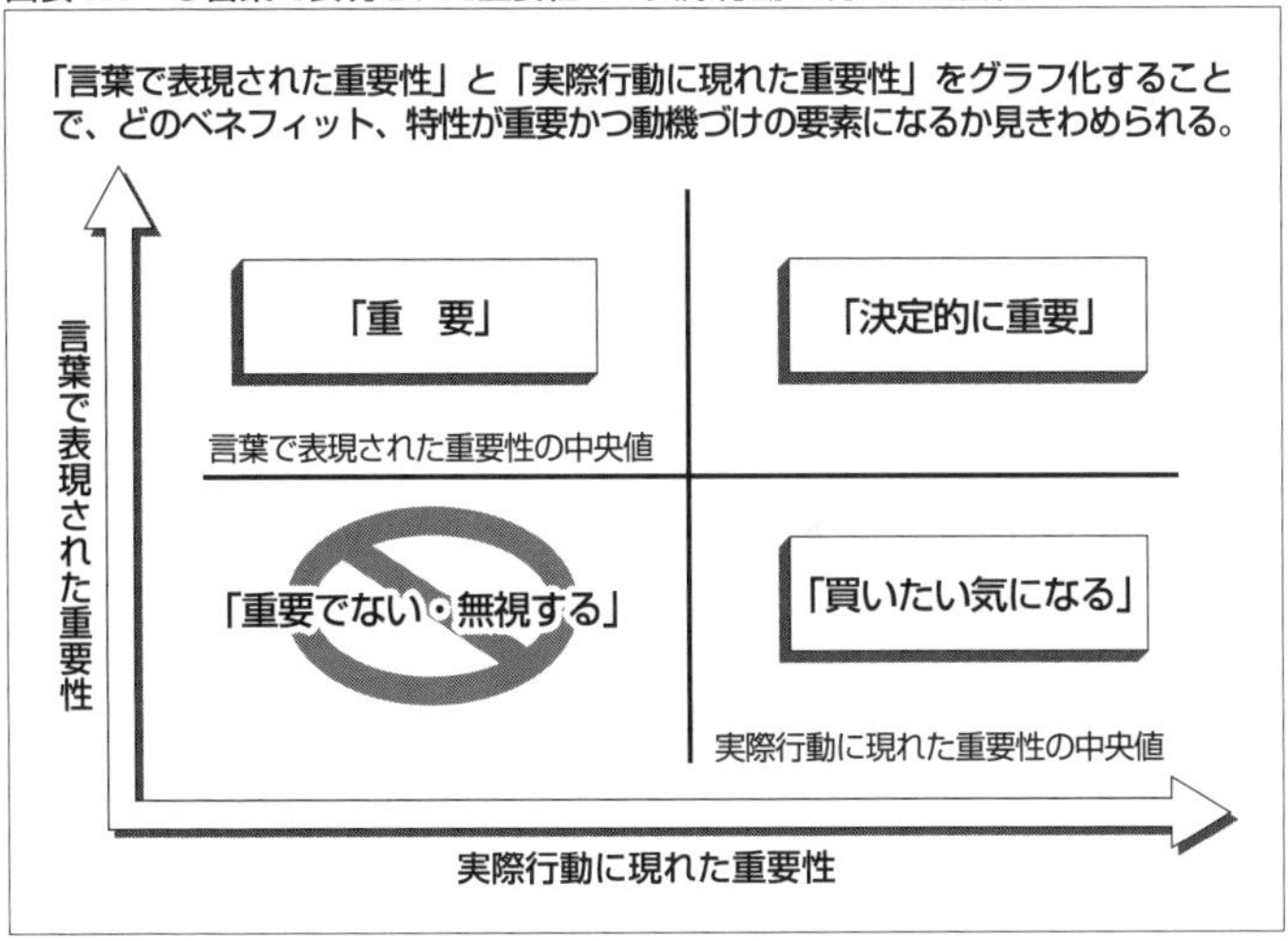

「言葉で表現された重要性」と「実際行動に現れた重要性」をグラフ化することで、どのベネフィット、特性が重要かつ動機づけの要素になるか見きわめられる。

「実際行動に現れた重要性」の乖離と呼ぼう。それをグラフで示したものが図表25だ。図の四つに分けた部分は、それぞれ次のことを意味する。

● 「重要」――これは「競争参加資格」になりやすいものだ。これらは必要ではあるが、そのこと自体はこのブランドの購入には結びつかない。同時に、誰もが提供するものであるため、もしボーダーズがそれを提供しなかった場合には、彼らは消費者の考慮対象の中にも入れてもらえないリスクを冒すことになる。ボーダーズにとっては、以下のような要素がここに入る。

・優れたサービス（「自分に対するスタッフの対応が礼儀正しかった、店員の商品知識が豊富だった、あの店の店員は話しかけやすい」）
・適切な内容（「この店には私がおもしろいと思う本や音楽ＣＤがある」）
・価値（「いい買い物をしたと思う」）

● 「決定的に重要」――消費者にとって、重要であり、自分の行動の動機になると考える要素。このことは、消費者に対する最大の強みであるため、最もフォーカスすべき領域であり、ボーダーズにとって差別化できる方法を教えてくれるところである。そして結果的に、ボーダーズの店舗運営とコミュニケーション方針の中心になるはずだ。それらには、以下の点が含まれる。

・自信（「たしかにぴったりの商品が買えたと感じられる」）
・重要性（「自分は価値ある顧客だと感じられた」）
・生産性（「自分の時間を有意義に使ったと感じられる」）
・快適性（「ここは、居心地がいい、リラックスできる場所だ」）
・利便性（「この店は行きやすく、無料駐車場が広い、店内のレイアウトや内装デザインがいいので、本や音楽CDを買いやすい」）
・品揃え（「この店は品揃えが豊富で欲しいものが選べる」）

●「重要でない・無視する」――ブランド戦略には何の価値もない要素。消費者が重要とは考えていないことで、購入する気にもさせないもの。

・個人的な好み（「うちの子たちはもう大きくなったから、子どもの本コーナーで読み聞かせの時間があったり、お遊びスペースができたりしても関係ないわ」ただし、アーミンにとっては大きな購買動機になりうる売り場だ）

●「買いたい気になる」――この領域をつくる要素はあなたの求める行動を引き起こすものだ。しかし、言葉の上の重要性としては低く、それらだけで大勢に影響を与える決定打にはならない。たとえば、次のようなものだ。

・ロイヤルティ・プログラム（バーンズ＆ノーブルには「リーダーズアドバンテージ」というロイヤルティ・プログラムがあるが、入会金が必要で、それで実際に何らかのロイヤルティを呼び起こすかどうかは疑問だ。ボーダーズは、意図的にこのようなロイヤルティ・プログラムを導入していない。それによって売上げが拡大するとは思われず、すでに小さい利幅をさらに小さくすることになるのではと懸念される)

・イベント(多くの消費者はサイン会や読書会のようなイベントを企画してほしいと言うが、ほとんどの人はそうしたイベントに参加したこともなければ、これからも参加しようとは思っていない)

アスペンにおける聞き取り調査の結果、すべてのターゲット・セグメントにおいて、「フレンドリーで、パーソナルなサービスが重要」であったのと同様に、「豊富な積雪」、「リフト待ちが少ない」といった機能面でのベネフィットが、最も重要なことだという回答を得た。「贅沢でリッチな気分」、「最先端のスキーができる」といった心理的なベネフィットはまったく重要ではなかった。全体として、エモーション面のベネフィットはほとんど重要ではなく、その中では「誰にでも向いている」が、いちばん点数が高かった。

この「言葉で表現された重要性」と、次のシーズンにアスペン/スノーマスを訪れる気持ちにさせると消費者が答えた属性やベネフィットの相関関係を整理した結果、見えてきたのが以下の点だ。

● 「若い男性スキーフリーク」にとっては、「最先端のスキーができる」と「アドベンチャー感覚がある」が最も大きな動機である。

●「子育て卒業組」にとっては、「ファミリー全員に向いている」が最も大きな動機だが、一方で「誰にでも向いている」という答えはほとんどなかった。

●「アスペン大好き家族」にとっては、「ただただ楽しい」と「有名で、評判が高い」が最大の動機である。

●「豊富な積雪」、「リフト待ちが少ない」、「フレンドリーで、パーソナルなサービスが重要」は、三つのセグメントすべてに対する「競争参加資格」にすぎず、重要ではあるがアスペンに来る動機にはならない。

この結果は興味深く、さらに一歩進んで、顧客が述べた好き嫌いと購買意思との相関関係を明らかにすることの重要性を示唆している。最終的には、マーケットのデマンドベース・セグメンテーションを行うことによって、いくつかの具体的な提案を行うことができた。

●「アスペン大好き家族」をアスペン／スノーマスの最重要顧客セグメントにすべきである。彼らは、このブランドに魅力を感じている、いわば低い枝になっている果実であり、摘み取るのがいちばん簡単である。今日彼らは、アスペン／スノーマスの総スキーヤー滞在日数で最大の貢献をしている一方で、このセグメントの半数以上はアスペン／スノーマスでスキーをしたことがなく、過去五年間に、ここで滑ったことがあるのはわずか一三パーセントにすぎない。彼らは価格に無頓着で、「みやげ話ができる」とか「新しい人に会える」といった、スキーバケーションの持つ社会的なメリットにより強い関心がある。

●「若い男性スキーフリーク」は、その次に重点を置くべき顧客である。現在の総スキーヤー滞在日数では第二位の貢献度であり、最も頻繁にスキーをしているセグメントだからだ。彼らは、過去五年間ではベイルでも同じように高頻度で滑っているので、絶えずターゲットとして働きかけていくことで、アスペン／スノーマスだけにスイッチさせることも可能だ。同時にこのセグメントは、ほかのセグメントに比べて「行きにくいところ」、「最先端のスキーができる」、「アドベンチャー感覚がある」といったベネフィットにより大きく動機づけされている。また、アスペンの中でお気に入りのスキー場はアスペンマウンテンとハイランドで、スノーマスとバターミルクは好きではない。したがって、このセグメントに向けたマーケティングとコミュニケーションは、アスペンのスキー場と町が持つ、より若く、より先鋭的で、よりアグレッシブなベネフィットと属性に焦点を絞るべきである。

●「子育て卒業組」は、アスペン／スノーマスブランドが三番めに力を入れるべき対象である。我々のターゲット・セグメントの中では、彼らは最もベイルにロイヤルティがあり、最もアスペン／スノーマスにロイヤルティが薄いので、しっかりつなぎとめるのが多少難しいと思われるからである。それでも、アスペンの機能面およびエモーション面のベネフィットを提示された際に、購買意思が四一パーセントもアップしたのである。将来アスペン／スノーマスの総スキーヤー滞在日数の二三パーセントにまで拡大する可能性を示唆するものだ。彼らを取り込むためには、最も彼らの選択動機になる、「ただただ楽しい」、「ファミリー全員に向いている」といったベネフィットを強調する必要がある。この層にターゲットしたマーケティングとコミュニケーションは、彼らがアグレッシブなスキーや危険な挑戦に関心がないことや、新しいリゾートをわざわざ探すのは面倒だという態度を反映すべきである。

デマンドベース・セグメンテーションは、きわめて有効性が高い。最も顕著な利用増が生み出せる製品なり広告なりにリソースを集中することができるからだ。また、新製品を導入する前に、何が消費者に買わせるのか、何がもっと買わせる動機なのかを彼らに尋ねることで、テストマーケティングをすることもできる。そうすることで、誰も欲しがらない製品のデザインやマーケティングに巨額の金を費やさないですむ。つまりは、ターゲットとして選んだセグメントごとに、まさに彼らが欲しがるベネフィットを提供することができるのだ。

第7章

Renovate Your Brand Positioning

原則5
ブランド・ポジショニングをリノベートせよ

あなたのブランドのポジショニングとは、顧客や消費者の心の中にあなたがつくり出すブランドの総体的イメージである。それは、あなたのブランドについて、ターゲットの顧客と消費者にこう考え、感じ、行ってほしいとあなたが思っていることを明快かつ簡潔に言い尽くしたものだ。ポジショニングを長い期間上手に管理できれば、ベースの売上げをコントロールでき、少ないマーケティング費用の一部を、売上げを増すために回せるようになる。あなたがどのようにポジショニングされているかは多くても二つか三つの文に要約されるが、ブランドを構築するときには、そこに書かれた言葉はどんな言葉を集めたものより重要である。あなたのポジショニングがあなたのブランドのDNAなのだ。ポジショニングが、そのブランドについてすべての人が思い浮かべるものすべてを定義し、指針を与えるのだから。

私が「すべての人」と言う場合には、それは文字どおりすべての人を意味するのであって、マーケティングに従事する人間のことだけではない。現実にはマーケティングというものはマーケターに任せっぱなしにはできないほど大切な仕事だ。組織の一人ひとりがそのブランドのポジショニングを理解し、日々の仕事の中でそれに命を吹き込まなければならないのだ。それは、直接・間接を問わず消費者に触れるすべてのプログラム、活動、イニシアティブを測るために、使わなくてはならない戦略的指針である。もしブランドのポジショニングとそぐわないものが何かあれば、よくてもリソースのムダであり、最悪の場合あなたが築き上げようとしているブランドを破壊することにもなりかねない。

わかりやすく説明できているといいのだが、ポジショニングは勝手にできあがるものではない。それは、明晰な思考、あなたの顧客や消費者に対する深い洞察力、そして競争相手の強みと弱みを完全に掌握していることが要求される厳しい仕事だ。また、誤解されやすいことでもある。もしも、自分でしなくても、ほかの誰かがあなたのポジショニングすることになるので、どのみちポジショニングされてしまうものなのだ。あなたが自分自身とブランドをどうポジショニングするかは、あなたの広告とマーケティングミックス、すなわち従業員、広報活動、スポンサー活動、パッケージ、値づけなど、すべての側面によって決まる。また、あなたが何をして何をしないか、何を言い何を言わないか、それをどのように言いどのように言わないか、によっても決まるのだ。さらに、あなたの競争相手が、あなたと彼ら自身について、何を言うかによって決まる。さらに競争相手に関してあなたが言っていることによっても決まってくる。つまり、すべてがコミュニケートするのだ。

対話の主導権をとれ

優れたポジショニングのカギは、初期の段階で顧客および消費者との対話の主導権を握って、それを手放さないことだ。そうしなければ競争相手が主導権をとってしまうだろう。それはあなたにとって決して起こってほしくない事態だ。対話を制する者がポジショニングを制するのだから。

一九九二年の大統領選でビル・クリントンが発した有名なフレーズ「いいかい、問題は経済なんだ」を考えてみればいい。この台詞を口にするたびにクリントンは、有権者に自分が雇用、失業、福祉、税金、そして有権者を悩ますあらゆる問題を気にかけているのだと印象づけた。しかし、「いいかい、問題は経済なんだ」の冴えているところは、クリントンを、経済問題を気にかけている唯一の人間としてポジショニングしたことだ。ほかの候補もあわてて「問題は経済なんだ」に相乗りしようとしたが、すでにそこはクリントンの独壇場になっており、ほかの候補に対する人々の反応は「経済のことはもうわかっている。ほかに新しいことはないのか？」だった。

一一年後、二〇〇三年のカリフォルニア州知事リコール選挙で、俳優のアーノルド・シュワルツェネッガーが対話の主導権を握って、現職のグレイ・デイビス知事を破った。シュワルツェネッガーは、一貫して自身の政見に関する実質的な質問には一切答えず、たった一回候補者討論会に出席しただけだった。それでも、彼はともかくも対話の主導権を握り、映画での役どころであるヒーローの力強さ、大きさ、決断力といったイメージを有効活用した。それらはデイビスには著しく欠ける特徴だった。シュワルツェネッガーは、自分の映画タイトルをいくつか上手に利用して、有権者にこの選挙は「トータル・リコール」であり、自分こそが次の「ガバネイター」だと説いた。何度か政治課題について触れたとき、彼が強調したのは経済だった。それは有権者の八〇パーセント以上がすでに破綻していると言っていることだった。ほかの候補者たちはシュワルツェネッガーをポジショニングし直そうと、彼が何人もの女性にセクハラをしたとか、アドルフ・ヒトラーを賞賛する発言をしたと言いつのったが、結局有権者の心には届かなかった。

企業が対話の主導権掌握に失敗する理由の一つに、消費者を混乱させることがある。一九九九年、ディズニーは「ゴー」ネットワークを立ち上げ、インターネットの入り口、すなわち究極のインターネットポータルサイトとしてポジショニングしようとした。ディズニーは、まずソフトウェア会社のスターウェイブを買収し、七〇〇〇万ドル投資して検索エンジンのインフォシーク株の四三パーセントを取得した。しばらくして、インフォシークの残りの株を取得し、傘下のESPN、ABCといっしょにディズニーの各サイトを「ゴー」サイトに統合した。ケーキの上のアイシングよろしくディズニーは、さらにネットオークション、天気情報、製品レビュー、映画リスト、フリーメールといったサービスも「ゴー」に盛り込んでいった。「ゴー」の成功を確信して、ディズニーは、別会社としてゴー・ドットコム（後のディズニー・インターネット・グループ）を設立した。

実に野心的な企てではないだろうか？　バックに控えるディズニーの資金力とブランド力を持ってすれば、このような多様なサイトをすべて持ったゴー・ドットコムを、まさに彼らの望む「インターネットへはここから入る」場所にすることなど朝めし前とあなたも思っただろう。

問題は、消費者が新しいポータルを求めてはいなかったということだ。AOLやヤフーで十分だったのだ。相互に関連する複数の機能を備えた一つのブランドとしてまとまることなく、ゴー・ドットコムは、消費者から見て統一感のない、雑多な属性の寄せ集めのままだった。消費者は、スポーツニュースが知りたければ、ESPNドットコムに直接行き、ふつうのニュースを見たかったら

ABCドットコムへ行く。ミッキーマウスの最新情報が知りたければ、ディズニー・ドットコムへ行くのだ。しかし誰もゴー・ドットコムへは行かなかった。また、ゴー・ドットコムも消費者と対話を始めようともせず、まして消費者の心に響く価値提案などまったくなかった。

開設後わずか一二か月で、ゴー・ドットコムはゴーン（行っちゃった）・ドットコムになった。ディズニーは、最も人気のあるESPN、ABC、ディズニーの各サイトに絞ってインターネット事業のてこ入れをし、ゴー・ドットコムは一「エンターテインメントとレジャー」サイトに格下げされたのだ。それから、彼らはMSNと提携してMSN内にディズニーのサイトを開設した。それは、子どものいる家族に優しいサイトで、まさにディズニーの強みである、家族向けというコア・エッセンスを活用するサイトだった。

＊＊＊

消費者との対話は、始めたら終わることのないプロセスだ。これについては、前述の大手ケーブルTV会社（MCC）は手痛い教訓を得ている。第4章で触れたように、MCCは、経済状況と九・一一の同時多発テロが消費者の生活習慣と態度に及ぼした影響を過小評価し、その上テクノロジーの変化の速さについていくこともできなかった。その結果、彼らは徐々に、過去のテクノロジーを使う遅れた会社とポジショニングし直されていったのだ。その価値提案は、明確でなく、定義もうまくされていなかった。感情面でも機能面でも、消費者がMCCとつながりを持てるような、意味のある、独自性のある差別化ポイントも何もなかった。消費者との対話をつねに持つことで、こうした問題の一部または全部を回避することもできたはずだが、MCCはそれすらしなかった。

近年、コカ・コーラも、消費者や顧客との対話のコントロールをなくしている。二〇〇〇年に起こされた人種差別訴訟で二億ドル近い賠償金の支払いを余儀なくされた。これがブランドにかげりをもたらした。二〇〇一年、コークはプロクター&ギャンブルとともに、ジュースをベースにした画期的な飲料とスナックを開発し、世界規模で販売するジョイントベンチャーを設立しようとしたが、このプランは消費者をとまどわせることになり、この話は結局ご破算になった。同じ年、「人生はおいしい」キャンペーンを立ち上げたが、まったく消費者との心理的なつながりを確立できず、ブランドにとっても何の貢献もしなかった。二〇〇三年、コーク（そしてペプシも）は、インドで人体に害を及ぼす量の残留殺虫剤が入った飲料を販売したとして告発された。コークは、その告発内容を否定し、「我々のブランドの飲料には混入物質や毒性は何もありません」と説明する広告を出すことで応じたが、人々を特に安心させるものではなかった（これは、ペプシの反論広告とは対照的だった。ペプシは、「今日、いちばん安全なものを飲むのなら、それはペプシ」として、マイナスの状況をプラスに作用するブランディング・イベントに変えたのだ）。

MCCとコカ・コーラのケースでは、消費者との対話の主導権を奪還するために、先を見越してブランドを構築し直すことができるかどうかが問題だった。ディズニーの場合、状況はもう少し複雑だ。彼らはきわめて雑多な属性を一つのブランドの中に収めようとする計画までポジショニングについて考えることさえできなかったのだ。

では、ブランド・ポジショニングの感覚がつかめたところで、ブランドをいかに構築するか、について話をしよう。お気づきかもしれないが、これはいくつかのステップを持つ一連のプロセスである。最初はここからだ。

1 **ブランド・ポジショニング・ステートメントを作成する**――そのためには以下の問いのいくつかに答えなければならない。

(a) ターゲットとする消費者：あなたが影響を与えようとするのはどういう人か？ その人たちはどこにいるのか？ 彼らのニーズは何か？ 彼らはあなたと競争相手についてどんなことを過去に経験しているか？

(b) 関連性枠組み：消費者の目から見て、関連性あるいは競争的枠組みはどんなものか？ 妥当性のあるあなたのブランドの代替となりうるものは何か？ そして、あなたを競争相手から差別化するものは何か？

(c) 差別化ポイント：あなたの製品やサービスならではの価値提案は何か？ 関連性枠組みにおいて他社ブランドとどんな違いがあるのか？ あなたは消費者に対して、価値を生み出すために、他社より速く、安く、そして他社と違うより優れた何ができるのか？

(d)　サポート：ポジショニング・ステートメントで具体的に言及しなくても、どうやって差別化ポイントを補強し、上記のステップで考えたことを確実に実現するつもりなのか考えておくことが肝要だ。これには、従業員も参加し、彼らが恒常的に実行するのを保証することも含まれる。

第4章に戻って、私が同じことを繰り返そうとしているかどうかチェックするのは、ちょっと待ってほしい。前述のデスティネーション・ステートメントと、いまお話ししているブランド・ポジショニング・ステートメントとは別ものだ。たとえば、デスティネーション・ステートメントは「私はアメリカ合衆国大統領になりたい」といった類のものだが、同じ人物のブランド・ポジショニング・ステートメントのほうは「私はチンチラ飼育農家の絶対的権利を真に理解し、支持する唯一の候補者である」となる。

ばらばらのピースをデスティネーション・ステートメントにうまくはめ込んだ、すばらしい例をお見せしよう。これは、テキサスのブランディング会社リチャーズ・グループがモーテル6のためにつくったものだ。

「節約をする人にとって、モーテル6は全米のモーテルチェーンで最も安い価格の快適な一夜である」

これだけだ。純粋そのもの、シンプルで好感が持てる。ターゲットとする消費者は？　節約をする人。関連性枠組みは？　快適な一夜。差別化ポイントは？　全米のモーテルチェーン一安い価格だ。

メリルリンチのデスティネーション・ステートメントも三つの要件をうまく満たしている。

「幅広い個人と企業のために、メリルリンチは、その考え（情報、アドバイス、ガイダンス）と行動（サービス）を通して、優れた投資実績を提供する、世界のトップレベルの金融サービスブランドです」

このステートメントでは、ターゲットとするマーケット（個人と企業）と関連性枠組み（世界トップレベルの金融サービスブランド）が述べられている。また、差別化ポイント（従業員の考えと行動を通しての優れた投資実績）も入っている。これは企業にとって、従業員が容易に理解でき、コミュニケートできる、明快なロードマップである。

2 **ブランドポジショニングの仮説を検証する**——マーケティングに関する決定は、直感に任せて行うには重大すぎる。大事なことは、あなたがどう考えるかではなく、消費者がどう考えるかである。前述したように、消費者がどう考えているかを教えてくれるであろうデータは購入できる。しかし、私の経験では、外に出て直接彼らに質問するのがベストだ。
アスペン／スノーマスのために用意した質問表の冒頭で、我々は来シーズンほかのリゾートへ行こうと思っているかどうか、回答者に尋ねた。ほとんどすべての顧客セグメントで、ベイルとパークシティに行くという購買意思のほうがアスペン／スノーマスに滞在するよりはるかに多かった。さまざまなスキーリゾート群の中で、各リゾートは競合するものと仮定して、我々は次のような仮説を立てた。現在一つのものとして捉えているアスペン／スノーマス・ブランドに対抗するものとして、アスペン／スノーマスの四つのスキー場を、それぞれ性格の違う消費者に向けて、個性を際だたせたポジショニングとターゲット化をすることによって、重複しない、より大きな消費者層にリーチできる、というものだ。この仮説を検証するため、我々はアスペン／スノーマスの各スキー場について購買意思を尋ねた。結果は、アスペン／スノーマス全体に対する購買意思のほうが、アスペン／スノーマス各スキー場の購買意思を合算したものより、はるかに大きかった。我々の仮説は間違いだったのだ。

アスペン／スノーマスでは、ほかにも多くの仮説を検証した。我々が考えたものもあれば、アスペン／スノーマスのマーケティングスタッフが考えたものもあった。おもしろいのは、まったく正反対の仮説が少なからずあったことだ。たとえば、アスペン／スノーマスは、自分たちの、環境に優しくする取り組みは絶大な動機づけ要因だと確信していた。ふたを開けてみると、ほとんどのスキー客は、どのリゾートが最も熱心に環境問題に取り組んでいるかまったく知らなかった。アスペン／スノーマスの環境対策について知っている人たちはそれに感心していたが、それだけでアスペン／スノーマスを選択する理由にはいたらなかった。

また、アスペン／スノーマスは自分たちの高価格構造がスキー客を遠ざけているのではないかと感じていたが、我々はそうは思っていなかった。アスペン／スノーマスはその地域で最低価格の行楽地には絶対なれないとしても、スキー客のうち、かなりのセグメントは、アスペンでの優れた旅行経験のためにはプレミアムを払うだろうという仮説を立てた。そこから、次のようなことがわかった。

・「多くの予算帯に合わせたパッケージを提供する」は、動機としては最も弱いベネフィットだった。

・アスペン／スノーマスでスキーをしたことのない回答者のうち、価格を理由にしたのは、わずか一二パーセントだった。二五パーセントはアスペンに来なかった理由は特にないと答えている。

・六三パーセントが、「いくら払うかではなく、支払った価格からどれだけ得るものがあったかで価値を決める」に、強く同意すると答えている。

・「もっと高くなったら、いまよりスキーの回数を減らす」に、強く同意すると答えているのは、わずか一六パーセントである。

もちろん、アスペン／スノーマスと我々の意見が一致したこともある。どちらも、優れたサービスが大きな動機づけベネフィットになるだろうと考えていた。しかし、いいサービスというのは重要ではあるものの、じつは「競争参加資格」でしかないことはわかっていた。どのリゾートでもサービスのレベルは総じて十分高く、どこかが際だっては見えないのだ。

これでおわかりのように、あなたの仮説が正しいか間違っているかはたいした問題ではない。大切なのは、そのプロセスからあなたが何を学ぶかだ。さまざまな仮説を検証することで、アスペン／スノーマスの場合、ディスカウント戦術からは距離を置き、その代わりに、より明確なブランドの差別化にフォーカスすべきことが明らかになった。引き続き質の高いサービスは提供すべきだが、より動機づけにつながるベネフィットを犠牲にしてまでそうすべきではないことも明らかになった。ほかのリゾートのサービスレベルより格段に高いサービスは、投資に見合わないリターンをもたらすだろう。

3

自分自身をポジショニングする——ポジショニングの基本ルールは「定義し、実践する」だ。消費者に、あなたが誰であるかを告げ、それから姿を見せるのだ。十分に泡を立てて洗う、そしてすすぐのだ。そして、必要に応じてそれを繰り返すわけだ。

基本ルールの「定義する」は、大いにフレキシビリティがあるが、あなたが占拠したいテリトリーを自分で選ばなければ、競争相手があなたの代わりに、おそらくあなたの望まないような場所を選んでしまうだろう（このことは、次のセクションで詳しくお話しする）。たとえば、ハインツは、瓶からなかなか出てこないぐらい濃厚なケチャップ、ということで優れた定義をしている。それが本当かどうか疑問だが、そんなことは問題ではない。ハインツがそう言ったのだし、「すてきなことは待っている人のところへやってくる」というカーリー・サイモンの歌「アンティシペイション（瞳に恋して）」をCMで流しているのだから。ハーツは、自分のレンタカーをピックアップするのに行列に並ばなくていいと言っている。ナンバー1クラブの会員なら、シャトルバスに飛び乗って直接クルマのところまで行けるのだ。何年も前に、プレーゴは、ライバルのラグーのことを誰も使わないような薄くて水っぽいスパゲティソースとポジショニングした。今日まで、ラグーがどんなに多くの「コクがあって肉がいっぱい」のソースを出しても、プレーゴがいまもって料理人に選ばれるソースと見なされている。

タイメックスは、「時を告げ、時を刻み続ける」ことができることで、一貫して腕時計の品質の高さを定義してきた。彼らは、腕時計で最も成功したアイアンマンという製品を出して、さらに上の段階へと進んだ。そして、アイアンマン・トライアスロン大会のスポンサーになることで、丈夫で長持ちというポジショニングを維持している。

「定義する」パートをはしょって、すぐに「実践する」のほうへ行きたくなる衝動に駆られるかもしれないが、それはやってはいけない。この二つはこの順序どおりに行わなければならない。定義せよ、しかる後実践せよ。もし自分自身のポジションを定義しなければ、誰かがあなたのポジショニングをすることになり、何を実践するにしても苦労するだろう。消費者の期待するものが何かわからないからだ。あなたが競争し、消費者の選択リストの中に入る場所を定義し、さらに、あなたの強みと、望むらくは競争相手の弱みに基づいて自分自身のポジションを定義することが究極的なゴールだ。

ポジショニングは、マーケティングに大金を使える大企業のためばかりではないので、安心してほしい。あなたの地域の職業別電話帳にはその実例が満載だ。近所のピザ店は、うちのピザはこのあたりでいちばん新鮮だと自分のポジションを定義して、実際にそれをデリバリーしてくる。飲酒運転で捕まった人を守りますと広告している弁護士は、かなり混み合っているスペースで仕事をしているが、成功率は九四パーセント、初回の相談料は請求しませんという約束をして、彼はその約束を果たそうとしている。そしてあなたでさえ、そう、あなたのことだ、人と話をしているとき、プレゼンテーションをしているとき、仕事の面接を受けているとき、四〇キロ制限の道を七〇キロで走ったとしてあなたを捕まえた警官と議論をしているときにも、あなたという人間のブランドをポジショニングしているのだ。

どこに自分をポジショニングするにしても、楽なポジショニングをしてはいけない。消費者は、あなたの製品なりサービスなりが少なくとも昨日と同様、今日の自分の生活に妥当性を持っていることを知りたいと思っている。消費者と同じように、我々企業の毎日は変化し、我々のニーズも変わり、価値も変わるが、大事なのは、我々の価値が消費者と同じように変わることなのだ。そして、こうした価値の変化がいつ起こっても、消費者の目の前で、あなたのブランドが意味するものに妥当性を加えて、わずかずつブランドを自らポジショニングし直す必要があるのだ。実際、大事なのは、ブランドが意味するものだけでなく、消費者の「私のためにそれは何をしてくれるのか?」、「それはどうやって私の生活をよくしてくれるのか?」という問いに対して、ブランドが何を意味するか、なのだ。

消費者ニーズの再定義とそのニーズに合わせてポジショニングをリノベートすることにか

けては、マドンナの右に出るものはいない。セックスシンボル、マテリアルガール、映画スター、バッドガール、本格的な女優、ポップスター、母親、そして最近では子どもの本の著者として、最初の作品が三〇か国語に訳され、一〇〇か国で出版されたばかりだ。コンスタントに自分のブランドをリノベートし続けることによって、マドンナは自分のコアのファン層には何度も自分のところへ戻ってくる理由を与え、ファンでなかった人たちにはファンになる新しい理由を提供し、新たな競争相手には、どうすれば彼女に追いつけるのか、絶えずとまどわせている。マドンナのマーケティングスキルは、ブリトニー・スピアーズと比べても優れている。ブリトニーは、無垢な一〇代のポップアイドルから若くてセクシーな女性タレントへ移行しようとして苦労している。しかし、そこにはクリスティナ・アギレラがすでにいる。現在、ブリトニーのアルバムを買っているのが誰なのかはどうもはっきりしないが、彼女の音楽は好きではない多くの人（そう、男性だ）でも、表紙に（半分裸の）彼女が出ている雑誌は買ってくれる可能性は高い。

ここで、コンコルドについてちょっと考えてみよう。これは、最低のポジショニングの上にリノベートすることを頑強に拒んだ典型例だ。当初から、コンコルドはリッチで有名な人たち専用の特別な空の旅のスタイルとしてポジショニングされていた。エグゼクティブ層も利用したが、社用の法外な出費の典型というレッテルが貼られた。コンコルドは、その延長線上で、ロンドンとパリでビジネスをする経済的で効率的な方法として、ポジショニングし直すべきだったのだ。そう、コストは少し余計にかかるが、すっきりと準備万端の状態でミーティングに出られて、かつ出張にかかる時間も削れるのだ、と。

ポジショニングはどこでも誰にでも行われることを考えるために、イギリス王室がいかにまずい対処のしかたをしてきたか見てみよう。何ら政治的実権のない王室は、慈善事業とタブロイド紙を売る以外に王族は何ができるのか知りたいと思っている「臣民」との絆を築こうと苦しい戦いを続けている。第二次世界大戦中、エリザベス皇太后はドイツ軍の空爆のさなかにもバッキンガム宮殿を離れなかった。そのことは、イギリス国民に、皇太后は自分たちのことを心から心配し、国民の労苦に思いを致しているのだと感じさせた。たしかに、王族には一般人とは異なる責任と義務があり、それが彼らをほかとは違う、特別な、そして尊敬に値する存在にしていた。

半世紀後、熱烈に王制を支持するイギリス臣民は少ない。不倫、あからさまな不和、度重なる離婚、そして修復費がかさむウィンザー城の火事は、王族を応分の納税をしないただの金持ちファミリーにしてしまった。おそらく最大のポジショニングの間違いはダイアナ元妃の死の直後に起こった。エリザベス女王は、国民同様自分も打ちのめされていると即座に知らせることなく、第一声まで何日もかかったため、女王はダイアナ妃の死など気にしていない、と人々は思ってしまったのだ。

最近の王族の間に蔓延するスキャンダルの数々は、たしかに女王の手に負えるものではなかろう。しかし、女王のダメージコントロールのしかたが、イギリス社会における女王のポジショニングに影響を及ぼすことを認識すべきだったのだ。

4

競争相手をポジショニングする——意識するしないにかかわらず、何らかの形で自分をポジショニングするときはつねに、あなたは競争相手のこともポジショニングしていることになる。そして当然のことながら、同じことが相手方にも当てはまるわけで、つねに新鮮であり続ける必要性がここでも重要になるのだ（第5章で見たように、あなたの主要な競争相手が特定できたら、どの企業にターゲットすべきかわかるだろう）。

競争相手のポジショニングは、能動的にも受動的にも行われる。一九七〇年代、ロナルド・レーガンは、口を開くたびに頭を振りながら「また、その話ですか……」と言うジミー・カーターを、アイデアのない人物として何度もポジショニングした。何回か後の大統領選では、「君は、ジャック・ケネディじゃない」と言って、ロイド・ベンツェンは、ダン・クエイルを頭の悪い人物としてポジショニングした（不幸にも、ベンツェンはその台詞で容赦ないいじめっ子として自分をポジショニングしてしまった）。オキシクリーンは、シミのついた布を二つに切って片方をオキシクリーンで、片方をタイドで洗い、オキシクリーンのほうがずっときれいに洗えていることを見せて、自らを最高の洗濯洗剤とポジショニングし、タイドを十分に機能を果たせないものとしてポジショニングした。そして、サブウェイは、一個当たりの脂肪分比較表を印刷したナプキンを使用することでマクドナルドは脂肪分の多い、健康に悪い食品ばかり食べさせる店であると毎日ポジショニングしている。特定の社名を挙げないことで、効果的に競争相手すべてを悪者としてポジショニングするというアプローチは、ブレヤーズ・アイスクリーム、ワイズポテトチップといった、ほかの会社でもひじょうにうまくいっている。ワイズのコマーシャルでは、すべて天然材料でできているワイズの原材料表示を読んだ人たちが、長く恐ろしげな響きの言葉が並ぶ他社製品の原材料表示と格闘している。

アスペン／スノーマスの仕事をしていて気づいたのは、比較的成長が止まっているスキーリゾート市場では、ベイルが最大の競争相手であり、基本的には、ベイルが勝ってアスペン／スノーマスが負けるか、その逆かのゼロサム・ゲームだということだ。そのため、アスペン／スノーマスは、自身をより妥当な選択肢としてポジショニングすることに加えて、ベイルをより妥当でないものとしてポジショニングしなければならなかった。スキー客は、すでにスキーのベネフィットは認めているが、ほかならぬアスペン／スノーマスでスキーをすることのベネフィットを認める必要があるのだ。

アクセスの容易さを考えたとき、アスペン／スノーマスは、ベイルよりデンバーから遠くて、飛行場もひじょうに小さいため、購買意思を一〇パーセント落としていることがわかった。ただし、我々は、そのハードルをひじょうに高い動機づけに変換することに成功した。

ハイウェーがすぐそばまで来ている道路沿いのリゾートなら、道もスキー場も混むが、道路から遠いということはどちらも空いているのだから、「行きにくいところだが、行くだけの価値はある」とポジショニングしたのだ。これは、すべてのターゲット・セグメントにとってひじょうに重要な動機づけになり、その上アスペン／スノーマス全体のポジショニング「極上のスキー休暇体験」を後押しするベネフィットにもなった。繰り返すが、ゼロサム・ゲームである以上、ベイル（およびその他の近くのリゾート）を混んでいてゆとりがないとポジショニングすることは、アスペン／スノーマス自身のポジショニングにとってきわめて重要な点なのだ。

より受動的ということでは、暗示によるポジショニングがある。私は、よくニューヨークで仕事をしているのだが、そこで世話になっている運転手に私が書いた本をプレゼントした。次に会ったとき、彼は「あなたのことが嫌いな人は大勢いるんでしょうねぇ」と言った。そのとおりだろうが、どうしてそう思うのか尋ねてみた。「これだけ鋭いものの見方をしていて、他人の見方には相当手厳しいからね」。それは、端的に言って一種のポジショニングだ。自分は背が高いと言えば、ほかはみな背が低いことを私は暗示している。そして、自分自身の信条を公の声明にすれば、そのほかはみな間違っていると公に言っていることになるのだ。

この種のアプローチは、競争相手を一つか二つの望ましくない特性に集約するのに特に効果がある。自らを濃厚で出にくいケチャップとポジショニングすることで、ハインツは他社をすべて水っぽくて受け入れがたいとほのめかしている。エイビスが「もっとがんばります」

と言えば、私たちはあなたのために何でもします、そしてハーツは怠け者であなたのために喜んで働こうとはしていません、と言っていることになるのだ。特別いい例は、ベライゾンの「ねえ、聞こえる?」キャンペーンだ。これは、競合する携帯電話会社各社を、通話がすぐ切れ、雑音もひどい、信頼性の低いネットワークとしてポジショニングした。ベライゾンは、競合他社の脆弱性を創造的かつ効果的に利用して、うまく他社をポジショニングしたことで、自らをクリアな通話のネットワークを提供する全国的リーダーとしてポジショニングしたのだ。

不本意な再ポジショニング

気をつけてほしい。ブランド・ポジショニング・ステートメントは、たとえそれが最も完璧なものでも、絶対に失敗しないわけではない。まったく手に負えないような事態が起こって、あなたのブランドに対する消費者の見方を劇的に変えてしまうことがあるのだ。したがって、不測の事態に対応するプランは用意しておいたほうがいい。

不本意な再ポジショニングの例をいくつか挙げよう。多くの人にとって、カトリック教会はいわゆるブランドではないけれど、信仰、神聖さ、美徳を過去二〇〇〇年にわたり象徴してきた。ところが、この数年で様相は一変した。性的虐待の申し立てが続いて教会に大きな打撃を与え、かつてあまりにも崇高であったものが突然スキャンダルにまみれたのだ。聖職者たちは、神の声を直接聞き伝える者から、高潔さを著しく欠く存在となってしまった。教会はポジショニングし直されることから免れることはできたのだろうか。おそらく完全ではないだろうが、最初に告発が表面化したときに即座にアクションを起こしていれば、ある程度打撃を弱めることはできたはずだ。現状では、教会の価値提案はもはやその消費者（信者）を無条件に引きつけることはできず、ブランドへの信頼も地に落ちたため、カトリック教会全体が完全復活をすることは難しいかもしれない。

製薬会社の多くは、不本意にポジショニングし直されているか、間もなくされることになる。たとえば、イーライ・リリーは、「プロザック」ブランドを鬱症状の特効薬としてポジショニングし、それを活用して二七億ドルを売り上げた。しかし二〇〇一年に特許が切れるや、ジェネリック医薬品製造会社が市場に殺到し、プロザックのポジショニングと売上げの九〇パーセントを奪い去ったのである。アメリカ食品医薬品局（ＦＤＡ）のジェネリック医薬品部によると、二〇一〇年までに、年間売上げで二〇〇億ドル以上の薬品が特許切れを迎えるという。最近では、抗アレルギー薬クラリチンと潰瘍薬プライロセックの有効成分が市販薬化され、市場において大きなプレッシャーを受けている。

あなたの会社も、テクノロジーの進歩でポジショニングをし直されるかもしれない。今日の社会ではすでに不要となった、ミシンのシンガー、タイプライターのスミス・コロナのことはすでにお話しした。ほかにもテクノロジーの進歩で脅威にさらされている分野がある。たとえば、旅行代理店は間接経費の小さいオンライン旅行サイトと競争しなければならない状態だ。消費者はいまや自分で調べて、自分で切符、レンタカー、ホテル、食事の手配までするようになっている。多くの消費者にとって、旅行代理店は数ドルを節約するために簡単に切り捨てられる仲介業者以外の何物でもない。もし私が代理店に勤めていたら、いますぐ何か新しいスキルを身につけようと考えるだろう。この業界には、すでに不吉な前兆が見えているからだ。

会社の顔であるCEOであれ、封筒にタルカムパウダーを入れて、炭疽菌だと同僚に言う郵便係であれ、企業もまたその行動によってポジショニングし直されることがある。こうした再ポジショニングはきわめて些細であることもあるが、従業員が顧客に害を及ぼしたり、脅かしたり、あるいは公になるスキャンダルを引き起こしたりすれば、あなたのブランドは打撃を受けてしまう。デニーズが従業員から人種差別で告発された事件は巨額の裁判に発展し、同社の評判は著しく傷ついた。

一人の卑劣な記者が、過去一〇〇年間で世界中で最も重要かつ尊敬されてきた新聞ニューヨーク・タイムズを再ポジショニングした例を見よう。同紙のスローガン「印刷するにふさわしいあらゆるニュース」は、ニューヨーク・タイムズをより抜きの記事だけを載せる新聞、そしてほかはみな得体が知れない新聞として、みごとにポジショニングしている。二〇〇三年、そのニューヨーク・タイムズでジェイソン・ブレアのスキャンダルが起こった。前途有望な記者が盗作し、嘘をつき、そしてでっち上げ記事を書いたのだった。名誉挽回のために、同紙はためらうことなくその件を取り上げ、四ページにわたる謝罪記事を載せ、編集幹部が二名辞任した。もしもすぐに忘れられるだろうと楽観して、そのスキャンダルを無視しようとしていたら、同紙は決して立ち直れなかっただろう。

前にも言ったように、個人にもポジショニングがある。うかうかしていると、ポジショニングはあっという間に変わってしまうものだ。一九五〇年代、ジェリー・リー・ルイスはエルビス・プレスリーと同じくらい人気のある歌手だったが、一三歳のいとこと結婚したことで好色家としてポジショニングし直されてしまった。O・J・シンプソンというブランドも、たとえ無実を勝ち取っても元妻とその恋人を殺した容疑で裁判を受けた身となっては価値がない。バスケットボールのスーパースター、コービー・ブライアントは、レイプで訴えられて、有罪判決後はもちろんのこと起訴される前に、多くのスポンサーを失った。

おそらく最も効果的に不本意な再ポジショニングをするのは、まったく予期しない大災害だろう。航空会社はこの種の再ポジショニングに特に見舞われやすい。たとえば、TWAは一九九六年の800便墜落事故からまだ完全には立ち直っていない。しかし、ほかの業種でも大打撃を受けることがある。二〇〇二年には、謎のバクテリアがクルーズ船で大量発生した。乗客が何百人も具合が悪くなり、キャンセルも何百件と出た。一九九〇年には、エクソン・バルデス号がオイル漏れを起こして、エクソン・ブランドは環境破壊の象徴になった。

そして、九・一一の同時多発テロ事件は、当然のことながらニューヨークとワシントンDCの観光業を再ポジショニングしただけに留まらなかった。二〇〇一年九月一〇日、つまり事件前日のジョージ・W・ブッシュというブランドを考えてみよう。彼の支持率は四五パーセントそこそこだった。マーケティング用語で言うと、ブッシュ・ブランドの消費者は、アメリカ人が大統領を評価する基準に照らして、彼にマーケットシェアの四五パーセントだけを与えていた。ところが、一か月後、ブッシュの支持率は九二パーセントに跳ね上がった。怠惰なマーケターなら、大衆の気が変わった結果と言うところだが、それは違う。変わったのは、我々が彼を評価する基準だ。九・一一以前は、大統領の評価を聞かれた人は誰も、テロリストに国民が攻撃されたときに大統領がいかに国民を結束させ、いかに強気な発言をするかで評価しようとは思っていなかっただろう。九・一一以降は、それが最重要基準になり、大統領の減税策や、教育改革、社会保障問題などはまるでかすんでしまったのだ。ブッシュは、テロに立ち向かう強い大統領としてポジショニングし直されたのだ。

同様に、二〇〇三年のイラク侵攻以前、ブッシュは自らを、世界を救うためにサダム・フセインの大量破壊兵器を探し出そうと努めている、とポジショニングしていた。しかし、兵器は見つからないまま時間だけが過ぎ、ブッシュのタフガイ・ポジショニングがかえって彼に災いとなって返ってきた。真偽のほどは別にして、メディアと政敵に、事実をもてあそぶ無責任な大統領として再ポジショニングされるのを許したのだ。

マクドナルドをはじめ多くのファストフード企業は、危険な企業として急速に再ポジショニングされつつある。マクドナルドが肥満男性に訴えられたという話を最初に聞いたときは誰もが笑ったものだが、同社に対する告訴は後を絶たない。最近では、マクドナルドのせいで肥満になり、ほかの健康上の問題が引き起こされたとする一〇代の少女二人の提訴を、連邦判事が棄却した例がある。結果はともかく、この判事は審議の中でチキンマックナゲットのことを「家庭料理には使われないようなさまざまな材料でできた、マクフランケンシュタインの化け物」と表現し、チキンマックナゲットには「鶏肉以外にひじょうに多くの素材が使われており、ハンバーガーの二倍の脂肪分がある」ことを、理性ある消費者が知りうるかどうかは疑問だとした。

そのようなことで、突然マクドナルドはじめ多くの企業(コークを含む)は、戦々恐々の事態になったのだ。弁護士たちは一連のタバコ会社訴訟の再来を期待している。学校の理事会は、続々とコカ・コーラやペプシとの契約を破棄し、クラフトを含むほかの企業は製品サイズを小さくし、子ども向けのマーケティングを削減すると約束しているのだ。同じく、フリトレーは現在ほとんどのチップスは脂肪分の少ない油で揚げ、また焼きスナック菓子のラインを拡張してきている。FDAまで乗り出してきて、トランス型脂肪酸を含む食品はすべてラベルに記載することを要求している。トランス型脂肪酸がそんなに体に悪いとするなら、それは基本的にメーカーに対して、原材料に「毒」と表示することを強制するようなものだ。

こうした大きな外的変化に即応して自らを再ポジショニングする企業もある。マクドナルドはトランス型脂肪酸を削減中で、新たにメニューにサラダの導入も行っている。また、少なくともレストランチェーン一社が低カロリー・低脂肪食をメニューに加えるため、会員制肥満解消教室ウェイトウォッチャーズとジョイントベンチャーをスタートさせた。うまく再ポジショニングができる企業はこうした状況も切り抜けることができるだろうし、うまくいかない企業は消えていくことになるだろう。

同じようなことが二〇〇三年春のＳＡＲＳ（重症急性呼吸器症候群）流行のときにも起こった。ＷＨＯ（世界保健機関）にＳＡＲＳ流行地域への渡航自粛勧告の発表が求められたため、その発表がなされるたびに新しい都市がＳＡＲＳ感染地域としてポジショニングされていった。当然、「感染地域」となると、ほとんどすぐにその都市の観光業は壊滅的な打撃を受ける。その不運な都市の一つがカナダのトロントだった。トロントは、時間をムダにすることなく対話のコントロール回復に動き、この致死性ウイルスについてはクリーンで健康な街という再ポジショニングを行った。彼らは、「健康でクリーン」なポジショニングを補強するためには、できることはすべてやった。慈善コンサートにローリングストーンズまで呼んだのだ。数か月後、今度はカナダとアメリカの東部の大半がマヒする大停電になり、トロント観光は再び大打撃を受けた。しかし彼らは間髪置かず、トロント国際映画祭にニコラス・ケイジ、ニコール・キッドマン、デンゼル・ワシントンらを出席させることに成功したのだった。

自主的再ポジショニング

これまで不本意な再ポジショニングについてお話ししてきたが、自らポジショニングをし直す動機を持つ、あるいは持たねばならない場合がある。ことブランドに関するかぎり、古いことわざ「壊れてもいないものを直すことはない」は当てはまらない。つねに競争相手の上を行くつもりなら、顧客のニーズと要求に合わせて、壊れる前につねにあなたのメッセージとイメージを修正しなくてはならない。

しかし、これではあなたのブランドがいつも顧客の気まぐれに振り回されていることにならないのだろうか？　あなたが完全に方向を変えたいと思ったらどうなるのだろうか？　クライアントがこう聞いてくるときには、私はいつも同じ答えをする。あなたのブランドをつくり直すことは、新しい顧客の創造といった何らかの魅力的な効果をもたらすかもしれないが、それはまたあなたのビジネスのベースである、現在あなたのブランドを支持しているコアの顧客を無視することでもある。だから、もしまったく新たにブランドをつくり変えようとするなら、そうするだけの理由を持たなければならないと。

自主的再ポジショニングの好例は、ミラーライトが最近やっている再ポジショニングキャンペーンであろう。ミラーは製品の特性はまったく変えずに、製品イメージを変えることに成功したのだ。第4章で述べたように、ミラーライトは「ミラー・タイム」プロモーションをしまい込んで、ミラーブランドをただのコモディティに変えてしまっていた。

ところが、ミラーライトはほかのライトビールより炭水化物が少ないことがわかり、これはミラーにとって追い風となった。炭水化物を極力とらないアトキンスダイエットの信奉者に選ばれる飲料になるからだ。ミラーライトの新しいスローガンは「低炭水化物。これで、あのビールのカロリーを洗い流すビールがあなたのものになる」。これは、引き続きコア・エッセンスの「味は最高、おなかも張らない」を補強するだけでなく、新たな購買インセンティブを提示したのだ。

もちろん、ブランドの再ポジショニングは、したくなったときにするというものでもない。ブランド成功のために不可欠なときもある。たとえば、マールボロはもともと女性向けのタバコとしてポジショニングされていた。実際、「おしゃべりな口紅の跡を隠す」赤いフィルターをつけていた。一九六三年以降はマールボロマンを登場させ、ひじょうに男性的なタバコとしてポジショニングし直したのだ。またGMのサターンは、当初最高品質のアメリカ車としてポジショニングしていたが、しばらくして、サターンと顧客とを結ぶ絆を強調するポジショニングへ変わった。

ブランドをいつどのようにポジショニングし直すかは、ブランドのデスティネーションを理解すること、そのターゲットにフォーカスし続けることの関数による。このあたりは政治家がひじょうにうまいところだ。彼らのブランド・デスティネーションは、選挙で選ばれることであり、そこへ到達するためには必要なことは何でもする。それは時に自分の手法や戦術、そして彼らのメッセージさえ変えることを意味する。もちろん、あなたの顧客に嘘をついたり、守る気もない約束をしたりしてもいいというわけではないが、ここで言いたいことは過去にうまくいったことがこれからも通用する保証はないということだ。しかし、ブランド・デスティネーションとポジショニング・ステートメントを忘れなければ、「おっと、間違えた」とか「うーん、その戦術だとうまくいかないな、どうも新しいものが必要だ」と堂々と公言することができるのだ。

最後に、どんな再ポジショニングにおいても、コア・エッセンスの役割を忘れないことが肝要だ。たとえば、バイエルはほとんどアスピリンの代名詞になっているが、非アスピリン剤の使用が推奨されてからこのかた、苦しい時期が続いている。ジョニー・ウォーカーは、ジンを売ることができるだろうか？　私にはそうは思えないが、シングルモルトウィスキーと、缶入りカクテルぐらいは売れるかもしれない。また、ＧＥが小型家電製品を売ることはできただろうか？　できたかもしれない。その場合、ＧＥのコア・エッセンスのどこが活かされるのだろう？

いまは昔となったブームを忘れるな

ポジショニングをリノベートすることは、そのポジショニングにとらわれすぎないかぎり、ビジネスの成功に欠くべからざる構成要素の一つだ。あなたの究極のゴールは、より多くのものをより多くの人に……（続きはわかっているはずだ）。それができるかどうかはリピーターを得られるかどうかに大きく依存する。頻繁にポジショニングを変えてしまうと、一度買った消費者が二度と戻ってこない一時的なブームで終わってしまう。食品や消費財、ファッションの会社はこの種のことを恒常的に行っている。消費者はそのうち脂肪分ゼロの食品にうんざりして、大きなズボンを買うようになるだろう。また、天然資源を浪費し、ゴミ廃棄場をいっぱいにする、使い捨て製品を買うのもやめるようになるだろう。

かつてみなこぞってアイゾッド・ラコステのワニがついたシャツを着ていたことを覚えておいでだろうか？　エスプリは？　こうしたブランドがポップカルチャーになっていた頃からずいぶんたつ。ケッズは？　ティーンエイジャーの女の子の「必須アイテム」からあっという間に陥落したジーンズブランドは、枚挙にいとまがない。ジョーダッシュ、グロリア・バンダービルト、Z・カバリッチ、ゲットユーズド、ゲス、GAP。いまはセブンとジューシーが旬だが、それがほかのブランドより長続きするとは思えない。時代に合うように自分たちのポジショニングをリノベートできる、ファッション企業はごく少数でほとんどが消えていってしまう。

エンターテインメントの世界でも数多くのブームが生み出される。クイズ番組「百万長者になりたいのは誰？」（「クイズ$ミリオネア」のオリジナル版）を見てみればいい。はじめは数週間に一度のペースで放送される番組だった。それが一週間に数回になり、ほとんど毎晩になったが、そのうちに飽きられてしまった。いいこともやりすぎれば悪くなる。キャベツ畑人形（一九八三年）やエルモ人形（一九九六年）、ビーニー・ベビー（一九九七年）で、どの子も遊んでいたのを覚えているだろうか？

ブームで終わってしまうという問題は、企業が消費者の好みが変わったことを認めないときに起こる。今日ある世の中の状況が明日、あるいは明後日、あるいは来年もあるとは限らない。新しい消費者のプリファランスを獲得するために企業のコア・エッセンスを活用せず、消費者はいつまでも自分たちのブランドが好きでいてくれる、と幻想を抱いているブランドはあまりにも多い。こうした手合いは、バービー、レゴ、クレヨラといった、絶えず自分たちのポジショニングと妥当性を更新し、自らのコア・エッセンスに忠実にあり続けながらも、世代を超えてコンスタントに売れ続ける子ども向けブランドから学ぶ必要がある。

5　仮想消費を避ける――ポジショニングの究極的なゴールは、ビジネスにおいてあなたが行っているほかのゴールとまったく同じように、消費を拡大することである。だが、気をつけてほしい。すべての消費のタイプを同じように扱ってはいけないのだ。用心すべきものに「仮想消費」がある。

そんなもの聞いたことがないって？　では、こいつにビジネスを殺されたくなければ、よく聞いてほしい。仮想消費とは、消費者が表明しているプリファランスと、行動が食い違っていることだ。そして、それはよく起こることである。

本書の共著者アーミンは、一種のポルシェマニアだ。ポルシェに関する本が家を埋め尽くし、パソコンのスクリーンセーバーもポルシェだ。彼はエンジン音を聞いただけで、そのポルシェの型式と年型を言い当てることができる。もしギャラップの調査員が街で彼にお気に入りのクルマは何かと尋ねたら、答えは決まっている。彼が身につけているポルシェTシャツとベースボールキャップを見れば明らかだ。しかし、アーミンはポルシェを所有していないし、近々買う予定もないだろう。だが、すでに彼が購入したものがある。それはポルシェの価値提案だ。アーミンは、ポルシェを抜群にかっこよく、運転して楽しいクルマと思っている。そして、友人のポルシェを運転するときのフィーリングが大好きだ。自身を重要な、成功者として、いい気分にさせてくれるのだ。しかし忘れてはいけないのは、価値提案を買うことと製品を買うこととの間には大きなギャップがあることだ。

仮想消費が生じるのは、企業が売上げではなく、知名度と消費者認知を成功の印として使うときだ。九〇パーセントの企業はこれを行っている。彼らいわく「いや、驚いたな、消費者の一〇〇パーセントが、我々のことを知っている。九三パーセントはお気に入りのブランドと言っている。八五パーセントはとても好感が持てるブランドだって！」。それなら、どうしてマーケットシェアがたった一五パーセントしかないのか、理解できないのだ？　そう、残念ながら愛があるだけでは家賃は払えないのだ。高い妥当性のないブランド認知度や好感度を得ることはあまりにも簡単だ。しかし認知度と好感度は、買う動機にはならない。

テレビ広告は、特に仮想消費を生み出すのに優れている。場合によっては、コマーシャルが成功すればするほど、（実消費が減って）仮想消費が増える。アップル・コンピュータの有名な「違う考え方をしよう《シンク・ディファレント》」キャンペーンの間、アップルのシェアは下がり、広告費一ドル当たりの売上げはコンピュータ業界最低になった。基本的に同じことがタコベルのチワワのコマーシャル、バドワイザーの「調子はどうだい《ワッサップ》？」シリーズにも言える。そして、私がコカ・コーラ史上最も人気のある二つの広告「ミーン・ジョー・グリーン」と「世界に歌うことを教えてあげたい」を打ち切ったのも、同じ理由だった。どちらも絶大な人気があったが、どちらもコカ・コーラをたくさん売ることには何ら貢献しなかったのだ。

仮想消費には救済策が二つある。一つめは、「消費」の定義を変えることだ。消費とは「売上げ」であって、知名度ではない。二つめは、いちばん大事なことだが、消費者が一度買ったら繰り返し戻ってくるような妥当性を持った価値提案が消費者にできるように、ブランド・ポジショニングをリノベートすることだ。

仮想消費に関するケーススタディ——スターバックス

ここで少し、仮想消費にこのところ翻弄されている企業、スターバックスの話をしようと思う。

一九六〇年、コーヒーは市場浸透率七〇パーセントだった。人は一日平均三・二杯のコーヒーを飲んでいた。一九八八年には、浸透率は五〇パーセントに下がり、一日の消費量は一・六七杯に落ち込んだ。誰もがコーヒー・カテゴリーは死んだものとあきらめかけた。若い消費者は、熱い飲み物は飲みたがらないし、コーヒーの味も好きではない、飲むのに時間がかかるような飲み物にさく時間もない、というのがその理由だった。そこにスターバックスが登場して、彼らの考え方を一変させた。

スターバックスが、カテゴリー全体をポジショニングし直したのだ。もう、「コーヒー一つ」などというつまらない注文はしない。突然、注文はグルメブレンド、ダブルモカカプチーノ、エスプレッソ、ラテになり、テーブルは友人とおしゃべりしたり、モバイルパソコンをつないで仕事をしているふりをする場になった。そして、スターバックスはコーヒーそのものを再ポジショニングし、朝目を覚ますための飲み物から、五感を刺激し、世界を発見し、自分に癒しを与えるものにしたのだ。そして、彼ら自身を、消費者の気持ちに再び火をつけて「私のコーヒーなんだから、好きなようにさせてよ」と熱くさせる企業としてポジショニングした。

その結果は驚異的だった。このカテゴリーは完全に息を吹き返し、下降線をたどっていた消費も上向きに転じた。一九九九年、市場浸透率は七六パーセントに上昇し、一日の消費量は三・五杯に上がった。どちらも一九六〇年より高いレベルだ。カップのサイズも大きくなり、使われているカップの三三パーセントが二三〇ｃｃ以上入るものである。カテゴリーが死に体だった一九八八年、スターバックスの店舗はわずか三三軒だったが、今日では五〇〇〇軒を超えている。

スターバックスは、このカテゴリーを圧倒的に支配する企業である。カテゴリーユーザーの六三パーセントが、スターバックスを一番のコーヒー専門店と認識している。半数以上（五六パーセント）は、月に数回かそれ以上スターバックスに行くと言っている。そして八八パーセントの人は、今後一二か月間に、いまより頻繁にスターバックスに行くつもりだとしている。

こうした数字がスターバックスの支配的ポジションをますます強固にすることにつながる一方、我々のリサーチは、同社のユニークな存在理由が失われる危険性も示唆している。多くのカテゴリーユーザーが、スターバックスは、ほかとは違うユニークな経験をもう提供できないと考えているからだ。五七パーセントの人は、ぴったり自分の希望どおりにあつらえたコーヒーが複数のブランドで手に入る、と答えている。四四パーセントはスターバックスで手に入るのと同品質のコーヒーがほかのブランドでも入手できるとしている。そして四三パーセントは、スターバックスで気に入っているところ、つまり自分にとってスターバックスを特別なものにしている点が、多くのよその店でも手に入るようになった、と言っている。

特に気がかりなのは、長年スターバックスを愛用している顧客のほうが、新しい顧客より上記の各点について同意する、としていることだ。全体では、これまで以上にスターバックスを特別な存在たらしめてきた点がいまはほかの店にもあると答えているのが、長期スターバックス利用顧客の四六パーセントに対し、新しい顧客層では三一パーセントである。このことは、確立したコア顧客層においては、スターバックスがブランド価値とその特別なポジショニングを喪失しつつあることを示唆している。もしその傾向が続くならば、万事休すだ。

今後一二か月、スターバックスに行く頻度はいまより少なくなると答えた顧客がそうする主な理由は、価格だった。価格の問題は、いつでも警告のサインになりうるが、差異が認められなければ消費者はプレミアムを払おうとしない現下の経済状況では、特に大きな障害になっている。価格がスターバックスのアキレス腱なのは明らかだ。そして消費者が抱いているスターバックスの独自性に対するイメージが改善されないと、事態はもっと悪くなるだろう。

スターバックスがすべきことは、顧客のニーズに合わせて、あるいはそれを先取りして、ブランド・ポジショニングを全面的にリノベートすることだ。最初のステップは、何らかの手を打ってクッキーやケーキなどの焼き菓子の質を改善することかもしれない。

第8章

Renovate Your Customers' Brand Experience

原則6 顧客のブランド経験価値をリノベートせよ

ここで、皆さんに質問だ。あなたはどんなビジネスに従事し、何を売っているのか？　正確に答えられるだろうか？　あなたがどんな答えをしたとしても、それは間違いだ。自分は製品やサービスを売っていると考えたとしても、実際に売っているのは「経験価値」なのだ。そして詰まるところ、その経験こそがあなたと競争相手を区別する、ただ一つのものなのだ。

多くの場合、製品を提供する企業がどれほど懸命に関係を構築しようとしても、経験が製品自体と何らかの関係があることはめったにない。たとえば、アップルは、簡単で楽しい使用経験とスマートなデザインを消費者に約束し、実際にそれを実現してもいる。しかし、このアップルの経験価値は、ごく限られた特別なグループに属していると感じられるフィーリングにずっと近い。これはハーレー・ダビッドソンを所有するのと同じようなことだ。たしかにハーレーは、最も心地よい、あるいは最も速い、あるいは最もいいデザインのバイクではないかもしれない。そして、ほとんどのハーレーの持ち主は、ホンダやカワサキの持ち主ほど頻繁に自分のバイクには乗らない。しかし、そんなことは問題ではないのだ。ハーレーの大型バイクを買う理由は、ハーレーならではの経験価値を求めているからなのだ。アウトロー、「生きるために乗り、乗るために生きる」、「ヘルズ・エンジェルズ」、メイド・イン・アメリカ、髪をなびかせる風、アメリカンクラシック、そしてもちろんあのハーレー独特の排気音。

製品そのものがほとんど付け足しのようになってしまう理由は、テクノロジーが進んだおかげで四八時間もあれば、類似した製品をつくって店頭に出せるからだ。数年前、P＆Gがスウィッファー・ウェットジェットという、希釈済みの床用洗剤がセットされていて、それだけですぐに簡単に使える床掃除ワイパーを導入した。しかし、クロロックス社がすぐにレディ・トゥ・モップというほとんど同じ製品を出したのだ。ウェットジェットが出たわずか七か月後、P&Gは価格を半分に引き下げた。これと同様の「ミー・トゥ」マーケティングは、毎日何百回と行われている。

これだけでも興味深いことだが、私には、なぜ製品の経験価値がここまで多くのカテゴリーで新たな競争基盤になったのかが大きな疑問だ。二〇〇一年、わが社が行った大規模な消費者リサーチで、九・一一以降、消費者が家族とその関係づくりを特に重視するようになったことがわかった。この洞察のおかげで、こうした消費者の価値観の変化をうまく取り込んで、クライアントの製品やサービスのポジショニングを改善する提案ができた。

最近、再度行った消費者リサーチでは、九・一一の辛い記憶は薄れてきて、大方の人の生活も元どおりになったが、何かしら引きずっているものは残っている。消費者が教えてくれたのは、もしも金儲けをするか、のんびりした生活をするかの選択を迫られたら、自分はのんびりした生活のほうを選ぶということだった。また、彼らの心に響くブランドや製品とは、節約をさせる製品ではなく、自分の時間をより楽しくしてくれるものだとも答えている。

どうも「時間」が、新たな通貨になったようだ。そしてこの通貨の不足が、消費者をこれまで以上に「現在時制」に対してより敏感にし、差別的にし、注意深くしたのだ。それゆえ、製品のベネフィットや属性だけではもはや十分ではない。今日の消費者は、経験、つまり、自分が感じることができる経験、自分の感情や姿勢そして人生までも変えるような経験を求めているのだ。

このようなことは途方もない話に聞こえるかもしれないが、消費者の欲求におけるこうした変化に気づくことはあなたの会社にとってすばらしいニュースなのだ。あなたの会社が「経験価値」で勝負できるということは、自らの競争的枠組みを拡大し、付加価値をつけて競争相手と差別化するチャンスを拡大することができるということだ。英国航空とサウスウェスト航空について考えてみよう。英国航空は「英国流の心地よさ」を売り物にし、一方サウスウェスト航空は「余計なサービスのない空の旅」を売り物にする。このまったく違うブランドが提供するのは、そう、まったく違う経験だ。ただ、両者とも、自社商品を吟味し、決定し、購入し、利用するプロセスを含む、コアの価値提案を拡大してきた。私の意味するところを示す例をもう少し挙げよう。

ある意味で、サターンはクルマを売っているのかもしれないが、彼らが提供しているものは紛れもないクルマを買う経験だ。バーンズ&ノーブルは本を売っているが、提供しているものはあらゆる意味で本を買う経験であり、スターバックスはコーヒーを売っているが、提供しているのは特別なコーヒーハウス経験なのだ。

「経験」は、サービスの経験でもある。たとえば、リッツ・カールトンは彼らが提供する経験が成功のカギであることをよく理解していて、宿泊客の好みの変化を絶えずモニターして、つねに最高の経験を味わえるようにしている。最近加わった二つのサービスは、頻繁にやってくるゲストが次に来るまで衣類をホテルに預けておける「ラゲッジレス・トラベル」と、空港へ向かうゲストのためにお弁当を提供するサービス「フライトバイツ」だ。また、リッツは全従業員に徹底した顧客対応トレーニングを受けさせ、その場その場で問題を解決できる権限を与えている。各顧客の前回までの滞在の情報もデータベース化している。私がコークで働いていたことがわかると、部屋の冷蔵庫にはペプシ製品はまったく入らなくなった。そして、どこのリッツに泊まっても、私の部屋のラジオは好みの音楽にセットしてある。こうしたカスタマイズされた経験が私や何千もの顧客をリピーターにし、そうした特別扱いに対してプレミアムを払わせるのだ。

大小を問わずどんな会社でも、同様のレベルのサービス「経験価値」を提供することはできる。唯一のルールは、トイレの清掃をする者からCEOまでそこで働く者一人ひとりが、会社のコア・エッセンスとビジネス・デスティネーションを熟知し、支持していなければならないことだ。このルールに例外はない。この二つが顧客の経験の核心なのだ。

小売店舗での「経験」というものもある。ノードストロームは、至れり尽くせりのデパート経験で有名だ。シャーパーイメージは、ユニークで楽しい、引き込まれるような経験が各店舗でできることを約束している。FAOシュワルツや、ナイキタウンも同じだ。一方、手ごろな価格でそれなりの家具を提供するイケアの店舗での経験はぞっとさせられるものだ。出口を見つけるのに二〇分はかかる店舗レイアウトになっているのだ。どうすれば、サッカー競技場三つ分の広さで閉所恐怖症になったような気にさせられるのか、実に不思議だ。ただ、そうした惨めなイケア経験でも、消費者が収入のかなりの部分をそこで使うのを阻害しないことは認めざるをえない。得するためには、消費者は時に最適とは言いがたい経験もいとわないことの証明にはなる。

製品における「経験価値」というものもあるだろう。歯石コントロール・クレストを買う場合には、味や口臭といった要素が重要だ。しかし、次に歯科医に行ったときに何が起こるかも問題だ。もし、歯科衛生士に歯石を道具で掻き落としてもらわねばならなかったとしたら、その消費者の帰宅後、すぐにそのハミガキはクズかご行きになるはずだ。

コンドームも使用者の経験が問題になる製品だ。基本的にコンドームはコモディティである。妊娠や病気を防ぐために使われ、消費者はブランドにほとんど違いを認めない。しかしデュレックスは、他社と差別化する点を見出した。避妊や病気の感染予防は、コンドームの「競争参加資格」と認識し、興奮を高める突起付き、クライマックスをコントロールする弱い麻酔剤入りなど、製品の利用経験、ひいてはセックス経験そのものを増やすための、新しい特徴を次々と打ち出した。同社製品の売上げは伸び、消費者は自分が望む経験に応じて製品が選べるようになっている。

結局、あなたが提供できる「経験価値」とは、製品の特性、サービス、販売環境、そして消費者とあなたをつなぐあらゆる接点（広告、販促活動、マーケティング、広報やスポンサー活動、ホームページ、パッケージ、またオペレーターがどのような電話の受け答えをし、会社のトップがパーティーでどのようにふるまうかといった人材育成方針）が複合的に一つになったものだ。

心に留めておいてほしいのは、消費者があなたのブランドで味わう経験のどの側面もあなたにはコントロールできないということだ。たとえば、あなたのローリングストーンズ経験には、あなたが行ったコンサート、あなたの好きな曲、嫌いな曲、あなたが買ったアルバム、ストーンズの曲を聴きながらデートした子たち、ストーンズに関する記事、キース・リチャーズがさんざんドラッグを摂取した後、まだ生きていることにあなたが驚嘆していることまで入っているのだ。とはいえ、大事なことは、この三〇年ほどストーンズが自分たちのコア・エッセンス「クラシックロックンロール」に忠実であり続け、絶えず彼らが提供する経験をリノベートしてきたことだ。その結果、ストーンズの新しいアルバムはいまだにプラチナディスクになり、コンサートは売り切れ、ローリングストーンズが最初にチャートインしたときには生まれてもいなかった若者たちまで聴きに来るのだ。

顧客の心に生まれる経験価値の重要性と、あらゆることがいかにその経験に影響するかを認識している会社もある。スターバックスのCEOハワード・シュルツはかつてこう言った。「スターバックスがほかのブランドに勝る強みは、我々の顧客が我々の会社の中、我々のブランドの中に入り込んでいると見なしていることだ。それは顧客自身がスターバックス経験の一部になっているからだ」。顧客の経験に対するユナイテッド航空の姿勢もこれとかなり似ている。「よくも悪くも、印象はすべて合算されて、我々の顧客経験に影響する。我々が行ってきた、どのサービス経験、どの製品、どのプログラム、どのコミュニケーションも、ユナイテッドというブランドを構築もするし、破壊もするのだ」。

ユニバーサルスタジオのテーマパークでは（ディズニーでも）、従業員のユニフォームでさえ、ブランド経験に貢献する。大きなマンガのキャラクターたちや、アニマルプリントやサファリ帽をかぶったスタッフが、あなたを単なる傍観者にはさせず、ファンタジーの世界へ引きずり込む。

しかし、多くの場合、企業はこのことを理解していない。彼らは成功を顧客の満足度で測るが、ブランドをスイッチする消費者の八〇パーセントがスイッチする前のブランドに満足していたことを認識していない。ロイヤル・カスタマーをつくる唯一の方法は、満足以上の価値を生み出すような経験を提供することだ。消費者は、自分のライフスタイルを補って完璧にする経験と、自分の強い願望に何か言ってくれるようなブランドを探し求めているのだ。

しかし、売り物は商品であって場所ではない

こういったことをクライアントに話すと、ときどき困惑した表情をされる。「私のブランドは、どうしたら経験価値を提供できるのでしょう」と彼らは尋ねてくる。「消費者とブランドとの相互作用が期待できるようなサービスや販売する環境にない場合は？」これに対して私はターキー、特にバターボール社のターキーのことを考えてほしいと言うことがある。バターボールは単にブランドではない、ブランドにまつわる経験なのだ、と言う。

いちばん最近、家でまるごとターキーを食べたときのことを思い出してほしい。それはおそらく

何かのお祝いか感謝祭などのホリデーシーズンで、家族や友人たちに囲まれていただろう。あなたかもしれないが、誰かがスタッフィングを秘伝のレシピでつくり、オーブンに入れ、ソースをかけ、火を入れ、肉を切り分ける。誰もが肉のいい匂いに、食欲をそそられる（あるいは次の週毎日残ったターキーを食べなくちゃと考えて身震いしているかもしれない）。全部が全部、双方向であり五感で感じられる経験だ。とはいえ、脂が悪くなってでもいなければ、そのときのターキー自体には経験にかかわる要素はほとんど何もない。しかし、同時にそのことが絶対的に重要な要素なのだ。

小売企業のチャレンジ

小売企業では、マージンが低いため、意味のある差別化、高いロイヤルティ、そして来店頻度の増加が必要になってくる。問題は、ほとんどの顧客セグメントに対し、小売店は基本的に同じ商品やサービスを提供していることだ。しかし、驚くほど多くの競合するブランドが発するメッセージの多様さが、消費者にこれでもかとたたみかけるのを阻害することにはならない。

今日では、以前にも増して小売業が自分の価値提案を再定義し、顧客に付加価値を与える店内経験を提供する方法を見つけなければならなくなっている。我々の経験では、小売業にそれができるかどうかを左右する、次の五つのファクターが存在する。

1 顧客の全体的なバリュー方程式を理解する能力
2 そのバリュー方程式に対して、提示できる「アイデア」を考え出す能力
3 その店のブランド・エクイティ、および販売している主力ブランドのエクイティを活用して、ショッピング経験に付加価値を与える能力
4 （顧客、従業員、投資家、サプライヤーを含む）多様なビジネスの構成員にとってのブランド経験を定義する能力
5 既存のコア・コンピタンシーと実資産を使ってプログラムとアイデアを実施する能力

経験のためのレシピ

わが同僚のデーブ・シングルトンは、「経験」を定義しようとすることは動く標的を撃つようなものだ、と言う。経験にはありとあらゆる種類の経験があり、それを狙って撃ち落とすのはほとんど不可能だ。しかし、三〇年間のマーケティング経験から、私は次のガイドラインを得ることができた。「経験」は、

- **簡単なアクセスを提供できる**

・欲しいものを手に入れるために、大きな努力は必要はない。
・深く考えなくても、あなたは決めることができる。

●**社交的で人と分かち合う経験ができる**
・私は、このことを人に話すことができる。
・私は、ほかの人も楽しんでいる姿を見るとうれしい。

●**双方向的である**
・あなたはそれに触れ、感じ、動かし、形づくることができる。
・その経験は、あなたへ即座にフィードバックしてくる。

●**予測不能である**
・それは、あなたを驚かす。
・それは、いい意味であなたの期待を裏切る。

●**個人に合わせることができる**
・それは、あなた好みにカスタマイズできる。
・それは、いつも誰にとっても同じではない。

●**マイナス要素を排除することができる**
・それは、あなたの気晴らしになる。
・それは、時間がたつのを早く感じさせる。

● **絶えず変化する**

・それは、中断されることもある。

・それは、改善されることもあるし、されないこともある。

こうした定義は役には立つが、経験がどんなふうに見えるかを説明しているにすぎない。それでは、経験が実際には何でできているかをお話ししよう。基本的には、五つの部分から成る進行過程だ。

● **本質**《イントリンシックス》——その経験に絶対必要な物理的な要素

● **意志**《インテンション》——その経験から消費者が必要とする、あるいは欲するもの

● **双方向性**《インターアクション》——アクション、コミュニケーション、行動

● **インパクト**——明白な結果

● **印象**《インプレッション》——消費者の中に残るもの

これがどのように作用するのか実例を示そう。スターバックスのブランド経験価値が提供するのは次のようなものだ。

● **本質**――質の高いグルメコーヒー豆とスターバックスのあるライフスタイル

● **意志**――人とのつながり、自分のための癒し

● **双方向性**――スターバックス用語（ダブル・デカフ・ラテ・グランデ）と個性的なスタッフがその都度自分のためにいれてくれる飲み物

● **インパクト**――はっきりした結果。あなたは気分一新し、元気になったと感じられる

● **印象**――五感への刺激、仲間意識、自分のオアシスを発見した感覚

あなたが提供する製品やサービスによって、あなたは異なる消費者に異なる経験を、あるいは同じ消費者に異なる経験を異なるときに提供

図表26 ◉クルマ購入の経験価値

	ディーラー：ドライビング・スーパーストア	サービス
本　質	・あなたのクルマ関連のニーズを解決 ・製品、サービス、ブランド	・清潔で研究室のような美しさ ・自分のクルマを新車のような走りにするテクノロジー
意　志	・運転を楽しむ ・クルマをもつことの煩わしさをなくし、楽しさを増す	・心の安らぎ ・長持ちする価値 ・品質に対する信頼
双方向性	・専門家に直接会える ・「取引」にフォーカスしない	・私と私のクルマに対するフォーカス ・プロフェッショナルで、組織的、効率的な仕事 ・単なるメカニックではない、メンテナンスのエキスパート
インパクト	・よりよいドライバー ・よりよいオーナー ・よりよい顧客	・クルマの価値のアップ ・ディーラーとブランドへの厚い信頼
印　象	・ディーラー・デスティネーション ・パートナーシップ ・クルマ関連の「ホームデポ」	・「この会社のサービス部門は、私の投資（クルマ）を管理するのを助けてくれる」

しているかもしれない。**図表26**はビッグスリーの一社に行った分析で、ディーラーやサービス部門のレベルで異なる経験を提供することの重要性を説明したものだ。実際、そのサービスを可能にするのはディーラーにおける経験だ。ディーラーでの経験が悪ければ、クルマも売れず、サービスを提供することもないのだから。

「経験価値」の喪失——マクドナルド

我が社のビジネス開発戦略の中に、そのマーケティングにおいてきわめて重大なミスを犯した会社を見つけて、彼らを救う解決法を提示するということがある。マクドナルドもそうした企業の一つだ。マクドナルドは、ほとんど世界中で通じる知名度と市場浸透率を持つ巨大ブランドである。それは人もうらやむ地位だが、同時に辛い立場でもある。あなたが最大の巨人である場合、ほかの誰もがあなたのマーケットシェアを奪い取ろうと虎視眈々と狙っているからだ。それはあなたがトップにい続けるための果てしない戦いだ。

我々は、過去数年間マクドナルドを追跡してきて、彼らの問題の一部はマクドナルドがビジネスの「何」（価格設定、一ドルメニューなど）と「どうやって」（事業運営、拡張、買収など）に焦点を置きすぎて、顧客の「経験」を軽視してきたことにあると思われた。消費者にとって、マクドナルドのブランドはあのピエロのロナルド・マクドナルド以上のものであり、ビッグマックやマックフライ、さらにはマクドナルドの広告や頻繁に行われているディズニー映画とのタイアップ以上のものだ。消費者はどこかでマクドナルドを見、感じ、触れ、匂いをかぎ、聞き、味わっているということが重要なのだ。あるいは少なくともかつてはそうだった。マクドナルドブランドのポジショニングは明確には定義されておらず、マクドナルドが消費者との対話のコントロールを放棄したことを、消費者は気づいていたからだ。

マクドナルドに電話をかける前に、私はリサーチスタッフに事前調査をさせた。そこで、以下のようなことがわかった。

消費者に直近のマクドナルド経験を描写してもらったところ、三八パーセントの人が「さっと入って、さっと出てこられてよかった」としている。二一パーセントは「楽しめた」と答え、一二パーセントは「何も感じなかった」、九パーセントが「リラックスして居心地がよかった」と言っている。

この答えと、その他の若干の質問が教えてくれるのは、多くの人にとって、マクドナルド経験で欠くべからざる部分はサービスのスピードである、ということだ。彼らが急いでいるときには、手早く食事をすませて、元の用事に戻れることを知っているのだ。おもしろいことに、すぐに入って出てくることは、ほかのブランドにおける経験でも同じように挙げられている。しかし、マクドナルドでは「さっと入って、さっと出てこられてよかった」と言った人が、レンタルビデオ店のブロックバスター（二四パーセント）、あるいはクリーニング店（二二パーセント）より多かったのだ（三八パーセント）。

スピードの問題は、顧客にとってはすばやく効率的に入退店できる助けになるが、反対にマクドナルドにとっては、急いでよそに行こうとしている顧客との関係を築きにくくしている、という頭の痛い問題となっている。その結果、消費者はどんな結びつきをマクドナルドと持っていたとしても、それは時間がたつうち自然に弱くなっていくのだ。

この仮説を検証するため、我々は消費者にマクドナルドとの関係を描写してもらった。三分の一以上の人（三五パーセント）が「家族の一員や親友と一緒にいるようだ」と言う一方、ちょうど半数の人は「以前はよくつきあっていた旧友で、会いたい人」、「もうめったに会うこともなくなった旧友」、「もう気にもかけない旧友」、あるいは「深くは知らない人」と答えている。

さらに、最もいい関係にある会社はどこか尋ねたところ、マクドナルドと答えたのはわずか六パーセントにすぎなかった。それは、近くの銀行（五一パーセント）、近くのレンタルビデオ店（一七パーセント）、インターネット・プロバイダー（一五パーセント）、そして近所のクリーニング店（七パーセント）を下回る数だった。

こうした結果は、どれもプラス材料ではない。そして、マクドナルドを人で言うとどんな人か尋ねる段になると、事態はもっと悪くなった。ほぼ三分の一の人は、マクドナルドは「人間味のない企業の重役」、あるいは「友だちにあまり連絡しない人」のようだと答えたのだ。

顧客に提供する経験をリノベートするためには、マクドナルドはまず顧客とのつながりを再び構築することが必要だ、と我々は考えた。そこで、あなたにとっていちばん大切なものは何か、と消費者に尋ねた。回答は以下のとおりだ。

- 家族　五三パーセント
- 個人の幸せ　一四パーセント
- 経済的安定　一一パーセント
- 人生を楽しむこと　九パーセント
- 健康　九パーセント
- 仕事での昇進　三パーセント

多くの企業は、消費者に対してこれらチャネルのどれかを通じてアピールをし、それを利用した経験を提供している。もちろん、これらの経験は時に重複する場合がある。たとえば、銀行が利用者の夢の実現に手を貸すといった場合、実際には「個人の幸せ」と「人生を楽しむこと」を提供している。レンタルビデオ店が、楽しみと人と一緒に過ごす時間を約束すると言ったとき、それはまさに「家族」と「人生を楽しむこと」だ。インターネット・プロバイダーが「あなたに世界を届けます」と言えば、実際には「個人の幸せ」を提供しようとしている。しかしマクドナルドが直面している大問題は、「マクドナルドはどんな価値観を提供しているのか？」ということだ。残念ながら、その問いに答えられる人は多くない。

事前調査に基づいて、マクドナルドの消費者が何を考え、感じ、そしてマクドナルドにどんな行動をとってほしいと思っているのか、確かな感触を得た。消費者がマクドナルド経験をどのように描写するか、大まかにまとめると次のようになった。

- マクドナルドこそ、リラックスし、燃料を補充し、再充電するのにふさわしい場所だ。マクドナルドは、ほかのあらゆる「リラックスと充電」の選択肢の中で群を抜く賢い選択だ。というのも、まさに私と私の家族が求め、欲しいと思うときに、そうしてほしいやり方で、マクドナルドは食事、スタッフ、そして環境を与えてくれるからだ。マクドナルドは私たち家族にバリューを提供してくれる。
- 私はマクドナルドにいると気持ちが落ち着いて、エネルギーが湧いてくる。こうした経験が容易にできて、食事もよく知っているものであり、期待どおりで楽しいことが私にはわかっている。ドアを開けて入ると何もかもがお馴染みで、帰ってこられてうれしく思う。マクドナルドを出るときは、（自分もそうだし、ほかの人も）気分がよく、またすぐに来たくてたまらない。
- その結果、マクドナルドは「楽しみにしている日常的な行為」になっている。欠くことのできない生活の一部であり、マクドナルドに行くことが無意識に習慣になっているのではなく、毎回楽しみにしている私の一部なのだ。

あいにく、マクドナルドは自分のコア・エッセンスがどうすれば顧客の経験に影響を与えられるか、よくわかっていないない。彼らの新しい「アクティブになろう」セットを考えてみるといい。万歩計、栄養に関する小冊子、サラダ、そしてボトルウォーターを提供することで、顧客に健康な経験を提供しようと考えたのだろう。すばらしい。ある一点を除いては。自分が何歩歩いたか本気で気にするような人は、マクドナルドには行かないということだ。その上、マクドナルドのクリスピーチキン・ベーコン・ランチ・サラダは、クォーターパウンダー・ハンバーガーより脂肪分とカロリーが高いのだ。結論は、そもそもマクドナルドのコア・エッセンスが、健康市場で競うのにはそぐわないし、体にいい経験を提供しようとすることもほぼ不可能にしている、ということだ。

ウォルマートの正しいリノベーション

年商二七〇〇億ドルのウォルマートは、世界最大の企業だ。今日、約三五〇〇店舗を持ち、それを二〇〇八年までに五〇〇〇店に増やす計画だ。巨大企業であるにもかかわらず、ウォルマートはたいていの企業が及びもつかないようなポジティブな経験価値を消費者に提供している。その経験価値はウォルマートのコア・エッセンス「必要なものが何でも毎日安い（ＥＤＬＰ）」によるところが大きい。

ウォルマートには、いくつも非難されている点があるのは間違いない。ウォルマートは一種の反キリスト教的企業であり、地域コミュニティを破壊し、家族経営の小さな店を廃業に追い込んでおり、その過程で大きな利益を上げている。しかし、現実には、人々はウォルマートからありとあらゆるものを買っていて、ウォルマートに対して大いに忠実だ。それこそ、ターゲット、Ｋマート、シアーズ、クローガーなどほかの競合他社が猛烈にうらやむところだ。

ウォルマートが正しいことを行っていること、そして拡大解釈すれば他社が間違ったことをしていることを理解するために、前述した「本質」「意志」「双方向性」「インパクト」「印象」にどう対応しているか検証してみよう。これからお読みになることは、少しインフォマーシャルのように感じられるかもしれないが、それは違う。実際、私はウォルマートでは買い物をしない。しかし、以下のことはすべて我々のリサーチから直接導かれた結果であり、記憶に残り、かつ利益になる、顧客の経験価値を生み出すものの実像をかなり正確に描き出していると確信している。

● **本質**

・コア・エレメント：ウォルマートに欠かせない基本的要素は、低価格、品揃えの豊富さ、便利な立地だ。これらのコア・エレメントが揃って、顧客に明確な関連性の枠組みを与え、いくつかカギとなるウォルマートへ期待するものが生み出される。それは、消費者がより多くより安く買い物ができる、ウォルマートにすべてあるのでよそで買い物をする必要がない、そしてよその店は価格が高く品揃えが悪い、といったことだ。これらすべてのファクターは、それだけで説明しきれるものではないが、ウォルマートの成功の決定的要因である。

・顧客との絆：ひじょうに現実的な方法で、ウォルマートの顧客は店に入る前からウォルマートとある契約を結んでいる。「EDLP」の保証こそ、その契約である。顧客はあちこちの店に行って値段を比べたり特売品を探したりする必要がないことを知っている。つまり、自分が、公正な価格、おそらくは周辺でいちばん安い価格で買えることを知っているのだ。我々が話を聞いた人たちは、競合他店の多くは「EDLP」の反対を行っていると感じている。つねに価格を変えるというのだ。価格をつり上げておいて、その後、さもお買い得を提供しているかのように特売を行う。そして、もしもセールで買えなかった場合、払いすぎたという気持ちを後のちまで引きずるのだ。

・買い物客に対する保険：ウォルマートは、無条件で面倒のない返品保証によって、自分たちは顧客の幸せと満足を真剣に願っている、そしてウォルマートでは間違いは決して起きない、という明快なメッセージを顧客に送っている。

・第一印象をよいものにする、ウォルマートが差しのべる温かい手：入り口でにこやかに客を出迎えるスタッフを配することで、ウォルマートをぬくもりのある店にし、その経験は、きれいに整然と並べられた品数豊富な売り場へと顧客を誘導するフレンドリーな従業員たちによって、買い物をする間中も継続する。

● **意志**

・学習と発見：ウォルマートの買い物客は、ウォルマートが自分たちに知るべきことを教えてくれると感じている。我々がインタビューをした人たちは、ウォルマートの持つノウハウを評価している。本であれ、おもちゃ、ビデオゲーム、植物であれ、どの売り場も品揃えが豊富で、最新の商品、最新バージョンの製品があり、ほかの店では手に入らないものまで揃っている。

・ソリューションの提供：消費者は、ウォルマートが自分のニーズを満たしてくれると感じている。ウォルマートに行けば、買い物リストにあるものはすべて持ち帰れるという確信を持っている。また、たとえ買うものがないときでも、一人でも家族連れでも、ウォルマートは行って楽しい場所である。

● **双方向性**

・店はすべて舞台である：そこには物語をつくり出す登場人物と小道具がある。顧客が主役、スタッフと商品は引き立て役だ。そして、店の雰囲気がムードを盛り上げる。ウォルマートの買い物客は、ウォルマート・ブルーが気分を明るくしてくれる、そしてスタッフのフレンドリーさがこちらにも移って買い物経験全体を楽しいものにしてくれる、と我々に話してくれた。顧客は、レジの列へ急き立てられる感じがしない。店内がひじょうに効率的に買い物できるレイアウトや売り場構成になっているのだ。

・ウォルマートは語る：そこには、顧客を引き込み、彼らがすぐに決断できるような基本事項を伝えるメッセージがある。

●インパクト

・一貫性：ウォルマートの店は巨大ではあるが、顧客は倉庫にいるような感じがほとんどしない。事実、商品の見つけやすさ、カスタマーサービスの質の高さ、店舗デザインの心地よさと親しみやすさのため、彼らは小さな店で買い物をしているような気がすると言っている。

・信頼は双方向：消費者はウォルマートを信頼し、ウォルマートは消費者を信頼する。顧客は、高品質、信頼できるアドバイス、そして最低価格で買い物ができると確信している。その代償として、ウォルマートは、顧客が満足しない商品は何でもいつでも無条件に返品を受けるのである。

●印象

・ウォルマートはエキスパートだ：どの売り場のスタッフも、顧客がとりうる選択肢を説明でき、決定を下すために必要な専門的な知識のない顧客を自信を持って助けてくれる。もし自分だけでは顧客をサポートできないときは、そのスタッフはためらうことなく別の従業員を見つけて問題解決を図ってくれる。

・ウォルマートを擬人化する：ウォルマートの店を人にたとえるとしたら、どんな人か尋ねたところ、最も多い答えは次のようなものだった。

－医師：ある目的を持ってそこへ行き、多くの場合目的のものを得て、そこを出ることができる。

－教師：ウォルマートは、いつも一つ屋根の下で顧客に時間とお金を節約することを、教えてくれる。

－信用できる親戚：ウォルマートでの買い物はリラックスして楽しく、たとえ専門知識がなくても公正な扱いを受けることが、顧客にはわかっている。

まとめると、ウォルマートが提供しているのは、多様性に富むが、ことごとくコア・エッセンスと一致した、顧客の買い物経験だ。そのため、ウォルマートは継続的に顧客のショッピング経験をリノベートできるのだ。そのことは結果的に売上げ増をもたらし、強力なロイヤルティを生み出す。その姿は以下のようなものだ。

ウォルマートは、特定の商品そしてあらゆるものがある店。

- ウォルマートには、自分の欲しい商品がある。
- ウォルマートには、それができる。

ウォルマートは、私と私たちの店。

- 私は、一か所ですべてをすませられる。
- 私たちは、一緒にそれができる。

ウォルマートの買い物は、退屈であり、エキサイティングだ。

- 何が期待できるか、私には正確にわかる。
- そして、期待以上のものを得られるだろう。

ウォルマートの買い物は、リスクが小さくて、そしていつも見返りがある。

- 私は、ミスのしようがない。
- 自分が最後には得をすることに、自信がある。

ウォルマートは、大きな店だけど小さく感じる。

- 豊富な商品。
- 多くの手助けと十分な専門知識。

意義あるブランド経験価値をいかにしてつくり出すか

率直に言おう。何でも治す特効薬など存在しない。ブランド経験価値を定義し、提供する、即効性があって痛みのない方法を探しているのなら、考え直したほうがいい。一つのブランドを、ただのベネフィットの寄せ集めから、本物の経験へうまく変えるプロセスは、複雑かもしれないが、やるだけの価値はある。

それには、三つのステップがある。

- **定義する**——そのブランド、ターゲット、提供するベネフィットの輪郭を描かなければならない。
- **転換する**——消費者との接点《タッチポイント》を使って、そのブランドを経験に転換する。
- **提供する**——顧客の期待に応え、すばやく反応し、継続的に自分の努力の成果を計測する。

それぞれひじょうに重要であるため、この三つを個別に詳しく見てみることにしよう。

1　ブランドを定義する

ブランドを定義する最初のステップは、自分の競争的枠組みと競争環境をしっかり把握することだ。このことについては第5章で十分お話ししたが、簡単におさらいをすると、「競争的枠組み」とは基本的にあなたの顧客が評価するのに使う基準のことだ。製品の持つ特性、サービスなどの面で受け入れられるために最低限必要なものだ。「競争環境」とは、あなたの製品やサービスの代わりになりうるもののグループだ。前向きなブランド経験価値を、間違いなく定義し、実現したかったら、この二つについては隅々まで知っている必要がある。

第二のステップは、あなたのブランド構造と

図表27 ◉ブランド・キャパシティ

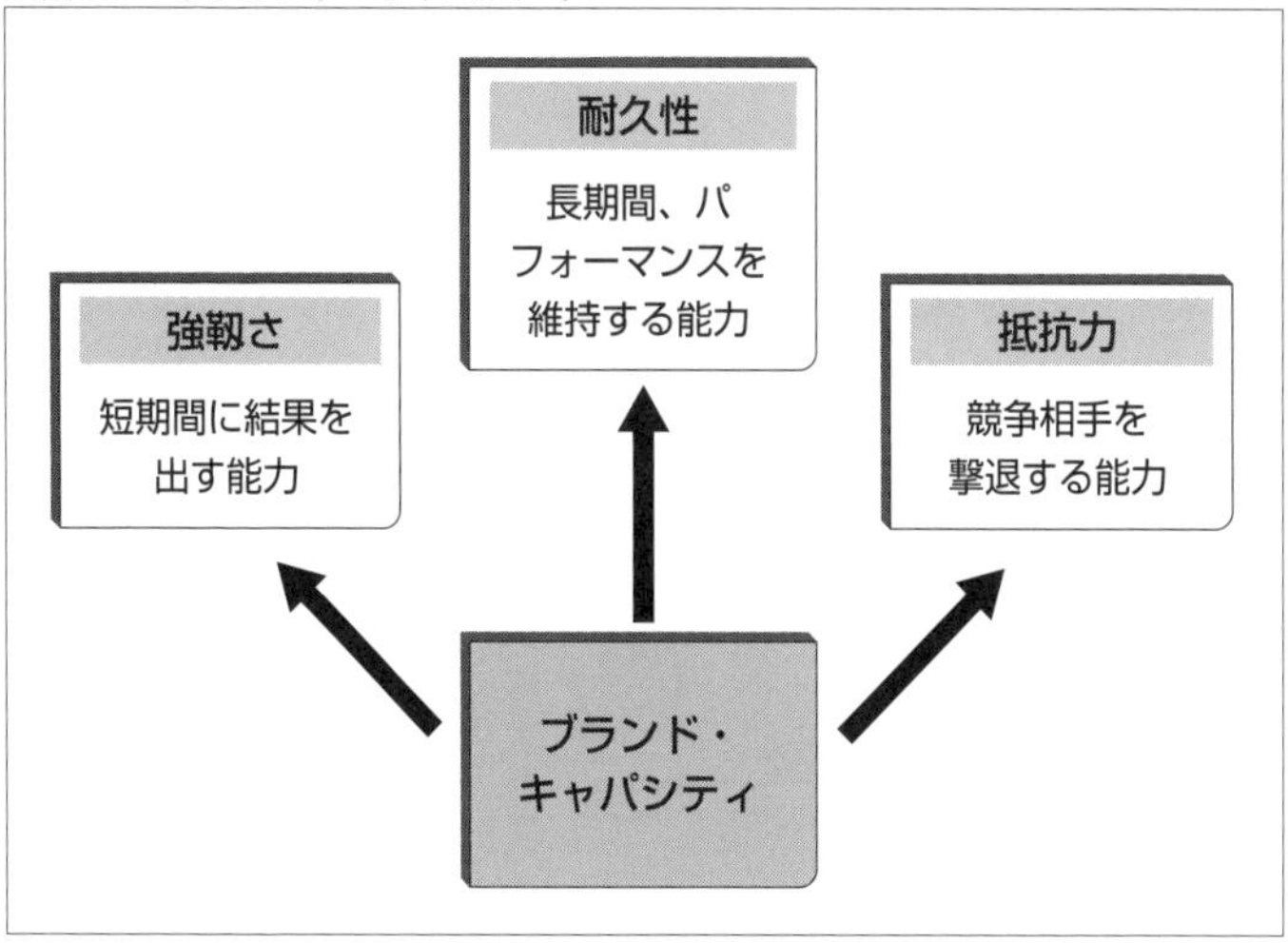

価値提案を理解することだ。もしこれをしていないのなら、あなたはいますぐ手を止めて、考えたほうがいい。最も単純な言葉で言うと、ブランド構造と価値提案とは、あなたのブランドと消費者との接点一つひとつの裏に隠れているものだ。これには、広告、店内のコミュニケーション、あなたの従業員と顧客とのコンタクトが入る。自らのブランド構造を理解することで、カギとなる機能面および感情面のベネフィット、そして最も効果的な消費者との接点を見きわめることができる。

第三のステップは、あなたのブランド・キャパシティを評価することだ。**図表27**で示したように、これは、あなたのブランドの一機能で、ビジネスのパフォーマンス目標を達成し、競争相手の圧力や攻撃を持ちこたえ、そして顧客に対して長く持続可能な価値をつくり出す能力である。

まとめると、自分のブランドを定義することによって、顧客が何度も戻ってくるような付加価値のある経験へと転換するのに必要な基礎を提供することができるのだ。

2 ブランドを転換する

第6章（セグメンテーション）で、私は顧客についての洞察を把握して収集するプロセスをお話しした。顧客についての最も生産的な洞察は、「コア・モチベーション」と（可能であれば）現場での観察の組み合わせから通常浮かび上がってくる。コア・モチベーションは、顧客があなたの製品やサービスを利用する理由に深くかかわっているものだ。たとえば、仕事、家庭、レジャーと関連した、満足と動機の両方、あるいはそのいずれかなどだ。ブランドと顧客の間に有意義なつながりを築く土台を形づくるのが、これらの情報だ。

顧客の動機、ニーズ、姿勢、行動、顧客がかかわる、そしてその他妥当性のある特徴をあなたのブランド構造に統合すれば、顧客にとってすべてが重要となるような経験を実現する方法をいくらでも明らかにできるのだ。

3 ブランド経験を提供する

これまでのステップで特定した選択肢は、ユニークなブランド経験価値を実際に提供できるものを持っているのかどうか、それぞれについて見きわめなければならない。同時に、その選択肢を開発し、実行する合理的な期間を設定しなければならない（図表28参照）。

また、「活性化フレームワークおよび概要」と我々が呼んでいるものを書かなければならない。これは、ターゲットとする顧客、ショッピ

図表 28 ◉ブランド経験の提供

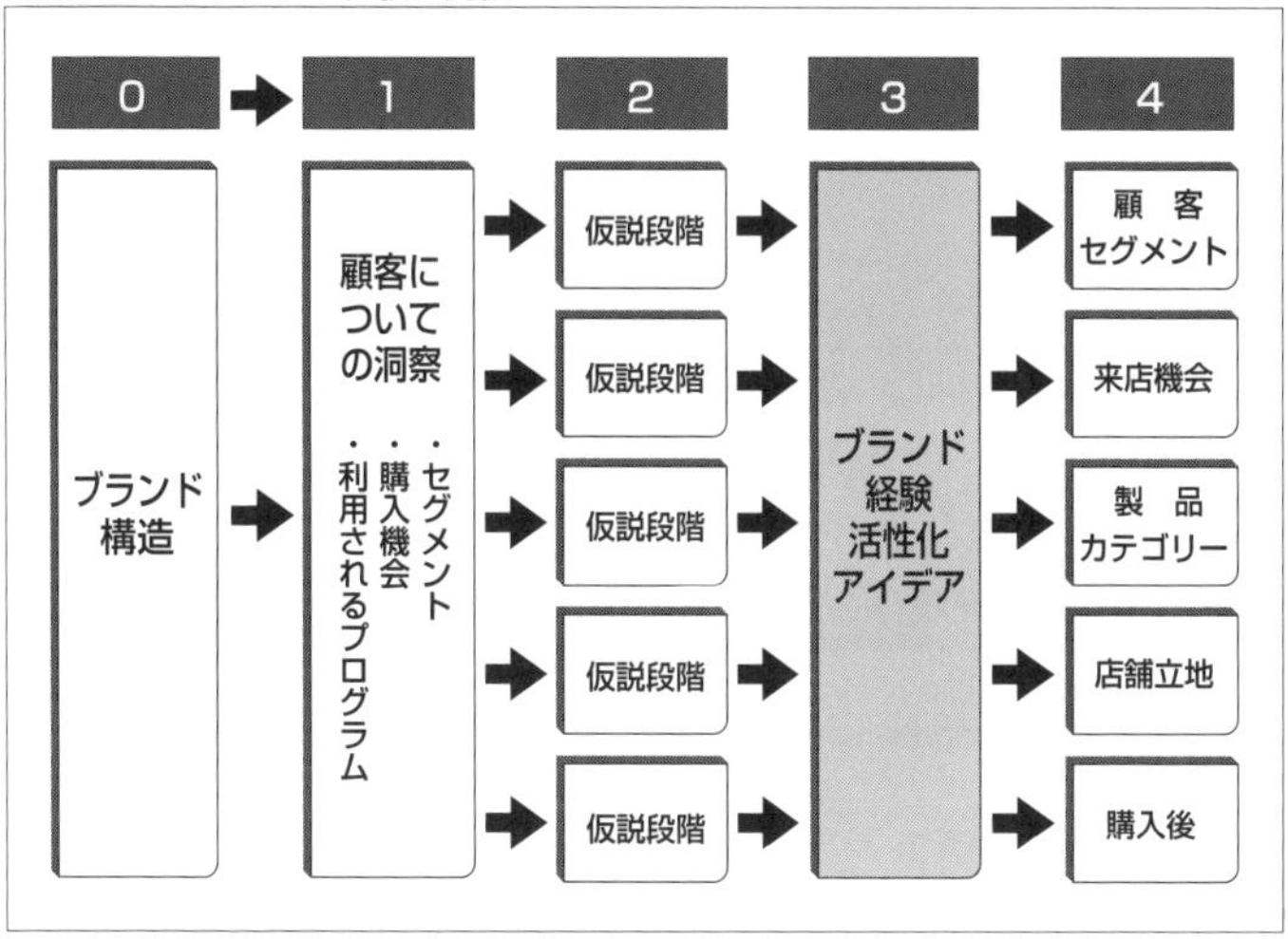

図表 29　◉ブランド経験活性化の取り組み方

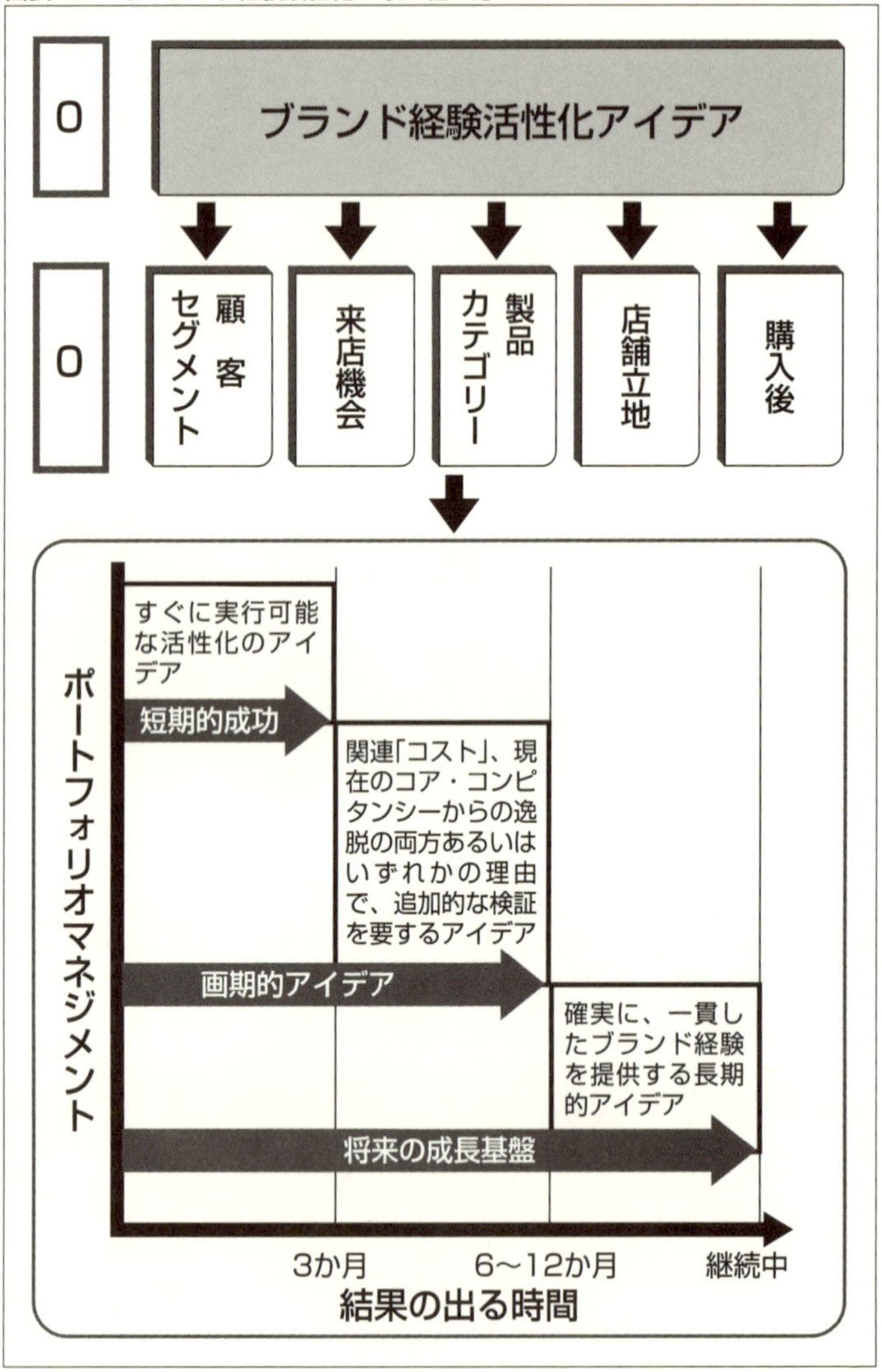
0
ブランド経験活性化アイデア
0
顧客セグメント
来店機会
製品カテゴリー
店舗立地
購入後
すぐに実行可能な活性化のアイデア
短期的成功
関連「コスト」、現在のコア・コンピタンシーからの逸脱の両方あるいはいずれかの理由で、追加的な検証を要するアイデア
画期的アイデア
確実に、一貫したブランド経験を提供する長期的アイデア
将来の成長基盤
ポートフォリオマネジメント
3か月
6〜12か月
継続中
結果の出る時間

ングの状況と機会、このプログラムによって提示されたニーズや動機、そして経験が最終的に提供する特定のベネフィットを明白に述べるものだ。「活性化フレームワークおよび概要」のフォーマットと内容は、提供しようとする経験の性質によって異なる。ともあれ、これによって、経験価値の提供にかかわる全員がこのプログラムの理由と方法を必ず理解できるように、正確に説明し方向を示さなければならない。

この三段階のプロセスには、じつは第四のステップがあり（三段階のプロセスならステップは三つに限るべきなのはわかっているが、この四番めはステップと言うより、全体的な指針）、顧客の経験を継続的に検証、手直し、リフレッシュを行うものだ。つまり、時折ステップ1と2に戻ってやり直し、提供しようとする経験が、いまも顧客が欲し必要とするものであるように微調整をするのだ。このような見直しを定期的にすることで、新しいアイデアを大規模に実施する前に、テストする機会も生まれるのだ。

忘れがちなポイント——購入後のブランド経験

第7章（ブランド・ポジショニング）で、あなたとあなたのブランドの価値提案を愛してはいても、あなたの製品は買わない、消費者の「仮想消費」について触れた。明らかに、あなたのマーケティング努力のゴールは、すべて現実の消費を上昇させるためであるはずだ。しかし、気をつけてほしい。それだけでは十分ではないことがあるのだ。

購入後の経験が、変化をもたらすはずの製品（たとえば、前に例を挙げたクレストの歯石コントロール）を消費者が買う場合などは、特に重要である。たとえ顧客の落ち度であっても、あなたの製品が約束したことが提供できなければ、非難されるのはあなたなのだ。たとえば、味を求めてスリムファスト・シェイクを買う人はいない。体重を落とすために買うのだ。だから、スリムファストで体重をどっさり落として健康そうなニコニコ顔の人たちが出てくるコマーシャルを見て商品を買い、体重が落ちなかった場合、たとえ自分が毎日昼食にダブルベーコンチーズバーガーを食べていたとしても、消費者はスリムファストを非難するものだ。

あなたのブランドについて顧客が味わう購入後の経験は、最初の消費と同じぐらい重要だ。たとえば、ケーブルテレビＨＢＯの経験には、連続ドラマ「ザ・ソプラノズ　哀愁のマフィア」を見た翌日に交わされる会話もある。その経験を、あなたがＨＢＯを見続け、そのためにプレミアム料金を支払うだけの魅力にしていけるかどうかはＨＢＯ次第だ。

ごくわずかな例外はあるが、ビジネスの成功に必要なのは、リピート販売を増やすことだ。ターゲット・マーケットにいる全員があなたの製品を一つ買えば、あっという間に大金を稼ぐことができる。しかし、その後は？　数か月以上長くビジネスに留まりたいと思うなら、少なくとも一部の人には、もう一つ、そしてもう一つ、さらにもう一つ、と買わせなければならない。もし彼らがそうしなければ、あなたはおしまいだ。このことはおそらく、ほとんどの人にとって一個で十分だったペットのように愛玩する岩「ペットロック」のマーケットがもはや存在しない理由の説明になるだろう。そして、クレジットカード発行会社が広告を流し続ける理由にも説明がつく。あなたがその会社のカードを財布から抜き取って、代わりに別のカードを入れて持ち歩いているのなら、そのカード会社には一銭も入らないからだ。

イリノイ大学ブランド研究所長ブライアン・ワンシンクの全国調査によると、六三パーセントの家庭にタバスコソースがあるという。一つのブランドとしては実に驚くべき市場浸透率だ。話をすべて聞くまでは。その半数以上の家庭では、色が赤から茶に変わるほど長い間棚に置きっぱなしになっているという。三分の一の家庭には、過去一二か月間に一度もふたを開けていないビタミン剤がある。そして別の調査では、企業の四〇パーセント以上が「シェルフウェア」を持っていることがわかった。これは、購入したもののインストールされず、棚に置かれたままになっているソフトウェアのことだ。

タバスコとシェルフウェアの会社は、一回だけ売るための顧客ニーズを満たす経験をつくり出したことになる。しかしその後、彼らのシステムは崩壊したのだ。その企業がブランド購入後の経験に注意を向けなかったため、消費者は自分が買った製品を実際に使いもしなかったからだ。

適切に管理されれば、購入後の経験は、あなたと顧客が結んでいる関係を強化するのに役立つ。しかし、それを可能にするためには、購入後の経験がどのようにつくり出されるか認識する必要がある。

- **大切なのは考え方**——特に高額の買い物をしたときなど、消費者は後で考え直す傾向がある。消費者が考え直して売買契約を取り消せるように、多くの州では三日間のクーリングオフ期間が法律で認められている。消費者は自分の買い物が正しかったという確信が欲しいのだ。もし、ミラービールがセックスライフの改善に本当に効果があったり、友人に「かっこいいクルマじゃないか!」、「かわいいスカートね」などと言われたりすれば、その買い物は正解だったと判断される。購買を後押しすることは、あなたにもできるのだ。最低価格保証(「三〇日以内に、他店でもっと安い価格で同じ商品が売られているのを見つけられたら、その差額を返金します」)という形や、何らかの購入後のサポートや相談窓口、あるいは自動車会社が流している、正しい決断をされましたねと買い手に言うのが目的のように思えるコマーシャルといった形で。リッツ・カールトンで、何かお手伝いすることはないでしょうか、と支配人が電話をかけてくるのは、一晩寝る場所のために五〇〇ドルも支払うことに対し、あなたの気分をよくするためなのだ。
- **実際の経験**——きわめて当然のことと考えているかもしれないが、製品を買う前に消費者の心につくり出した期待と買った後の現実とのつながりを、いかに多くの企業が理解していないか、あなたも驚くことだろう。その差はできるだけ小さいのが理想だ。絵はがきのような場所への高価な休暇旅行は、サファイア色の海、小さな紙の傘がついた飲み物、ヤシの木陰でのマッサージを期待させる。そして、ケーブルテレビのプレミアムパッケージは番組の多さ、高品質、利用のしやすさを期待させる。しかし、もしビーチには割れた瓶が散乱し、ベッドには虫がいる、ケーブルテレビの二五〇チャンネルは自分の見られない番組で、見られるのはわずか二五しかないことに気がついたとしたら、こうした購入前の期待は購入後の経験を台なしにしてしまうのだ。そのため、私はいつもクライアントに、少なく約束して多めに提供せよ、と提言している。そのほうが安全だからだ。

●

未来――これはきわめてシンプルな話だ。もしも、あなたがその製品を買った自分の決定に満足し、買う前も買った後もどちらの経験もよければ、あなたは何度も買うロイヤル・カスタマーになる可能性がきわめて高い。しかし、あなたが自分の決定に不満であれば、マイナス、あるいは可もなく不可もない経験で終わってしまうだろう。マイナス経験なら、返品するか、不満足な顧客となり、その企業との関係を終わらせてしまうかのどちらかだ。可もなく不可もない経験の場合、その商品はどこかの棚に載ったままほこりをかぶるだけだ。慈善団体に開梱していないソフトウェアを寄付したり、長いことおいてダメになってしまったタバスコをほとんどまるまる一本、流しに空けたりした人は、その後すぐにソフトやタバスコを買うことはないだろう。

すばらしい購入後の経験を顧客に提供することには、それに関連する二つのゴールがある。製品の利用頻度を促すことと再購入を促すことだ。そして、あなたの製品を使うなり買うなりする理由を、購入者に与え続けるかどうかはあなた次第だ。そのための方法はいくつもある。ロイヤルティ・プログラム、カスタマーサービス調査、製品利用のヒントやテクニック、アイデアを載せた定期ニューズレター、箱の外側に貼り付けたレシピや箱に入れたリーフレット、その製品が顧客のニーズと欲求に応え、製品を使うことで顧客の生活を向上させることを思い出させるようなマーケティングと広告の効果的な利用などだ。もちろんこうしたことを正しく行っている会社もあるが、多くは実行していないために苦労をしている。

自分が売っている相手の身になってみることも、特に重要なことだ。あなたが直接にエンドユーザーに売っているのなら、彼らは、あなたがこの人たちの経験を気にかけてしかるべき人たちだ。しかし、もしあなたが卸業者であるか、あなたとエンドユーザーの間にいくつか業者が入っているのなら、気にかけることはもう少し増える。小売業にあなたの製品を買ってもらい、かつ消費者にその小売業から買ってもらうことを考えるのだから。卸業者の場合、製品を入手し、消費者の手に渡るまでの責任のうち、明らかにいくらかは小売業の責任になる。しかし、小売業があなたのことを最重要と考えているか、あるいはあなたの製品のためにいいマーケティングをしてくれるか、あなたはどれぐらい自信を持てるだろうか？　正直に言って、私なら小売業を信頼しない。

そこで小売業に手を貸すかどうかはあなた次第だ。クラフトや、コカ・コーラ、あるいはその他の消費財メーカーにとって、手を貸すとは、店に行って、自社製品が十分に整然と並べられているか確認することである。また、クーポンや、プロモーション、商品タイイン、そして広告などを利用して消費者にこの製品を買う理由を思い出させ、なるべくたくさん買うよう思い起こさせることでもある。

消費者の立場からは、あなたの製品を小売店で買うことは、二つのまったく別の経験をすることである。一つは買った店での経験、もう一つは製品そのものによる経験だ。もちろん、この二つは関連することもある。ワシントン州立大学の研究によると、さして驚くことでもないが、リンゴの購買決定には価格と色が影響するが、購入後の経験に影響するのは歯ごたえと味で、それがその顧客がまた同様の購入をするかどうかを決める要素だという。もし小売業がひじょうに高価格をつけ、また陳列方法も悪く、腐ったリンゴも棚から取り除かなければ、あなたの製品に対する消費者経験は大きく傷つくだろう。そして小売店での経験も同じだろう。

しかし、あなたのシリアルを買った消費者が家に持って帰り、箱を空けて中に死んだネズミがいるのを発見した場合、その経験は、このお客がおそらくあなたのシリアルを二度と買わないことを保証するだろう。しかし、顧客と買った店との関係にはほとんど変化はない。この店が返金を渋ったり、自分でネズミを入れたんだろうと顧客を責めたりしないかぎり、お客はまたこの店で買い物をし続けるだろう。ここでの結論は、顧客の購入前の経験と同じように、購入後の経験の質は、あなた次第だということだ。

第9章

Tying It All Together

すべてを連動させよ

これまでのいくつかの章で、私はイノベーションをやめ、リノベーションを始めるべき理由を述べてきた。私のリノベーションプランの六つの原則それぞれについて詳しく検討し、そしてその提案どおりにすればどうなり、しなければどうなるのか、数多くの事例を示してきた。

この章では、一つステップを戻って、リノベーションの全体像を見てみようと思う。リノベーションの個々の局面を見るのではなく、六つの原則が全部揃って機能するとどうなるのか、また機能しないとどうなるか、次の二つのケーススタディを通して検証しよう。

最初は、リノベーションをすべきときにできなかったダイナースクラブの例だ。どこでどう彼らが間違えたのか、代わりにどうすればよかったのか、詳しくお話ししよう。そして、そのままあなたに失望感を味わわせたまま本書を結ぶわけにはいかないので、正しく実行したUPSについて論じて筆をおくことにする。

これらの成功例と失敗例から、あなたがいる業界や会社の規模に関係なく、きっと学ぶものがあるだろう。そして、ここで学んだことはあなたの会社に応用することができるだろう。

では、始めよう。

失敗した企業

本書をここまでお読みになって、あなたが知っている会社や取引のある会社もこのリノベーションを利用できるのではないか、と時折思われたことだろう。たいていの企業は、一つ以上の側面でリノベーションの必要があるが、私のリノベーションプログラムを構成する六つの原則すべてで失敗している企業はきわめてまれだ。とはいえ、そういうことも起こりうるのであり、その場合、通常その企業は立ち直れないほど厳しい結果になる。本章の前半では、なんとこの六つの原則すべてで失敗した企業についてお話しししよう。経営陣がこの患者を救うのに思い切った処置をする気があれば、まだ命は救えるかもしれない。

ダイナースクラブ

あなたは財布の中にクレジットカードをお持ちだろうか？　お持ちだとしたら、ダイナースクラブには感謝したほうがいい。一九五〇年、同社が最初にクレジットカードとこの新しいビジネスを創造したのだから。出張で旅行をする人に限定したクレジットカードは当初から大当たりして、「ダイナースクラブの男」というハリウッド映画にもなったほどだ。しかし今日、ダイナースクラブのカードを持っているのは、長年の会員（もはや、それも多くはない）か、ビジネスで使っている会員だけだ。それではダイナースクラブが頑として事業のリノベーションを拒否したために、自らつくり出した業界からほとんど排除されてしまった、という悲しい話をしよう。

リノベーション精神の醸成に失敗

その初期段階において、ダイナースクラブはつねに反乱者のような存在だった。まったく新しいビジネスをつくり出したことに満足することなく、顧客のニーズ解決のために本気で取り組んだリノベーションや、カードをより魅力あるものにする工夫をたくさん携えて市場に戻ってきた。彼らは、自動車保険を最初に提供した企業の一つで、クレジットカード利用者のロイヤルティ・プログラム（クラブ・リワード）も創造した。しばらくの間、ダイナースクラブは競争相手のほとんどが近づくこともできない高いハードルを設定したのだ。しかし、それは長くは続かなかった。悲しいことに、ダイナースクラブは自信過剰な支配者の典型例になってしまったのだ。

しばらくすると、小売店への手数料を低く設定することで、自社カードの取扱店を増やすカード会社が出てきた。彼らは、消費者の信用限度額を設定してカード利用領域を拡大したが、それにより個人が返済に何年もかかるような、高金利の借金が可能になった。銀行は、この収益性の高い個人のカード保持者を獲得しようと互いに競い、カードの年会費はゼロにまで下がり、入会特典は豪華になる一方だった。

クレジットカード業界の大勢は、いまや入会者の拡大とフレキシブルな支払い条件へ向かっている。しかし、ダイナースクラブはこうした市場の変化に気づかなかった。また、気づこうともしなかった。

消費者が旅行とエンターテインメント以外の分野でのカード利用を拡大している時代に、ダイナースクラブは自らのコア・エッセンス「最も高品質の旅行とエンターテインメント用カード」に固執した。彼らは、取扱店の拡大に動いたのが遅く、また「一括払い」以外の支払い条件を導入したのはさらに遅かった。彼らは業界の中で自分たちがいるポジションを当然のこととして考えていたが、徐々にリーダーから追従者へと滑り落ち、以来ずっとそのままだ。

ここでは、私の「価格は下げるな」ルールの例外を示すことになるが、ダイナースの場合もまたそうだ。通常、ブランド・ロイヤルティがあれば、商品にプレミアムをつけることができる。それはまさにダイナースクラブがやってきたことで、彼らは年会費八〇ドルを取っていた。ダイナースクラブは膨大な数の会員を失ってきたが、理由の一端はその年会費にあった。ほかのカードは会費無料か、会費があってもひじょうに低く設定されていた。ロイヤル・カスタマーはしばしばプレミアムを支払ってくれるが、それにも限度がある。しかし、何を思って自殺行為に走ったか、ダイナースクラブは年会費を逆に九五ドルにまで引き上げたのだ。

ブランドや製品が成功を収めるには、私が3Aと呼んでいる、流通性《アベイラビリティ》、受容性《アクセプタビリティ》、値ごろ感《アフォーダビリティ》を備えていなければならない。ダイナースクラブには、そのどれもなかった。ダイナースクラブのカードが使える店は少なく（流通性が低い）、顧客にはもっと柔軟な選択肢がほかにあり（受容性が低い）、コストがかかりすぎた（値ごろ感が低い）。

難しいとは思うが、ダイナースクラブが復活できる可能性も、あるにはある。現在、シティグループがダイナースクラブのアメリカでのフランチャイズを所有しているが、彼らはこれから大仕事をしなければならないことを知っている。最初にすべきことは、何らかの強力な理由を与えて、残り少ない顧客をダイナースクラブにつなぎ留めることだ。それから、同じように潜在顧客に対してもダイナースクラブに加入する、あるいはほかのカードの代わりにダイナースクラブカードを使う理由を与える必要がある。ダメージの多くはブランドが受けたものであり、その復活は容易ではない。しかし、それを可能にするリソースを持つ者、つまりこの場合はシティグループにとっては、挑戦者のように行動すること、彼らの金融サービスとクレジットカードビジネスにおけるコンピタンシー、資産とインフラストラクチャー、そしてコア・エッセンスを活用して、自らの事業をリノベートする絶好の機会が到来した。彼らは衝撃を与えるべく始動しつつある。シティグループは、ダイナースクラブとマスターカードをアメリカとカナダにおいて事業提携させ、ダイナースクラブカードにマスターカードのロゴをつけて、その取扱店で使用できるようにする、と発表した。前進への大きな一歩ではあるが、復活するにはおそらく遅すぎたと思われる。

ビジネス・デスティネーションのリノベーションに失敗

ダイナースクラブの当初のデスティネーションは、「最高の旅行とエンターテインメント用カード」だったはずだ。そして、そのために瀕死の状態に追い込まれたにもかかわらず、そのデスティネーションで立ち止まったままだ。最も基本的なところで言えば、ダイナースクラブは業界と潜在的な消費者動向の変化に合わせて、自らのビジネス・デスティネーションを拡大することに失敗したのだ。消費者のクレジットカード利用の拡大と、（特に九・一一以降の）旅行およびエンターテインメント・セクターの縮小化という局面で、ダイナースクラブは新たな成長領域を特定できなかった。

旅行とエンターテインメントという枠を超えて、消費者支出全体へと積極的に拡大していく必要があったのだ。これは、はるかにいいデスティネーションで、消費者の総可処分所得というずっと大きなパイの中でシェアを拡大できたかもしれないのだ。

競争的枠組みのリノベーションに失敗

ダイナースクラブに痛手を負わせたのは、自分の競争相手が誰かを理解していなかったことだ。たとえば、自分たちの最大の競争相手は、同様の有料のカードで頻繁に旅行する機会の多い人にアピールしているアメリカン・エキスプレスだと主張している。しかし、賭けてもいいが、夜中にアメリカン・エキスプレスのスタッフを寝かせないでいるのは、ダイナースクラブではない。アメリカン・エキスプレスは、自らの競争的枠組みをビザ、マスターカードと捉えているが、その三社はダイナースクラブを競争のレーダーからはずしている。

ダイナースクラブは、VISA、マスターカードにまで自らの競争的枠組みを拡大し、続いて、旅行とエンターテインメント以外での利用機会を増やし、消費者支出全体へと手を広げるべきだったのだ。また、競争的枠組みを現金と小切手による決済にまで広げ、消費者支出全体において大きなシェアを獲得する努力をすべきだった。マスターカードとＶＩＳＡは、何年も前からこのアプローチを使っている。アメリカン・エキスプレスも、一部の小売店と提携カード契約を結んでいる。たとえば、会員制ホールセールクラブのコストコの会員は、アメリカン・エキスプレスの会費無料カードを申請できる。

より多くの消費者支出を拡大するチャンスをみすみす逃した上に、ダイナースクラブは競争的枠組みを広げて加盟店を獲得することもできなかった。もし、そうするチョイスがあったとしても、街のクリーニング店が手数料を二パーセントも取るダイナースクラブを扱うだろうか。ＶＩＳＡやマスターカードの手数料はその半分だというのに。もし、ダイナースクラブが加盟店にプレミアム手数料を要求するのなら、それだけの理由が伴わなければならない。しかし、彼らは彼らのやり方を続けただけで、じわじわと自らの首を絞めることになったのだ。

カスタマーセグメンテーションのリノベーションに失敗

過去五〇年間、ダイナースクラブは、消費者を二つのグループにセグメントすることにこだわってきた。頻繁に出張をする人と、その他だ。そして、彼らが選んだのは出張者の後を追いかけることだった。それについては弁明の余地はない。アメリカン・エキスプレスもしばらくは同じニッチで競争していたが、出張者の満足度を維持しつつ、一般消費者向けにリボ払い（残高の一部を毎月支払う）のできる新しいカードを導入したのだ。

ダイナースクラブが、収入、支出パターン、利用機会、好みなど、現在（および過去）の膨大な顧客データを持っていることは間違いない。それで、先の二つのグループよりもう少し正確なセグメント化ができるはずだ。

実際、この数年ダイナースクラブは、手探りながら頻繁に旅行する人のセグメント化を行おうとしている。そして、新たに発見した顧客ニーズに応えるべく、いくつかの新しいサービスを導入しようとさえした。しかし、ダイナースクラブが急に新商品を導入するのは、シンガーミシンがミシンの最上位機種を出したり、コロナタイプライターが自動修正機能付きタイプライターを導入したりするのと同じことだ。行動を起こすのが少し遅すぎた。

ダイナースクラブは、最近カルトブランシュという、年会費三〇〇ドルのプレミアムカードを出した。おそらく、このカルトブランシュは、アメリカン・エキスプレスの同じく高級カードで招待者限定のセンチュリオンカードに対抗するものだと思われた。しかし、彼らは誰を追いかけているつもりだったのだろう？　会員数も加盟店もはるかに多いアメリカン・エキスプレスとは、とうてい互角の戦いができるはずもなかった。しかも、消費者に年九五ドルを払わせることも満足にできないのに、三〇〇ドル払ってくれる人がいったい何人いると言うのだろうか？

カルトブランシュの登場から一年後、ダイナースクラブは新たに別のカード、モンタージュカードを導入した。「自分だけのカードをデザインしよう」といったタイプのカードで、何種類もある料金に応じた旅行特典を選べるカードである。これでは、人気のない高い年会費、低受容率というダイナースクラブの悪しき慣習に逆戻りだ。モンタージュは、いくつもの理由が重なって失敗に終わった。まず、二〇〇一年に立ち上げたことだ。あのテロから数か月後で、消費者は、旅行に出かける気などまるでなく、さらには旅行特典のために金を払う気もなかった。次の理由は、モンタージュが成長したとき、どのようになりたいのか、その姿が描けなかったことだ。会員の投票に基づいて三つの慈善事業に年に一度寄付をする、と会社は言っている。なかなかいい考えのように思えるが、クレジットカードの会費に年に数百ドル払う人たちは、寄付よりも自身の節税対策になることのほうにより大きな興味があることことだろう。

ブランドポジションのリノベーションに失敗

少なくとも三つの販促キャンペーンにおいて、ダイナースクラブは自らをどうポジショニングしたいのか、かなり混乱しているようだ。二〇〇二年の「いい仲間と旅を」は、多くの消費者にはぴんと来なかった。その理由の一部は、消費者にはほかでより安く手に入る旅行とエンターテインメントという側面を繰り返し強調していたからだ。実際、キャンペーンの広告塔には、「イージーライダー」のデニス・ホッパーの写真を大きく扱ったものがあった。ホッパーは、反逆者らしい風貌でバイクにまたがっている。この映画を見た人なら、バイクのガソリンタンクにコカインが入っているのを知っている。それがダイナースクラブのコア・エッセンスとどんな共通点があるというのだろう？　奇妙だ。

二〇〇二年、その後に出たアドウィーク誌が、ダイナースクラブが広告費をカットすると報じた。顧客ベースは縮小し、商品は急速に妥当性を失っており、広告費をカットしてはいけない時期だった。反対に増やすべきだったのだ。ただし、それは、確実に消費者に信頼され、妥当性を持ったベネフィットに裏打ちされた、明確で期待できる差異を打ち出した後に限るべきだ。

ブランド経験価値のリノベーションに失敗

何年も前、ダイナースクラブはブランド経験価値をマスターしていた。クラブリワード・プログラムは何百ものオプションを提供しており、ためたマイルを使ってなんと適用除外日を気にすることなく航空券を買うことまでできたのだ。また、ダイナースクラブ会員は、支払いが二か月まで延長できた。これは、ほかの一回払い専用のカードより長い。ほかのカード会社がコスト削減のために電話のカスタマーサービス・システムをほとんど自動化していても、ダイナースクラブは必ず人間が応答した。

しかし、結局こうしたことはすべて失敗に終わった。なぜならダイナースクラブは完璧な経験価値が大切であることを忘れていたからだ。それには、（カード利用の前あるいは後の電話サポートで）感じのいいダイナースクラブのスタッフと直接話すことだけでなく、顧客が商品を使用する実際の経験も含まれる。会費の高いダイナースクラブカードがそうたくさんの場所で使えず、もはや何の特権も伴わなければ、顧客はカスタマーサービスの人との楽しい会話など忘れて、カードを切り刻んでしまうだろう。

ダイナースクラブは、ブランド経験価値のさまざまな段階でことごとく失敗しているのだ。

- **本質**——プラスチックはカードの物理的な面にすぎず、それはかまわない。
- **意志**——あなたは、商品やサービスを購入したいと思っている。
- **双方向性**——顧客サービスは立派でも、近くのほとんどの店でカードが使えないことのほうがフラストレーションになる。
- **インパクト**——あなたはダイナースクラブカードを使えても使えなくてもかまわない。代わりに使えるカードを持ち歩いたほうがいい（あるいはダイナースクラブカードを持ち歩くのをやめる）からだ。
- **印象**——およそ九五ドルの会費には値しない。

正しいことをした企業

これから紹介するのは、きわめてシンプルに正しいことをした企業の話だ。ユナイテッドパーセルサービスは、小口配送業界のリーダーだが、完璧にリノベーション精神を自分のものにしている。

自社の顧客を知り、彼らのニーズを満たすためにできることは何でもする。怖がらずに一か八かやってみること、そして成長することを恐れない。しかし、その賭けは確実に自分たちのコア・エッセンスに基づくものであり、その成長は単なる買収によるものではなく、有機的な成長である。

ユナイテッドパーセルサービス(UPS)

UPSは、自転車メッセンジャーサービスとして一九〇七年に発足し、以来着実に成長してきた。今日では、時価総額七二〇億ドル、年商三一〇億ドルのグローバルな小口配送の巨大企業である。二〇〇三年五月、最もイノベーティブな企業として、UPSはアメリカンビジネスアウォードを受賞した。しかし本当は、彼らは、仕事を始めた最初の日から継続的に、そしてきわめてうまく、ビジネスをリノベートしている企業として、認識されるべきだったのだ。

リノベーション精神の醸成

UPSは、株式上場している輸配送会社のトップで、コカ・コーラに次いで、世界で二番めに高い認知度を持つ企業ブランドだ。利益額は、UPS最大のライバルと広く目されるフェデラル・エクスプレスの四倍も大きい。UPSと同じ地位にいる多くの企業なら、悠然と構え、支配者の強みでその地位を謳歌していることだろう。しかし、UPSはつねにハングリーだ。あるいは、会長マイケル・エスキューが最近言ったように、「UPSはつねに前向きな意味で満足を覚えてこなかった。我々はより優れたやり方をいつも探している」。支配者ではなく、挑戦者のような考え方をする企業としてUPSよりいい例にはお目にかかれないだろう。

UPSのように、「すべてのものがコミュニケートする」というメッセージをしっかり自分のものにしている企業は本当に少ない。彼らの導入する新商品あるいはサービスの一つひとつ、あらゆる段階での一挙手一投足がこの会社のコア・エッセンスに根ざしていて、自身のポジショニングとデスティネーションにぴたりと合っているのだ。

荷物追跡システムをいち早く導入し、荷物がいつ着くか、輸送途中のどのポイントにあるか顧客に知らせるUPSのサービスは特に優れている。UPSは、同様の考え方を財務にも応用し、個々の新しい商品やサービスに関する財務パフォーマンスと、同様にマーケティング活動一つひとつの効果を追跡している。こうしたデータを収集することで、自分たちがやっていることがゴールに近づいているか追跡し、顧客の求める商品とサービスを提供し続けるために修正することが容易にできるのである。

低価格ではなく、価値を売るという点でも、UPSはすばらしい手腕を発揮している。A地点からB地点へ荷物を安く運ぶ方法はたくさんあるが、UPSは価格では競争しない。代わりに、多くの荷主のビジネスにとって重要なファクターであり、そのために顧客がプレミアムを払ってくれる、信頼性、効率性、安全性、そしてスピードを提供している（いま話しているのは、ミリーおばさんに届ける誕生日のプレゼントのことではない。毎日何千件も出荷するデルのような企業の話だ。迅速、効率的で、破損なく配達されることは「デル経験」の一部である。たとえ、その要素をデル自身では一つもやっていないとしても）。また、ＵＰＳには、価格とサービスが細かく分かれた料金表があり、顧客はいくら支払ってどんなサービスを受けるかを自分自身でコントロールできる。

ビジネス・デスティネーションのリノベーション

単なる輸配送ビジネスに留まることなく、ＵＰＳは近年そのビジネス・デスティネーションを「グローバルな取引を可能にする」へ再定義した。この洗練されたシンプルなデスティネーションの「取引を可能にする」という部分は、どんな輸送モードでも使い、たとえ出荷を伴わないとしても顧客の望むどんなサービスでも提供して、どんなものでも（商品、サービス、そして金までも）動かす、という彼らのミッションになっている。これらには国際貿易の管理、通関業務、コンサルティング、そして以下に述べるように、サプライチェーン・マネジメントなどが含まれる。

このデスティネーションの「グローバル」の部分によって、世界市場におけるＵＰＳの際だったプレゼンスを確立することができた。二〇〇二年、ＵＰＳ海外事業は年率一〇パーセント成長を達成し、いまや同社の総利益の二五パーセントを生み出している。これらの成長はすべて既存の顧客へのサービスを拡大したことにより派生したものである。たとえば、最近導入したイントラアジアというネットワークを通じて、ＵＰＳはアジア諸国で朝八時半までに荷物を届ける唯一の会社になっている。イントラアジアは、年率一三パーセントという高成長率を達成している。

競争的枠組みのリノベーション

小口荷物配送は六〇〇億ドル規模の市場だ。そこは、フェデラル・エクスプレス、エアボーン、そしてその他若干の競争相手が存在するだけの巨大な市場で、UPSが支配者として満足することは簡単だったはずだ。しかし、「前向きな意味で満足を覚えない」ことが、そうすることを許さず、何年もかけてUPSは自らの競争的枠組みを米国郵政公社、Eメールプロバイダー、そして金融機関まで含むものに再定義してきたのだ。

UPSに小口荷物配送をやめる考えはない。じつは、インターネット商取引の拡大とグローバル化のおかげで、この部門はきわめて収益性が高いのだ。しかし、それは顧客がUPSを利用する理由の一つにすぎない。

二〇〇二年、UPSはサプライ・ロジスティックスを外注する顧客を支援する新しい部門を立ち上げた。これは、手持ちの資産とインフラストラクチャー（七五〇の配送センター）、コンピタンシー（追跡と輸送機能）、そしてコア・エッセンスを活用するという賢明な方法により成長を図る、すばらしい例だ。それが正しいことを示す証拠は、そうあってしかるべきところ、収益性に表れている。発足したその年に、UPSサプライチェーン・ソリューションは、ロジスティクス外注（3PL）市場全体の二〇パーセントを獲得したのだ。

カスタマー・セグメンテーションのリノベーション

UPSのカスタマー・セグメンテーションは、荷物の出荷地と到着地といった典型的なデモグラフィック・セグメンテーションをはるかに超えている。顧客を、緊急性、企業内向けサービス輸送、配送と出荷パターン、予算、企業規模、利用したサービス、買い物パターン、荷物の重量と容積、そして将来の需要予測といった、実際の出荷行動とニーズでセグメント化しているのだ。こうすることで、UPSはマーケティングを個別ニーズに合わせ、顧客が必要なときに適正な価格で必要なサービスを選択できるように、料金とサービスをカスタマイズできるようにしたのだ。

たとえば、企業および個人クライアントが最も価値を置くサービスを分析した結果、顧客がいつでも確実に自分の荷物情報に効率よくアクセスできるように、オンライン・カスタマーサービス、受発注、荷物追跡サービスを導入した。UPSはさらに、合衆国本土における一般家庭向け配送に対する返金保証、土曜日のフルサービス営業、特定のマーケットにおける同日配達まで開始した。

そしてネットオークションのeBayとの緊密な関係は、売上げとカスタマーサービスの多大な改善につながった。eBayの出品者と買い手は、いまや簡単に出荷時期と料金を比べ、荷物を追跡し、伝票をプリントすることさえできるようになっている。

ブランドポジショニングのリノベーション

UPSは、コアの特性とそれが提供するベネフィットを際だたせるようブランド・ポジショニングを継続的にリノベートしている。同社の広告スローガンが、その進化し続けるポジショニングを反映して変化してきた様子を見てみよう。「より多くの顧客が信頼する荷物配達企業」（私たちは、シンプルで信用できる、荷物の配達会社です）から「輸配送業で最も統制のとれた企業」（私たちは、信頼でき、運ぶのは荷物以上のものです）へ、さらに「ビジネスのスピードに対応」（私たちは、何から何まですばやく動かします）へ。最新のスローガンは「ビジネスの世界を同期化する」（私たちは、何から何まですばやくグローバルに運びます）だ。

ＵＰＳのように巨大で、多くの地域で展開していると、顧客との対話のコントロールを失いやすいが、彼らは違う。自らを国際的でタイムリーな企業としてポジショニングし、すべての国、すべての部門の従業員全員がそのポジショニングをサポートすることを確実にしてきた。その結果、ＵＰＳは現在の地位を獲得し、誰もそれに近づくことさえできない。残念ながら、支配的な地位を獲得すると、往々にして企業はそれに安住して、怠惰になってもよいと思いがちだ。ＵＰＳのチャレンジはそうした間違いを犯さないようにすることだ。彼らは過去一〇〇年もそうしてきたし、私の見るところ、今後もそれをやめるつもりもないようだ。

ブランド経験価値のリノベーション

大切な荷物を送ったり受け取ったりする場合、配達会社との経験は、その荷物がオンタイムで取りに来てもらえるか、届けられるか、に留まらないことをあなたはご存じだろう。さらに、心配で次々と疑問が浮かんでくる。荷物は無事に届くだろうか？　破損していないだろうか？　荷物の追跡ができるだろうか？　その追跡情報は正確だろうか？　何か問題があったら、私が納得できるような方法で解決できるのだろうか？　対応係は感じがいいだろうか？　これらに対する答えが、あなたの次の依頼先を決めるのだ。経済や、テクノロジー、大きなトレンドが変化するにつれ、顧客ニーズも変わる。ＵＰＳはそれをよく理解しており、顧客がすばらしい経験を可能なかぎりすべての段階でできるように、彼らのＵＳＰ経験を継続的にリノベートしている。

- **本質**――荷主は、荷物とサービスを届ける高度な輸送とカスタマーサービス・ロジスティックスにアクセスできる。
- **意志**――荷物は指定時間どおりに、破損することなく届けられる。
- **双方向性**――ＵＰＳのシステムは、電子的に追跡され、顧客はオンラインあるいは電話でさまざまな配達情報にアクセスできる。
- **インパクト**――ＵＰＳ経験すべてによって、あなたは、適正な価格で、期待をなんら裏切られなかった（し、期待以上だった）と思う。
- **印象**――あなたはＵＰＳで荷物を送ってよかった、と思う。

あなたはここからどこへ向かうのか？

ビジネスの世界で、私は目につくものは何でも批判する、人と違うことを言う人間で通ってきた。最初の著書『そんなマーケティングなら、やめてしまえ！』では、なぜ今日行われているマーケティングが機能しないのかを説明し、そして収益重視のマーケティングに転換するために必要なツールをマーケターたちに与えた。その続編である『セルジオ・ジーマンの実践！広告戦略論』では、さらに議論を深め、ブランドの認知と気の利いたテレビ広告で賞を獲ることが成功を測る物差しと説く、言葉巧みな広告会社に、企業がいかに丸め込まれているかを示した。そして、ムダが多く非生産的な広告費を削減し、またしても収益重視の広告に転換するためのツールを提供したのである。ここにある一貫したテーマにお気づきだろうか？

私にとって、問題にすべきは「収益」である。あなたが認めようが認めまいが、あなたがビジネスに携わる理由は利益を生むためだ。私は時に多少の摩擦も引き起こすが、実は何にも反対をしていない、というのがシンプルな事実だ。ただ有機的で収益性の高い成長を加速する方法を探っているだけなのだ。そして、機会を見失っている企業を見ると何か言いたくなってしまうのだ。誰かがやらなければならないからだ。

本書で述べてきた具体的なステップと、この章で示した詳細な実例から、あなたの会社がリノベートするのに必要とするものを素直に評価できることをあなたが学び、会社が妥当性を保ち、収益を上げ続けることができれば幸いだ。さらにいいのは、どうすればそれができるか、正確に理解することだ。

● 自分は何がつくれるのか、それから何が売れるのかを考えるのではなく、「自分は何が売れるのか」からスタートして、それから何をつくれるのかを見てみるほうがいい理由を、あなたは知っている。
● 市場のリーダーではなく侵略者のように考え、いかに価格戦争に巻き込まれないようにするか考えることが大事であることを、あなたは知っている。
● デスティネーションを定め、そこへ到達するための計画を明確に述べる方法を、あなたは知っている。
● 自分の競争相手は誰か、そして自分のブランドの論理的な延長となる領域へどうすれば拡大することができるか、あなたは知っている。
● 自分の顧客は誰か、そしてどうすればあなたの製品をもっと頻繁に買ってもらえるか、あなたは知っている。
● マーケットにおいて、あなた自身をポジショニングする方法、競争相手を妥当性に欠けるものとしてポジショニングする方法、あなた自身がポジショニングされるのを避ける方法を、あなたは知っている。

- 顧客の「経験」が期待に添わなければ、あるいは期待を上回らなければ、経験は何の価値もないことを、あなたは知っている。

しかし、どれほど多くを学んだとしても、つねにその先があるものだ。あと一〇〇〇ほど示すこともできようが、それでも、企業がどうしてリノベートできなかったのか、そのやりかたすべてを説明するには不十分だろう。だから、テレビをつけたり、ウォールストリート・ジャーナルを読んだり、食事に出かけ、本を買い、バスに乗り、クリーニング店に服を出しに行き、食料品を買うたびに、注意を払ってほしい。リノベートしている企業、リノベートすべき企業はどこにでもある。心を広く開いて、そこから多くを学ぶことだ。

あなたが街角のホットドッグ売りだろうとフォーチュン上位一〇〇社のCEOだろうと、リノベーションは終わりのないプロセスだ。少なくとも終わりがあってはならないプロセスだ。そしていったんリノベーションプログラムが実行に移されたら、安閑としていてはいけない。顧客とそのニーズにつながりを持ち続け、あなたの資産とインフラストラクチャー、コア・コンピタンシー、そして最も重要なコア・エッセンスを活用する戦略をつくりあげるのだ。こうすることで、あなたはつねに競争相手の先を行き、会社を賢明かつ有機的に成長させる機会を捉えることができる。そしてその間ずっと、あなたは、より多くのものを、より頻繁に、より高価格で、より効率的に売ることができるのだ。

監訳者あとがき

元コカ・コーラのＣＭＯ（Chief Marketing Officer）で、現在著名なマーケティング・コンサルタントとして活躍中のセルジオ・ジーマンの新作*Renovate Before You Innovate*（邦題：そんな新事業なら、やめてしまえ！）で展開されているのは、前二作（『そんなマーケティングなら、やめてしまえ！』と『ジーマンの実践広告論』。いずれもダイヤモンド社より刊行）で到達したジーマン独自の理論――それは一切の権威者による机上の理論を排して、自らの体験をベースにした現実のビジネス世界で機能する理論である――をより体系的に整理したジーマン・マーケティング理論の進化した形であると考えられる。ジーマンはこの新作の中で、自分がコカ・コーラでやってきたことは、リノベーション（Renovation）であって、イノベーション（Innovation）ではなかったことを明らかにしている。今日、イノベーション（Innovation）は、企業経営者やウォールストリートを含むほとんど誰もが企業の成長・発展・成功にとって必要不可欠なことと認識しもてはやされているが、ジーマンはそれをはっきり間違いであると否定する。ジーマン曰く、イノベーションは怠惰なマーケティングであり、そのいちばんの問題点は、それがほとんどの企業にとって機能しないことであるという。

それでも多くの企業は、ＣＩＯ（Chief Information Officerではなく、Chief Innovation Officerを意味する）まで置くようになっており、企業の強みを生かした有機的成長＝リノベーションではなく、水平的な拡大＝イノベーションを図ろうとしているという。つまり、彼らはいままでのビジネス領域とまったく異なる企業を買収したり、まったく新しい製品や未知の市場を積極的に開拓しようとしているのである。こうしたイノベーションについて発表があるたびに、ウォールストリートはすぐに反応してその会社の株価を押し上げる方向に動くのである。ところが、ジーマンはこうした企業の姿勢について、イノベーションというのは、ほとんど〝降参〟したと言っていることに等しいと指摘する。それはあたかも、現在の自分たちの置かれた状況があまりに悪くなっているので、何か他の新しいビジネスに取り組むことで現状を打開しようと言っているに等しいというのである。企業のこうしたイノベーション・カルチャー（革新信仰）とは、ビジネス世界で生まれては消えていく「一時の流行もの（Fads）」と何ら変わらないとジーマンは言う。

ジーマンは、これらのようなイノベーションへの信仰を捨て、これまで長い時間をかけて企業が培ってきた企業文化やブランドイメージ、そして自分たちの強みの上に新しい製品や市場をつくり出していくべきであると主張する。つまり企業が取り組むべきは、イノベーションではなく、リノベーションだと言うのである。そして、コカ・コーラが最も大きく発展した八〇年代から九〇年代初めにジーマンや、同社の伝説的な経営者ロベルト・ゴイズエタがやってきたことも、イノベーションではなく、まさにリノベーションだったのである。

イノベーションとは、新製品、企業買収そして新たな分野へ進出することで水平的な拡大を志向するものであり、それに対してリノベーションとは企業の本業の継続的・有機的な成長を志向するものである。イノベーションの問題は、多くの場合それが売上げを拡大させても、最も重要な利益を企業にもたらさないということである。スーパーマーケットに導入される新製品（そのほとんどはラインエクステンション）について見てみると、市場導入から一年以内に九〇パーセント以上の商品が棚から消えているという事実がある。あまりにも多くの時間とコスト、資源がイノベーションの名のもとに無駄にされているのである。こうした新製品の多くがうまくいかないのは、企業が自らのコア・エッセンス（自社の本質的属性：後述）を無視して、それと相容れないアイデアを製品やサービスに取り入れることに多くの時間と資源を投入しているからである。

それでは、本業の継続的有機的な成長を促進するというリノベーションを具体的にどうやって進めたらよいのか——この本の中心なテーマとなっているリノベーションの具体的なプロセスは、以下のビジネスの主要な六つの要素を見直していくという方法論にある。

1　リノベーション・メンタリティー（自分たちの思考パターン）——イノベーションよりもリノベーションがはるかに優れたものであるという認識を持つ必要性

2　デスティネーション——あなたがどこに行こうとしているのか、明確に定義する

3　競争的な枠組み――自分たちが競争する市場を再定義することで、ビジネス領域を拡大する

4　セグメンテーション――従来のデモグラフィック、サイコグラフィックを超えたより現実的で効果的な顧客の捉え方

5　ブランド・ポジショニング――どうやって顧客にとって妥当性のあるポジショニングを構築できるか

6　顧客のブランドとの関わり（ブランド経験）――ブランドと顧客との長期間にわたる関係を構築し、繰り返し購買につなげるための方法

本書では、これらの重要なビジネスの構成要素についてそれぞれ一章ずつが与えられ、詳細な検討がなされているのである。ただし、リノベーションの具体的な方法論に入る前に、企業が検討しなければならないことは、自分たちのコア・エッセンスとコア・コンピタンシーの違いを明確に認識することである。なぜなら、リノベーションとイノベーションの違いを理解するためには、まずビジネスの付加価値創造のプロセスを理解する必要があるからである。基本的にブランド価値とは、あなたがいかに企業の持つ基本的な価値を生み出す三つの要素と整合性を取るかということと直接的な関係を持っている。その三つの要素とは、コア・コンピタンシー、コア・エッセンス、インフラ・資産であり、特に前の二つが本書の中では繰り返し登場してくるものであり、ジーマンがこの本の中で最も強く訴えたかった部分の一つであると考えられる。ジーマンは、いかに多くの企業が

この二つの違いについて明確な認識がなく、消費者が自分たちから何を買おうとしているのか（コア・エッセンス）ということと、自分たちがやり方をよく知っていること（コア・コンピタンシー）とを混同して失敗しているかについて指摘する。

コア・エッセンスとは、ブランドとしてのあなたは「本当は誰なのか」を定義することであり、いかなるビジネスも自社のコア・エッセンスの明確な理解なくして決して成功することはないと言う。これに対し、コア・コンピタンシーとは、企業が持っている強みや他社にはないノウハウや知識・経験・資源といったものが含まれる。今日、多くの企業は、自分たちのコア・コンピタンシー、すなわち何がつくれるかからスタートし、その後で誰に売れるか考えるという。これがジーマンの言うイノベーションの本質であり、ほとんどの場合うまく機能しないという。これに対し、成功する企業はまず自分たちのコア・エッセンスからスタートし、既存の顧客と新しい成長機会を結びつける努力をするのである。つまり自分たちが売れるものをまず見つけ、その後自分たちコア・コンピタンシーと資源を使って顧客のニーズに合った製品やサービスを提供しようとするのである。これがリノベーションの本質であり、継続的・有機的な成長を企業に約束するものである。

前の二つの著作では、やはり前コカ・コーラCMOというバックグラウンドから、あくまでもコークの事例を中心とした〝コークのマーケティングに関する本〟いう感じが残っていたが、この新作では、コークを離れてすでに六年、その間の多様な業界でのさまざまな企業に対するコンサルティング活動から派生する興味深いケーススタディが数多く含まれているのである。スターバックス、ミラービール、デルタ航空など前二作に登場していた事例も形を変えて登場するが、これも前二作の続編的な意味合いを持つ本書としては、当然のことかもしれない。本書の魅力の一つは事例の豊富さにあるとも言え、またジーマン理論をサポートする事例も十分であり、的を射た選択がなされていると思われる。個人的には、この事例の面白さだけでも十分に読む価値があると思っている。

相変わらず小気味よい、辛口の表現は随所に見られるが、前二作に比べるとはるかに抑えたトーンになっている。言い回しは、単刀直入で歯切れがよいが、以前ほどには好戦的な感じはしなくなっている。また、最初の本を出してからかなりの時間がたっているせいで余裕が出てきているのか、構成はいままででいちばん体系的に整理されていて、すっきりしていると感じた。なぜ、イノベーションがダメで、リノベーションなのか、コア・エッセンスとコア・コンピタンシーの違い、リノベーションへの具体的な取り組み方法、そして数多くの関連する事例等、この本は前二作同様に、非常に多くを学ぶことができると同時に、読み物としても一気に引き込まれる面白さがある。

最後になったが、翻訳者の山本暎子さんには現役生活者の視点から、きめ細かい的確な訳をしていただいた。特に事例においてそうした原文の面白さをよく引き出していると思う。また前二作にも共通することだが、先端的なマーケティングを取り扱った難しいテーマでありながら、堅苦しい学術書にならないように特に心がけていただいた。原文のニュアンスをうまく引き出していると思う。

また、ダイヤモンド社の編集者久我茂さんと一緒にお仕事するのは、これで五冊目となるが、ジーマン理論にも精通されて、全体の構成面や専門用語の選択等において、貴重なアドバイスをいただいた。

ここに、この本の出版にかかわられた方に謝意を表するものである。

二〇〇五年夏

中野　雅司

［著者］

セルジオ・ジーマン（Sergio Zyman）

タイム誌から「20世紀の三大広告人」に、デビッド・オグルビー、レスター・ワンダーマンとともに選ばれた。元コカ・コーラ社マーケティング最高責任者（CMO）。同社在籍中は、伝説的経営者ロベルト・ゴイズエタのもとで、数々の画期的なマーケティング戦略を実行し、非常に独創的で強いリーダーシップを発揮した。現在、事業の成長戦略を手がけるコンサルティング会社ジーマン・グループの会長を務める。また、多くの聴衆を集める人気の講演家としても世界各国を精力的に回っている。著書に『そんなマーケティングなら、やめてしまえ！』『セルジオ・ジーマンの実践！広告戦略論』（ともにダイヤモンド社）がある。

［監訳者］

中野雅司（なかの・まさじ）

FMU代表取締役。1952年生まれ。93年、コカ・コーラおよびIGAが設立した教育機関FMUの設立に参画。日本の食品業界に対して米国食品流通業界の持つノウハウをベースにした教育トレーニング・プログラムを提供している。翻訳書に『そんなマーケティングなら、やめてしまえ！』『セルジオ・ジーマンの実践！広告戦略論』『個客識別マーケティング』『個客ロイヤルティ・マーケティング』（ともにダイヤモンド社）などがある。

［訳者］

山本暎子（やまもと・えいこ）

翻訳家。成蹊大学文学部英米文学科卒業。NECにて海外販売職として、北米市場向け通信機器の輸出販売事業に従事。その後、主に在日大使館員やビジネスパースンに教える日本語教師を経て、チャールズ・イー・タトル出版、日本放送出版協会などで、ノンフィクションを中心とした英文書籍や翻訳書の編集に携わる。翻訳書に『引き裂かれる世界』『それでもグローバリズムだけが世界を救う』（いずれもダイヤモンド社）がある。

そんな新事業なら、やめてしまえ！

――既存の資産と能力を活かす6つの原則

2005年9月15日　第1刷発行

著　者――セルジオ・ジーマン
監訳者―――中野雅司
訳　者―――山本暎子
発行所――ダイヤモンド社
〒150-8409　東京都渋谷区神宮前6-12-17
http://www.diamond.co.jp/
電話／03・5778・7232（編集）　03・5778・7240（販売）
装丁――――竹内雄二
製作進行――ダイヤモンド・グラフィック社
印刷――――信毎書籍印刷（本文）・新藤（カバー）
製本――――本間製本
編集担当――久我　茂

ISBN 4-478-50259-5

◆ダイヤモンド社の本◆

あのブランドの失敗に学べ!
――世界で笑われた有名企業60の㊙事例

マット・ヘイグ［著］　田中　洋／森口美由紀［訳］

あのブランドさえも、こんな大失敗を繰り返していた。古今東西、燦然と輝く大失敗から笑えるオバカな失敗まで60事例を紹介。

●四六判並製●定価1890円（税５％）

真の顧客志向を生む
プロダクトアウト戦略

伊藤　修［著］

顧客の声に従うほど横並び商品を開発し、価格競争に陥ってしまう。いまこそ自社の強みを生かしたプロダクトアウトが求められる。

●四六判上製●定価1680円（税５％）

シニアビジネス
――「多様性市場」で成功する10の鉄則

村田裕之［著］

シニア・団塊市場は「多様なミクロ市場の集合体」だ。米国の先進事例を紹介し、シニア市場の創出のヒントを提示する。

●四六判並製●定価1680円（税５％）

売れる仕組み
――こうすれば顧客は離れない

服部隆幸［著］

多数の事例をもとに、リレーションシップのシナリオからマーケティング・コントロールまで、「売れる仕組み」をわかりやすく説く。

●四六判並製●定価1680円（税５％）

http://www.diamond.co.jp/